AS VERTIGENS DA TECNOCIÊNCIA

Moldar o mundo átomo por átomo

BERNADETTE BENSAUDE-VINCENT

AS VERTIGENS DA TECNOCIÊNCIA

Moldar o mundo átomo por átomo

EDITORA
IDEIAS&
LETRAS

DIRETOR EDITORIAL:
Marcelo C. Araújo

COMISSÃO EDITORIAL:
Avelino Grassi
Edvaldo Araújo
Márcio Fabri

TRADUÇÃO:
José Luiz Cazarotto

COPIDESQUE:
Camila Pereira Ferrete

REVISÃO:
Ana Aline Guedes da Fonseca de Brito Batista

DIAGRAMAÇÃO:
Érico Leon Amorina

CAPA:
Jéssica Rodrigues Tavares

Título original: *Les Vertiges de La Technoscience - Façonner le Monde Atome par Atome*

ISBN: 978-2-7071-5633-4

EDITORA IDEIAS & LETRAS
Rua Diana, 592
Cj. 121 - Perdizes
05019-000 - São Paulo - SP
(11) 3675-1319 (11) 3862-4831
Televendas: 0800 777 6004
vendas@ideiaseletras.com.br
www.ideiaseletras.com.br

Dados Internacionais de Catalogação na Publicação (CIP)
(Câmara Brasileira do Livro, SP, Brasil)

Bensaude-Vincent, Bernadette
As vertigens da tecnociência : moldar o mundo átomo por átomo / Bernadette Bensaude-Vincent ; [tradução José Luiz Cazarotto]. - São Paulo,SP : Idéias & Letras, 2013.

Título original: Les vertiges de la technoscience : façonner le monde atome.
ISBN 978-85-65893-08-4

1. Ciências - Aspectos sociais 2. Ciências - Filosofia
3. Tecnologia - Aspectos sociais
4. Tecnologia - Filosofia I. Título.

12-13295 CDD-601

Índices para catálogo sistemático:

1. Nações Unidas : Relações internacionais : Ciência política 327
2. ONU : Relações internacionais : Ciência política 327

Agradecimentos

As pesquisas subjacentes a este ensaio em parte foram levadas adiante no âmbito de um projeto ANR (NTOS-4_44955-05-BLAN-0370-01) sobre a 'bio-nano-ética'.
Devo expressar meu reconhecimento aos membros deste grupo de pesquisa.
Em especial a Catherine Larrère e Raphaël Larrère, Jean-Pierre Dupuy, Alexei Grinbaum, Xavier Guchet, Sacha Loeve, Marina Maestrutti e Vanessa Nurock encontrarão nestas páginas traços visíveis de suas ideias e as marcas de nossas reflexões coletivas.
Quero agradecer também aos estudantes da Universidade Paris-Ouest que participaram do seminário de *máster*: 'O que é tecnociência?' contribuindo para seu acontecimento: Olivia Barth, Nicolas Bouchard, François Chomarat, Lucie Laplane, Chistine Lehman, Margo Liptsin, Ermelinde Malcotte, Ronei Clécio Mocellin, Irène Nanni, François Pépin, Melissa Starek, Baptiste Voillequin.

ÍNDICE

II. UM MUNDO SEM FRONTEIRAS

III. QUESTÕES DE GOVERNABILIDADE

INTRODUÇÃO

Moldar o mundo átomo por átomo

Moldar o mundo átomo por átomo é o título de uma brochura que foi destinada a promover a *National NanoInitiative* nos Estados Unidos em dezembro de 1999. É um programa ambicioso para entrar no novo milênio, sendo financiado e apoiado generosamente pelo governo federal e pela indústria privada. Qual a força milagrosa este prefixo "nano" – que vem de um termo grego que significa "anão" – pode ter para atrair bilhões de dólares?[1]

Para alguns estudiosos que se aproveitam deste "milagre", este *slogan* é apenas uma forma hiperbólica destinada a convencer os detentores de fundos a financiar as pesquisas dos laboratórios: ele é bom "para vender", para interessar as agências de financiamento a promoverem as pesquisas... Essa observação, recorrente em nossas enquetes sobre laboratórios franceses que conduzem pesquisas sobre nanociência e nanotecnologia, aponta uma evidência: depois do fim do século XX, levantar fundos se tornou uma das atividades mais importantes, até mesmo uma obsessão, nos meios de pesquisas científicas. O desafio não é mais "levantar um cantinho de um grande véu",[2] mas produzir resultados e publicá-los em revistas científicas reconhecidas a fim de

---

1 Veja-se a brincadeira do grupo de pesquisadores canadenses da ETC (*Action Group on Erosion, Technology and Concentration*): "Nano é um minúsculo prefixo que é acrescentado nas solicitações de verbas a fim de explorar a generosidade fora do comum dos donos de fundos para fins científicos afetados em escala nanométricas" (citado no relatório da ATC: "Um guia infinitamente pequeno de introdução às tecnologias de escala nanométrica... e à teoria do pequeno BANG". *NanoGeopolitics*, 2005 (www.etcgroup.org/upload/publication/pdf_file/29).

2 Expressão forjada por Albert Einstein para descrever o trabalho de Louis de Broglie, remetendo a uma concepção de ciência como atividade de descoberta com finalidade meramente cognitiva.

obter financiamentos para o ano seguinte. A primeira vertigem: uma inversão na relação dos meios e dos fins.

Em busca das origens da tecnociência

O "ao átomo" que figura este programa também suscita outra vertigem ligada ao mergulho nas entranhas da matéria à sua última fronteira. Não foi por acaso que os promotores das nanotecnologias, como o engenheiro americano Eric K. Drexler, desde 1986, *recuperaram* dos arquivos da *American Society of Physics* uma pequena *chamada* pronunciada pelo prêmio Nobel em física Richard Feynman (1918-1988): *There is plenty room at the bottom* (tem muito lugar lá no fundo).[3] Dando a esta chamada uma dimensão profética, os promotores das nanotecnologias despertaram um entusiasmo semelhante ao que foi suscitado logo após a Segunda Guerra Mundial pelo famoso relatório político-científico de um outro engenheiro americano, Vannevar Bush (1890-1974), que seria um dos pioneiros da Internet: *Science, the Endless Frontier* (Ciência, uma fronteira sem fim).[4]

Na América do Norte, a "fronteira" evoca um limite sempre empurrado para frente na conquista do Oeste. Já no início do século XX, essa imagem de conquista de um novo mundo presidiu os primeiros passos da física atômica.[5] Tratava-se de explorar o mundo dos

---

3 Cf. E. R. DREXLER, *Engines of Creation. The Coming Era of Nanotechnologies.* New York: Anchor book, 1986 (Tradução em francês: *Engins de Création. L'avènement des Nanotechnologies.* Paris: Vuibert, 2005).

4 Cf. V. BUSCH, *Science, the Endless Frontier. A Report to the President on a Program for Postwar Scientific Research.* 1945, NSF, 1960.

5 Veja, por exemplo, a conclusão de uma exposição de Paul Langevin em 1904 sobre os eletros: "Existe, de algum modo uma nova América onde se respira facilmente, que requer todas as atividades e que pode ensinar muitas coisas ao Velho Mundo". Cf. P. LANGEVIN, "La physique des élèctrons", conferência pronunciada em Saint Louis em 1904. Material reproduzido por B. BENSAUDE--VINCENT, (Ed.), *Paula Langevin. Propos d'un Psysicien Engagé.* Paris: Vuibert, 2007, pp. 61-62.

átomos e de construir uma teoria unitária da física tendo por base os elétrons. Agora, trata-se de "moldar" o mundo: não somente o mundo material que nos cerca, mas também a nós mesmos, seja tanto desde as origens, pela procriação artificial, quanto ao longo da vida por meio de próteses, implantes etc. Uma vez que a ciência decifrou o livro da natureza, agora ela vai reescrevê-lo. Escrever as três letras da IBM com trinta e cinco átomos de xenônio, essa façanha espetacular realizada por Don Eigler em 1989 divulgou as nanotecnologias. Em outubro de 2007, o biólogo americano Craig Venter declarou orgulhosamente ao jornal *The Guardian*: "Passamos da capacidade de ler o código genético para a capacidade de escrevê-lo. Isso nos dá a possibilidade hipotética de realizar coisas jamais vistas".[6]

Tudo – Céu, Terra, seres vivos, psiquismo – pode ser repensado e reconstruído por engenheiros (técnicos) sendo aquilo que em inglês é designado pela palavra *re-engineering*.[7], um projeto demiúrgico no sentido estrito. Em paralelo com a antiga figura do *demiurgo*, o artesão ou o artista que no *Timeu* de Platão forma o corpo e depois a alma do mundo com a ajuda de materiais básicos, os cientistas e os engenheiros da atualidade moldam o cosmos a partir dos *tijolos* elementares da matéria. Assim, a ciência do século XXI visa conhecer ou compreender menos a natureza e *fabricá-las mais*. Disso decorre o uso agora quase banal do termo "tecnociência", que combina num só termo tanto a visão cognitiva quanto a visão técnica.

Esse termo evoca, numa primeira abordagem, uma *mutação* nas relações entre ciência e técnica.[8] A técnica não seria mais dependente da ciência e nem subordinada a ela num sistema de valores. A prioridade estaria invertida, como sugere a ordem na composição

---

6 Cf. *The Guardian*, 6 outubro de 2007.

7 Reengenharia; a autora usa o termo "engenheiro" para uma atividade que mais genericamente poderíamos atribuir a um "técnico", ainda que com formação n'alguma engenharia [NT].

8 Veja-se, por exemplo, Jean-Marc LÉVY-LEBLOND, Technoscience. In WITKOWSKI, N. (Ed.), *Dictionnaire Culturel des Sciences*. Paris: Seuil, 2001, p. 397.

da própria palavra. Essa ideia bastante intuitiva levanta a seguinte questão: quando essa inversão aconteceu?

No século XX, respondem alguns apontando para o Projeto Manhattan, o qual permitiu que os Estados Unidos fabricassem a primeira bomba atômica. No século XIX, respondem aqueles que conhecem melhor a história referindo-se ao progresso da ciência industrial, dos corantes químicos e da eletricidade.[9] No século XVIII, realçam os historiadores da química que sabem quanto essa ciência foi tributária das artes químicas.[10] De qualquer modo, é fácil assinalar na história os jogos de empréstimos que a técnica faz da ciência (na revolução científica, por exemplo) ou que a ciência faz da técnica (no século XIX, por exemplo). Mas, para manter a compatibilidade de todas essas pretensões e resultados, é necessário traduzir livremente as categorias de uma época para nossa linguagem sem levar em conta o contexto cultural. Caso contrário, categorias como ciência e artes, ciência pura e aplicada, e ciência industrial não passam de simples etiquetas, elas "dizem" e "fazem" alguma coisa.

Se voltarmos nossa atenção para os termos usados pelos autores de cada uma das épocas delimitando sua inscrição num contexto cultural, econômico e social para compreender seu funcionamento, seria necessário levar a sério o fato de que o termo "tecnociência" possa a ter seu uso apenas num tempo bem recente. Se for verdade que as ciências e as tecnologias sempre estiveram vinculadas, então por que teria sido necessário ocultar essa ligação, e por que hoje isso foi revelado? Quem teve o interesse de instituir participação entre as ciências e as tecnologias ou afastá-las, a ciência fundamental e a ciência aplicada?

---

9 Ver por exemplo, o número especial da revista *Perspectives on Science*, intitulado Technoscientific productivity (2005, 13 (2-3).

10 Veja-se, por exemplo, Ursula KLEIN, Technoscience avant la lettre. *Perspectives on Science*, 2005, 13, pp. 226-266.

Na língua francesa, a palavra composta "tecnociência"[11] foi introduzida nos anos 1970 pelo filósofo belga Gilbert Hottois que reivindica sua paternidade. "Tecnociência, escreve ele, mais tarde, relatando as circunstâncias do surgimento do termo, pretendia sublinhar as dimensões operatórias – técnica e matemática – das ciências contemporâneas".[12] Esse termo não indica, portanto, uma inversão das relações entre a ciência e a técnica, e sim um novo estilo mais centrado tanto nas operações mais simbólicas (matemáticas) quanto nas de cunho mais materiais (técnicas). Em 1984, Hottois especificou melhor a definição: "Pesquisa científica contemporânea em que a técnica (o espaço e o tempo técnicos que nos circunstanciam por todos os lados) constitui o 'meio natural' do desenvolvimento, bem como o seu princípio motor".[13] Assim, a ciência seria ao movida tanto pela técnica quanto por uma força motriz e imersa inerente à técnica. Entretanto, ao criar esses termos, Hottois designava um "nascedouro de problemas" e não tanto uma entidade bem definida.[14] Ele quis chamar a atenção dos filósofos contemporâneos que consideravam as ciências como sendo jogos de linguagem, simples sequências de proposições ou enunciações.

Sobre a origem da tecnociência mesma, as posições divergem: de um lado há quem se refere ao famoso texto de Martin Heidegger (1889-1976), *La question de la tecnique* (A questão da técnica), que desde 1953, denunciava as orientações da ciência moderna. "A ciência não pensa", o que ela faz não tem relação da verdade com o mundo, ela não busca ver ou revelar as coisas, mas é animada por uma visão enganosa, por um raciocínio, uma atividade dos seres que a

---

11 O mesmo podemos afirmar na língua portuguesa? O termo "técnica" aparece a partir de 1881; "tecnologia" aparece a partir do francês em meados do século XVIII (Houaiss). Não temos o termo "tecnociência" [NT].

12 Cf. Gilbert HOTTOIS, La technoscience, de l'origine du mot à son usage actuel. In GOFFI, Jean-Yves (Ed.), *Regards sur les Technosciences.* Paris: Vrin, 2006, pp. 21-28 (no caso, p. 23).

13 Cf. Gilbert HOTTOIS, *Le Signe de la Technique. La Philosophie à L'épreuve de la Technique.* Paris: Aubier, 1984, pp. 60-61.

14 Cf. Gilbert HOTTOIS, *La Technoscience, de L'origine du Mot à son Usage Actuel,* op. cit. p. 23.

reduz ao estatuto de recursos a serem mobilizados, de meios para fins humanos. Em resumo, a ciência moderna seria já uma tecnociência.

Por outro lado, outros situam o evento tecnociência a uma época mais recente, associando-a à pós-modernidade. Por exemplo, o americano Paul Forman, historiador das ciências, caracteriza a tecnociência como um fenômeno cultural que aconteceu nos anos 1980 e se efetivou por uma inversão na escala dos valores.[15] Na época moderna, escreve ele, os cientistas desfrutavam de um alto prestígio social, enquanto, por outro lado, a ciência primava sobre a tecnologia condicionando-a. A pós-modernidade se caracteriza, ao contrário, segundo Forman, pelo primado da tecnologia sobre a ciência e apresenta uma perda de confiança na ciência e na autoridade dos especialistas.

Após trinta anos, o termo "tecnociência" difundiu-se nas ciências humanas se apropriando dele para defender as mais diversas causas. Apesar de reivindicar a paternidade do termo, Hottois é da opinião de que se trata de "um filho que desperta paixões (...) aprisionado na guerra das ciências e das culturas",[16] e sublinha que ao longo dos anos 1980, especialmente na França, esse termo acabou por *carregar-se* das mais diversas conotações, não sendo mais possível reconhecê-lo e até mesmo a utilizá-lo:

> *A tecnociência tornou-se uma espécie de símbolo do mal absoluto, concentrando-se em todos os flagelos de uma época: tecnicismo e tecnocracia, capitalismo multinacional, neoliberalismo econômico, poluição, esgotamento dos recursos naturais, efeito estufa, imperialismo americano, globalização, injustiça mundial, desaparecimento dos valores humanistas etc.*[17]

---

15 Cf. Paul FORMAN, The Primacy of Science in Modernity, of Techology in Postmodernity and of Ideology in the History of Technology. *History and Technology*, 2006, 23(1-2), pp. 1-152.

16 Cf. Gilbert HOTTOIS, *La technoscience, de l'origine du mot à son usage actuel*, op. cit.

17 Cf. Gilbert HOTTOIS, *La technoscience, de l'origine du mot à son usage actuel*. In GOFFI, Jean-Yves (Ed.), *Regards sur les technosciences*. Paris: Vrin, 2006, pp. 23-24.

Desse modo, o termo é também tão rico de significados que acaba ficando desprovido de uma função referencial. Em torno da noção de tecnociência, com efeito, cristalizou-se todo tipo de problemas, desde os sociais até os tecnológicos. Com uma vaga conotação de orientação utilitarista, a noção é bastante fluida para propiciar todo tipo de polêmicas sobre técnicas, progresso etc. Mas, afinal, o que ela determina? Trata-se de um simples recurso para designar a esfera específica das ciências e das tecnologias no âmbito das atividades culturais? Ou talvez de uma inversão da dependência já tradicional das técnicas em relação às ciências, de uma autêntica simbiose que manteria a identidade dos participantes ou ainda outra coisa totalmente diferente?

Por que esse termo passa a ser usado no final do século XX se a imbricação entre a ciência e a técnica ontem é ainda mais antiga? O que ele traduz? Trata-se de um fenômeno novo, uma espécie de *New Deal* que se abre para uma "sociedade do conhecimento" ou, talvez, trata-se de um fenômeno de civilização?

Um regime de saber

Para precisar o significado e o estatuto do conceito de tecnociência, este livro espera acabar com o conflito existente entre os tecnófilos os tecnófobos. A primeira parte busca uma espécie de arqueologia do termo com a finalidade de recuperar toda o significado acumulado. O conflito dos valores de que fala Forman não se faz em um dia nem em dez anos, é necessário voltar à reorganização da pesquisa científica pós Segunda Guerra Mundial e ao Projeto Manhattan, seguir a reorientação das políticas de pesquisas que acompanharam a crise do petróleo nos anos 1970 até o lançamento das nanoiniciativas no início dos anos 2000. Descobriremos, nesta parte, que o conceito de tecnociência é bem mais diverso do que uma simples inversão da hierarquia entre ciência e técnica, e que seria mesmo bom retirar-lhe a aura utilitalista que se lhe impõe muitas vezes. Trata-se de uma mudança de "regime" – no sentido ao mesmo tempo político e dietético do termo – marcada pela entrada em cena das políticas científicas e das agências de meios que "alimentam" a pesquisa.

Além das práticas de pesquisas, a tecnociência afeta a estrutura do conhecimento. A distribuição do saber em disciplinas acadêmicas cada vez mais especializadas e "aguçadas" caracteriza a ciência moderna que fragmentou o *corpus* da filosofia natural. Tais fechamentos disciplinares são verdadeiros obstáculos hoje em dia para os avanços tecnocientíficos. Por trás de palavras de ordem como multidisciplinaridade ou interdisciplinaridade que percutimos em universidades e agências de pesquisas ao longo das últimas décadas no século XX, um novo tema mobilizador foi lançado no início dos anos 2000: convergência. O projeto visa a unificação das disciplinas existentes num corpo de saber único. Os promotores da *NanoInitiative* nos Estados Unidos não têm dúvidas disso, depois de terem proclamado a intenção de "modelar o mundo átomo por átomo", eles anunciaram, em 2002, a aurora de um novo Renascimento:

> *Meio milênio atrás, os graúdos do filão da Renascença dominavam diversos campos ao mesmo tempo. Hoje, ao contrário, a especialização separa as artes da engenharia, e ninguém consegue dominar senão um fragmento bem pequeno da criatividade humana. As ciências chegaram a um ponto em que elas devem unir-se para continuar a avançar rapidamente. A convergência das ciências pode ensejar o início de uma outra Renascença incorporando uma concepção holística da tecnologia fundamentada sobre instrumentos transformadores, matemáticas dos sistemas complexos e sobre uma análise causal do mundo físico unificado desde a escala nano até a escala planetária.*[18]

---

18 Cf. Mihaïl ROCO – William BRAINBRIDGE (Eds.), *Converging Technologies for Improving Human Performance. Nanotechnology, Biotechnology, Information Technology and Cognitive*

A evolução das tecnociências parece conduzir à construção da tecnociência singularmente. Na escala nanométrica, tudo parece convergir, mesmo se o programa americano *Converging Technologies for Improving Human Performance* tenha suscitado muitas dúvidas e até mesmo muitas críticas, a ideia da convergência raramente é contestada. Temos, portanto, um curioso paradoxo: apesar de o termo "tecnociência" descrever um novo regime de conhecimento, ele nunca foi usado no vocabulário das instituições oficiais que fazem e defendem as políticas científicas. Os estudiosos, supostos agentes das tecnociências, geralmente a ignoram. Buscaríamos em vão laboratórios, departamentos ou faculdades de tecnociências. Nas instituições científicas fala-se de preferência de "pesquisas finalizadas" ou de "ciências e engenharia" (*sciences and engineering,* em inglês), mas jamais tecnociência. O termo introduzido pelos filósofos ficou confinado às ciências humanas, a qual, depois de duas ou três décadas, esforçam-se para desconstruir alguns mitos resistentes a respeito das ciências. Os atores da tecnociência não se apropriaram do termo.

Assim surge a dificuldade de definir o estatuto exato da tecnociência: isso que não é uma realidade institucional e nem um objetivo político (como a economia do científico, por exemplo). Não é apenas mais um termo exclusivamente polêmico, acaba por ser rebaixado como uma injúria. Seria um simples fenômeno de moda? Poderíamos estender ao conceito kuhniano de "paradigma", mas esse termo leva em si algo de revolução e mudança brutal. Ora, seria vão buscar datar o evento de uma "idade da tecnociência" ou distinguir períodos, uma vez que essa configuração de saber, situada na encruzilhada de histórias múltiplas – intelectual, tecnológica, política, econômica e social – instala-se sem abolir as precedentes ou jamais anular o passado.

Definiríamos mais precisamente o estatuto da tecnociência como um "estilo de pensamento".[19] Essa noção introduzida pelo biólogo polonês

---

Science. NSF/Doc-sponsored report, Arlington, 2002. *www.wtec.org/ConvergingTechnologies Executive summary,* p. 12.

19 Cf. Ludwik FLECK, *Entstehung und Entwicklung einer Wissenschafltlischen Tatsache,* 1935

Ludwik Fleck (1896-1961) designa uma entidade abstrata encarnada por comunidades (ou coletivos de pensamento). Um estilo de pensamento se caracteriza por uma disposição de sentir, pensar e agir; do mesmo medo que, contrariamente, canaliza e impõe uma direção. O todo dos *habitus*, dos juízos, das regras e dos valores que compõem um estilo de pensamento torna-se tácito, implícito, não pensado. Apesar de a tecnociência permanecer invisível e inefável, a convergência apresenta-se como um pensamento alardeado. A expressão "tecnologias convergentes" impõe-se na linguagem dos políticos como um programa de pesquisa incontestado que atrai créditos de pesquisa e mobiliza a atenção.

Surge, então, a seguinte questão: a convergência seria a face visível da tecnociência? Um modo mais oficial, mais consensual, para desenvolver e promovê-la? Mostraremos, através de uma análise desses programas, que a convergência reconfigura o conceito de tecnociência forjado nos anos 1970/1980 dando-lhe direção e objetivo de pesquisa. A tecnociência se deixa apreender como uma empresa voltada para objetivos bem definidos com uma saída para atendê-los. Em resumo, o estilo empreendedor do mundo dos negócios penetra o mundo livre de conhecimento.

Um choque cultural

Mas que tipo de mundo se constrói com esse regime da tecnociência? Em que as tecnologias da informação, as biotecnologias e as nanotecnologias afetam a nossa visão de mundo e de nós mesmos? Depois do estudo arqueológico que resgata os múltiplos estratos de sentido acumulados na ideia de tecnociência, a segunda parte esquematiza uma antropologia da tecnociência, onde uma abordagem mais teórica é necessária

(tradução em francês: *Genèse et Development d'un Fait Scientifique*. Paris: Les Belles Lettres, 2005).

para avaliar a amplitude do choque cultural que a tecnociência representa. A interferência da fronteira entre a ciência e a técnica sugerida pelo termo composto "tecnociência" não é senão o ponto visível de uma perturbação mais geral.

As distinções tradicionais que funcionavam como parâmetros ou proteção em nossa cultura estão caindo em cascata como um castelo de cartas. Assim, vamos desde a antiga dicotomia entre a natureza e o artifício, da distinção clássica entre o inerte e o vivo, da distinção moderna entre a matéria e o espírito e, ainda, entre o ser humano e a máquina. Ao invés de nos munirmos de um inventário de dicotomias colocadas numa situação desconfortável para "registrar" seu fracasso, questionaremos o próprio tema ao fim das grandes partilhas. É de fato a dissolução ou o enfraquecimento das grandes partilhas entre o ser humano e a natureza, o ser humano e a máquina, que conduz, às vezes, a tratar a tecnociência como um avatar da pós-modernidade.

De início, demoraremo-nos sobre uma figura emblemática da pós-modernidade: o ciborgue. Este organismo híbrido de ser humano e máquina imaginado nos bons tempos da cibernética nos anos 1960 retoma a cena cultural na idade das tecnologias da informação. Mas, o que ele revela quanto às relações entre a técnica e o ser vivo? Discutiremos, em seguida, outro tema favorito da pós-modernidade: o da "morte da natureza". Para tentar controlar o que vem acontecendo com a natureza, é necessário estar claro a medida do contraste entre a postura epistemológica da ciência moderna e as novas orientações que estão sendo esquematizadas na tecnociência. Entretanto, mostraremos que a natureza não está morta, que ela continua sendo um polo de referência incontornável nas tecnociências, mas que está profundamente reconfigurada pela internet, pela engenharia genética, pela dopagem, pela telecirurgia...

A figura moderna da natureza como algo determinado, uma necessidade inexorável com a qual ela deve se compor, parece desaparecer em um horizonte de múltiplas possibilidades. Do mesmo modo, como a internet oferece acesso ilimitado à informação, as nanotecnologias e as biotecnologias também oferecem uma gama de possibilidades que ultrapassa todos os limites. Indefinidamente maleável e plástica, a natureza se presta a uma empresa não exatamente de simples renovação, mas de "reconstrução", pois se remete não somente ao meio, mas também ao ser vivo e à natureza humana, em particular. Então, isso quer dizer que será necessário voltar a viver em um mundo plano, sem relevo, mudo, sem estruturas? Passando da análise descritiva para a avaliação crítica, terminamos essa parte propondo a construção de uma antropologia que desfaça o pensamento dualista das grandes divisões por inventar, ou reinventar, um quadro ternário levando a sério os três pólos: natureza, artifício e sociedade, a fim de construir um mundo sob tensão.

Um modelo de sociedade

De que maneira podemos conviver com criaturas híbridas geradas pela tecnociência? É necessário continuar a fabricar, implantar, e criar ciborgues? Arriscaremos, por fim, algumas considerações sobre a governança das tecnociências. A questão não pode ser abordada senão a partir da condição de renunciar o progresso para legitimar todas as inovações que tentam anular as controvérsias. O debate público sobre as tecnociências iniciou nos anos 1980/1990 nas situações de crise e de conflitos: o tema nuclear (depois da catástrofe de Chernóbil em 1986), a epidemia chamada de "vaca louca" (a encefalopatia espongiforme bovina), o cultivo dos OGM.[20] Muito timidamente e gradualmente, as questões das escolhas tecnológicas e científicas entram na esfera política e pública. A avaliação das tecnologias (*technology assessment*), os comitês de

20 Organismos geneticamente modificados [NT].

ética, o desenvolvimento das éticas aplicadas, o princípio de precaução são alguns dos instrumentos de regulação postos em prática para tentar fazer as inovações técnicas mais aceitáveis e em conformidade com os valores e ideais dos cidadãos.

Mas, a partir da aceitação social, pode-se realmente governar as tecnociências quando tudo indica que nós quem somos governados por elas? É evidente que as tecnologias da informação e as bionanotecnologias ampliam os micropoderes tão múltiplos e insidiosos que, como advertia Michel Foucault, escapam à soberania política clássica. É suficiente instaurar pesquisas prospectivas sobre os impactos sanitários, ambientais, sociais e éticos jurídicos que estão a montante dos programas de pesquisa como o que se faz com as nanotecnologias? A governança das tecnociências não é tão utópica quanto o projeto de moldar o mundo que anima as tecnociências?

O caminho no universo das tecnociências terminará, portanto, com uma nota crítica, não simplesmente para acrescentar uma nota a mais no concerto das polêmicas a respeito do tema, mas, ao contrário, para tentar recuperar uma visão de conjunto e condições de ação. Mas, a tecnociência não é uma simples junção entre ciência e técnica ou uma subordinação do conhecimento aos interesses práticos e econômicos, é um processo histórico que transforma a natureza e a sociedade num vasto cenário experimental.

1. A ARQUEOLOGIA DE UM NOVO SABER

1.
O fim da idade de ouro?

No início do século XXI, a pesquisa científica se apresentou como uma tarefa que atravessou um período difícil se considerarmos as manifestações e as reivindicações que se agitaram nesse período, especialmente na França. Em 2009, a comunidade francesa de pesquisadores era formada ao equivalente a uma grande cidade: cerca de 150.000 pessoas para o setor público, as quais deploravam a falta de lugares, de créditos, a deserção dos jovens talentos, a "pilotagem da pesquisa" pelos objetivos impostos além da desconfiança do público. Esse sentimento de mal-estar bastante difuso depois de muitos anos cristalizou-se muitas vezes em torno da rejeição da tecnociência.

Crônica de uma morte anunciada

Em janeiro de 2000, o físico francês Jean-Marc Lévy-Leblond, conhecido pelo seu envolvimento em favor da cultura científica, intitulava assim uma conferência de sua autoria: "A tecnociência asfixiará a ciência?" E, objetivamente, formulava sua posição.

Então, o título exato é:

A tecnociência asfixiará a ciência? "Vou lhes dar a minha resposta: provavelmente sim, é uma hipótese, e não uma tese que vou lhes apresentar, e a formulo propositalmente de tal modo um tanto brutal para que possamos falar disso depois. E estamos no fim de algo, no fim da ciência, pelo menos no fim de um tipo de ciência que conhecemos por gerações aqui representadas e que dura já por três ou quatro séculos".[21]

Anunciar o fim de uma era ao invés de celebrar a aurora de outra em janeiro de 2000, foi, claramente, uma manifestação em desacordo à mudança em curso. Lévy-Leblond não encontrou "uma certa ciência" que ele adorava e praticava, mas qual?

> *"Nós nos encontramos, portanto, numa configuração muito estranha: enquanto para alguns, estamos no ponto mais alto do desenvolvimento técnico, que pode parecer estar vinculado à mais fundamental das ciências, na minha opinião, a situação é o inverso. Estamos aqui, provavelmente, em vias de reatar uma situação arcaica muito mais próxima da situação anterior ao desenvolvimento da ciência moderna quando os artesãos e os engenheiros se desincumbiam muito bem em suas funções na fabricação de moinhos d'água ou de carruagens sem conhecer a mecânica, as leis fundamentais da física, ou, sem ao menos conhecer profundamente a ciência teórica".*[22]

A reprovação foca-se claramente sobre a nova relação que se instaura entre a ciência e a técnica. Desenvolvemos técnicas – como a clonagem – sem termos bases científicas seguras. É a sequência *ciência-depois-técnica,* característica da ciência moderna aos olhos de Lévy-Leblond, que se subverteu.

A prioridade da ciência sobre a técnica é, com efeito, um "dogma" profundamente ancorado na própria organização da pesquisa científica francesa tal como ela foi estabelecida ao longo do século XX. A constituição de um *corpus* de cientistas inteiramente voltado para a pesquisa acadêmica é fruto de uma campanha pela

---

21 Cf. Jean-Marc, LÉVY-LEBLOND, *La Technoscience Éttoufera-t-elle la Science?* Conferência de janeiro de 2000, *Mission Agrobiosciences,* Conselho regional Midi-Pyrénées. www.agrobiosciences.org/article.php?id_article=0903

22 Cf. Jean-Marc, LÉVY-LEBLOND, *La Technoscience Éttoufera-t-elle la Science?* op. cit.

ciência que leva a marca de duas guerras mundiais. O retorno para a história desse entre-guerras não é, pois, inútil, para convencer-nos de que este "dogma" resulta menos de alguma "essência" da ciência e mais de uma série de ações e negociações marcadas por um lugar e por uma época.

Nas origens da organização da pesquisa francesa: uma campanha pela ciência

Um sentimento de crise já se expressava entre os cientistas logo após a Primeira Guerra Mundial.[23] Não somente a ciência, que desempenhou um papel importante na guerra, não podia mais ser vista como uma benfeitora ou uma espécie de ídolo civilizatório que aproximaria os povos. Mas, além disso, depois das pesadas perdas humanas da guerra, o país ficou extremamente desprovido de jovens talentos para entrar na carreira científica, e até mesmo de dinheiro e patrocinadores para fazer funcionar os laboratórios. As estruturas postas em ação no período entre guerras são o fruto de uma política promovida pelo matemático Paulo Painlevé (1863-1933), fundador da Direção das Invenções, em 1915, e promotor de sua perpetuação em tempos de paz sob o nome do Escritório Nacional de Pesquisas Científicas e de Invenções, estabelecimento público vinculado ao Ministério da Instrução Pública e dirigido pelo engenheiro Jules-Louis Breton (1872-1940). A implementação dessa obra deve muito ao físico Jean Perrin (1870-1942). Com um entusiasmo inabalável e o apoio de um grupo muito unido de colegas e amigos – Émile Borel, Marie Curie,

---

23 Para essa chamada histórica, veja-se Spencer WEART, *La Grande Aventure des Atomistes Français. Les Savants au Pouvoir.* Paris: Fayard, 1980, capítulo 1; Dominique PESTRE, Les physiciens dasn les sociétés occidentales de l'après-guerre. Une umation des pratiques techniques et des comportements sociaux et culturels. *Revue D'histoire Moderne et Contemporaine*, 1992, 39, pp. 247-252.

Paul Langevin e Georges Urbain – ele trabalhou durante duas décadas para dotar a França de estruturas permanentes de pesquisa, também modelando estruturas com a sua própria visão de ciência como sendo uma atividade pura e desinteressada, afastando os partidários de uma concepção alternativa de ciência como atividade próxima da indústria.

Num primeiro momento, a filantropia empresarial permitiu *relançar* a pesquisa.[24] Em 1921, foi criada a Fundação Curie associada ao Instituto do Rádio, sendo financiada pelo Banco Lazard e pela Fundação Rothschild. Em 1922, passa a existir um Comitê Nacional de ajuda à pesquisa científica, encarregado de coletar fundos junto às grandes famílias, aos industriais e aos artistas. Em 1923, a Academia das Ciências organizou a *Jornada Pasteur, a qual* arrecadou dois milhões de francos para a construção do Escritório Nacional de Inventores na Bellevue e de um imenso eletroimã. Em 1926, o Instituto de biologia físico-química abriu suas portas graças a uma doação de 50 milhões de francos de Rothschild, seguido pelo Instituto Henri-Poincaré e financiado por Rockefeller e por Rothschild.

O apelo ao patrocínio, que funcionou bem nos anos 1920, não foi suficiente para estabilizar e perenizar os institutos de pesquisa. Como pagar os pesquisadores? "Os cérebros", gostava de dizer Perrin em sua infatigável campanha para financiar a ciência, "são, infelizmente, providos de estômagos". Ora, nos anos 1920, com a inflação e com os baixos salários universitários, a carreira científica atraía bem menos do que a indústria privada.

Diversas soluções foram buscadas. A primeira consistia em remunerar os pesquisadores com uma espécie de *pro rata* dos serviços que eles renderiam na indústria, garantindo-lhes um direito de propriedade sobre suas descobertas. Essa solução que encorajava uma ligação estreita entre a pesquisa científica e a industrial apresentou um obstáculo ainda maior: não se questionava o fato de deixar somente

---

24 Num tempo em que o financiamento da pesquisa pública pelo setor privado volta a ser um assunto da atualidade, é importante lembrar o papel importante exercido pelo mecenato de empresa na estruturação da ciência francesa.

com os industriais a tarefa de determinar os dividendos a serem pagos aos pesquisadores. Assim, surge a ideia de que o governo deveria taxar diretamente a indústria para financiar a pesquisa. Portanto, essa é a segunda solução inventada pelo matemático Émile Borel (1871-1956), em 1924, que foi batizada de "centavo de laboratório". Ela garantia entradas regulares para a pesquisa, que, ainda assim, eram modestas. A solução de Perrin era bem mais robusta: gradualmente, avançando em pequenos passos, jogando todas as redes e contando com o favor de mudanças políticas, Perrin chegou, em 1939, à criação do Centro Nacional de Pesquisa Científica (CNRS – *Centre National de la Recherche Scientifique*), resultado da fusão da *Caisse Nationale des Recherches Scientifiques* (Caixa Nacional de Pesquisas Científicas) e do *Centre National de la Recherche Appliqué* (Centro Nacional de Pesquisa Aplicada), antigo *Office National des Inventions* (Escritório Nacional de Invenções).[25] Assim, criou-se uma equipe de estudiosos assalariados inteiramente voltados à pesquisa acadêmica independente dos meios industriais, bem como dos meios do ensino.

A ciência pura como crença

A emancipação da pesquisa em relação à indústria não fora, entretanto, do gosto de todos os agentes preocupados com a organização da pesquisa. Em particular, ela contou com o ponto de vista do químico Henry Le Chatelier (1850-1936) que queria organizar a pesquisa científica sobre o modelo da empresa industrial. Le Chatelier apresentou inicialmente o seu programa de organização da pesquisa científica na França diante da Academia das Ciências durante a

25 Veja-se Jean PERRIN, *La Recherche scientifique.* Paris: Hermann, 1933; Jacqueline EIDELMAN, La création du Palais de la découverte: idealism scientifique et materialisme politique. In SCHROEDER-GUDEHUS, Brigitte (Ed.), *La Société Industrielle et sés Musées.* Paris: Éditions archives scintifiques, 1992, pp. 161-170.

guerra, a desenvolvendo em 1925 em seu livro *Science et Industrie* (Ciência e Indústria).[26]

Nessa publicação, ele propõe uma avaliação de custo-benefício da produção científica em função das inovações que ela patenteia ou apresenta na indústria depois da aplicação dos princípios de Taylor à produção do conhecimento. Isto é, que os pesquisadores científicos têm a obrigação de apresentar resultados. Não é uma boa ciência, para Le Chatelier, senão aquela que se inscreve nos projetos industriais, como Lavoisier, Carnot, Sainte-Clare, Deville e Pasteur. A ciência, segundo ele, é uma atividade que não se distingue fundamentalmente daquela da indústria, ela se define, a propósito, menos pelo objeto próprio e mais por um método: recolher dados, medir o que são por outro lado e saber quais são os meios possíveis para que haja um crescimento da eficácia da produção industrial. Seu objetivo é conseguir medir precisamente os fenômenos conhecidos, o controle dos parâmetros, a racionalização e a otimização dos procedimentos mais do que a exploração do desconhecido. Para Le Chatelier, os laboratórios deveriam ser criados pelo Estado e financiados pela Indústria. Esse modelo de ciência industrial entra diretamente em competição com a de Perrin por ocasião da preparação da Exposição Internacional de Paris em 1937.[27]

É contra esse modelo que Perrin elabora o seu conceito de "ciência pura" por ocasião da criação do *Palais* ou parque da descoberta, onde ele é um dos artesãos.[28] Para ele, a ciência é uma atividade

---

26 Cf. Henry LE CHATELIER, *Science et industrie*. Paris: Flammarion, 1925.

27 Três projetos do *Palais* ou de parque exposição encontram-se então em concorrência entre si: o dos filhos de Jules-Louis Breton, Diretor do Escritório nacional da pesquisa científica, que propunha um *Palais* dos recordes da ciência e da indústria; o de Léon Guillet, discípulo de Le Chatelier e diretor da *École Centrale*, que propunha expor um laboratório de ensaios e de medidas em atividade. Por fim, o projeto de um *Palais* da descoberta apresentado por Jean Perrin com Paul Longevin e o biólogo Henri Laugier (Para mais detalhes veja-se: Jacqueline EIDELMAN, *La création du Palais de la découverte: idealism scientifique et materialisme politique*, op. cit.).

28 Deixamos aqui o termo original *Palais* – palácio – em vez de "parque", devido à configuração mesma da exposição: não seria tanto para expor, mas mais para "entronar" [NT].

criativa, desinteressada, que tem sua finalidade em si mesma, como uma atividade artística. A ciência experimental – que inspira o modelo celebrado no Parque da descoberta – é uma conquista do desconhecido. Ela "amplia o pensamento" e contribui para a emancipação espiritual dos seres humanos ao mesmo tempo de sua emancipação material, uma vez que Perrin e muitos de seus contemporâneos acreditam em milagre. Essa pesquisa, movida pela curiosidade gratuita, de acordo com sua própria lógica, gera algo adicional além de apenas diversas aplicações práticas:

> *O progresso da ciência pura e a ampliação do pensamento vão agora crescer sem parar (...). Particularmente, a física poderá, graças à matemática, esgotar o conteúdo dissimulado em cada uma de suas conquistas e, reciprocamente, poderá fornecer a essa matemática um substrato novo, base de novas construções racionais, que, por sua vez, serão a fonte de novos conhecimentos experimentais. E eis, enfim, por acréscimo e como consquência imprevista desse progresso do conhecimento puro, a riqueza e a potência que os seres humanos vão se apoderando milagrosamente.*[29]

A relação entre a ciência pura e as aplicações é um autêntico ato de fé alimentado por alguns exemplos "reincidentes", verdadeiras manchetes encenadas no *Palais* da descoberta. Para defender seu modelo de ciência, Perrin não hesita em manter junto dois postulados contraditórios, o do caráter *imprevisível* das aplicações e o de uma afiliação *necessária* entre a ciência e a técnica:

> *Um acréscimo do saber permite quase sempre sua utilização de alguma forma ou o surgimento de alguma "invenção" que era, até então, imprevisível; e a pesquisa científica, sem ter outra meta senão a "descoberta" desinteressada do desconhecido, enseja, de um*

29 Cf. Jean PERRIN, *La Nouvelle Espérance*, 1938. (Reproduzido em Jean PERRIN, *La Science et l'Espérance*. Paris: PUF, 1948).

modo necessário, o crescimento incessante de nossa empresa sobre a natureza.[30]

Quanto à sociedade, Perrin lhe atribui total responsabilidade pelo mau uso da ciência, tanto que lhe parece evidente que "todo o meio de ação novo pode servir indiferentemente tanto ao mal como ao bem, como um escravo cegamente fiel à vontade de seu mestre".[31] Igualmente, é de responsabilidade da sociedade se organizar para conformar-se aos avanços da ciência. Dupla seria essa tarefa: de um lado, fazer frente aos problemas econômicos engendrados pelo progresso científico,[32] do outro, financiar a pesquisa. Essa ideia defendida na Inglaterra pelo cristalógrafo marxista John Desmond Bernal (1901-1971), que foi inspirada na União Soviética sendo promovida na França sob um modelo do Fundo Nacional de Pesquisa Belga que, por sua vez, remete a uma concepção romântica do *gênio* escondido que dormita no meio do povo.[33] Perrin espera que o *Palais* da descoberta faça surgir vocações científicas no meio do povo:

> *O povo manifesta em relação à ciência uma fé confusa, porém, profunda. Ele espera um desembaraçamento progressivo dessa ciência libertadora, que será acessível a todos, graças aos lazeres de uma vida sadia e às alegrias superiores da arte e do pensamento.*[34]

De fato, o *Palais* serviu oportunamente para inspirar essa fé e para fazer com que fosse aceitável, aos que contribuíam, a ideia de uma

30 Cf. Jean PERRIN, *La Nouvelle Espérance*, op. cit., p. 127.

31 Cf. Jean PERRIN, *La Recherche Scientifique*, op. cit., p. 15.

32 "A ciência permite o crescimento das riquezas, mas isso requer uma reorganização social. (...) Essa seria a grande tarefa dos sociólogos e dos homens da política de se consagrarem a estes grandes problemas e evitarem-se assim os procedimentos de ensaio e erro dramáticos dos rearranjamentos não dirigidos". Cf. Jean PERRIN, *La Recherche Scientifique*, op. cit., p. 17.

33 Cf. Jean PERRIN, *La Recherche scientifique*, op. cit., p. 20.

34 Cf. Jean PERRIN, *La Recherche scientifique*, op. cit., p. 151.

pesquisa pública independente e autônoma tendo sua finalidade em si mesma e garantindo liberdade dos pesquisadores em relação às pressões religiosas, políticas e econômicas. Esse *credo* não é especificamente francês, parece que ele foi *martelado* por ocasião de todas as exposições universais ou internacionais nos anos 1930 se tivermos em mente o *slogan* da exposição de Chicago de 1933: *Science finds, industriy applies, man conforms* (A ciência descobre, a indústria aplica e o ser humano se conforma ou se adapta).

Para resumir, enquanto no século XIX a ciência foi celebrada como fator de progresso tecnológico e de civilização, durante a primeira metade do século XX, os sábios, apoiados pelas mídias e pelos políticos construíram um conceito de ciência pura, desinteressada e autônoma em relação à técnica.

Um assunto de Estado

É esse tipo de ciência que Jean-Marc Lévy-Leblond declarava que estaria correndo risco de desaparecer? Leblond foi um físico que conheceu a idade de ouro da ciência reputada pura, mas nunca acreditou nessa visão pacífica e cuidadosamente purificada. Ele mesmo se rebelou abertamente contra as ilusões mantidas pelo sistema.[35]

Depois da Segunda Guerra Mundial, não existiram mais sonhadores como Jean Perrin que organizou a pesquisa nacional.[36] Em todos os países desenvolvidos existe um órgão específico encarregado de definir as orientações, as prioridades e os orçamentos do *esforço* nacional de pesquisa. A ciência é um assunto de Estado. O papel chave

---

35 Cf. Jean-Marc, LÉVY-LEBLOND – Alain JAUBERT (Eds.), *Autocritique de la science.* Paris: Seuil, 1972.

36 A documentação para esta parte foi extraída de Amy DAHAN e Dominique PESTRE (Eds.), *Les Sciences pour la Guerre.* Paris: Presses de l'EHESS, 2004; John KRIGE, *American Hegemony and the Postwar Reconstruction of Science in Europe.* Cambridge: MIT Press, 2006.

da ciência para o poderio nacional e o papel estratégico do Estado na caminhada da ciência são as duas grandes lições aprendidas da guerra. O Projeto Manhattan funcionou, assim como uma demonstração a dois níveis.

Primeiramente, a mobilização dos físicos atômicos com os químicos, matemáticos, engenheiros e técnicos acabou por produzir em dois anos uma bomba atômica operacional; administrava a prova da possibilidade de uma passagem rápida da ciência a mais fundamental para suas aplicações. Essa passagem foi desvencilhada graças à intervenção decisiva dos matemáticos formais, do cálculo e dos algoritmos.

E em segundo lugar, o Projeto Manhattan demonstrou a eficácia prodigiosa da colaboração interdisciplinar em vista de um objetivo claramente delineado. Os pesquisadores, engenheiros generosamente dotados, não precisavam estar integrados no aparelho militar para servir ao país. Desde 1944, o presidente Roosevelt solicitava ao seu conselheiro, o engenheiro Vannevar Bush (1890-1974), que foi a "cabeça pensante" do esforço de guerra, encontrar meios para perenizar o milagre da mobilização em tempo de paz. Dali surge o seu relatório já citado – *Science, the Endless Frontier* – elaborado em 1945, que estruturou a pesquisa americana ao longo de décadas. O princípio fundamental é o de deixar os pesquisadores nas universidades e financiá-los generosamente, a longo prazo, para que se obtenham as famosas "recaídas" esperadas. Como não é suficiente financiar, nem mesmo deixar aos próprios pesquisadores a tarefa de gerenciar o orçamento, o sistema encoraja colaborações e sinergias criando laboratórios interdisciplinares ricamente dotados em um grande número de universidades.

Três traços essenciais caracterizam a tecnociência emergente pela metade do século XX. Primeiramente, observa-se a nacionalização da ciência. Tradicionalmente considerada como um bem público e sem fronteira, a ciência torna-se uma alavanca de prosperidade e de segurança nacional. O apoio da da ciência pelo Estado antecede a Segunda Guerra Mundial, como o ilustra a campanha de

Perrin. Foi uma medida preconizada em nome de um ideal social.[37] Essa situação não foi, porém, novidade, mas esse período foi marcado pela mobilização dos cientistas, mesmo em tempo de paz. Os físicos americanos, trabalhando livremente em suas universidades com os orçamentos do *Department of Defense* ou do *Office of Naval Research*, tinham poucas chances de manifestar alguma animosidade. Eles consentiram com a mobilização, uma vez que eles são convidados nos *think tanks* e nas *escolas de verão* para definir as estratégias do país. Eles aderem majoritariamente ao sistema de estatização da ciência e raros foram os dissidentes.

Em segundo lugar, essa "cultura da urgência da mobilização", de acordo com a expressão de Dominique Pestre, é, antes de tudo, uma "cultura de administração, de ação enquadrada pela ciência", uma "cultura da análise e da planificação a partir de um centro onde o Estado e os cientistas especialistas e os industriais são os agentes privilegiados".[38] Pelo próprio fato de ser fundamental, a pesquisa é concebida como uma empresa com objetivos bem direcionados que justificam os meios permitindo avaliar as realizações em cada etapa. Essa orientação pragmática, que não deixa de lembrar a de Le Chatelier, é um componente essencial da emergência da tecnociência e se estende à gestão da própria sociedade.

Em terceiro lugar, a integração da ciência nas políticas nacionais acompanha-se de um regime de competição. A rivalidade instaurada durante a Guerra Fria justificou não somente a participação dos físicos nas decisões estratégicas, mas, também, a criação de especialistas, conselheiros em política da ciência. Ora, longe de questionar o sistema, esses sociólogos ou historiadores têm, em sua totalidade,

---

37 Por exemplo, o cristalógrafo de Cambridge John Bernal, de tendência marxista, defendia em 1939, em seu famoso trabalho *The Social Function of Science*, uma política científica responsável. A fim de não deixar a ciência nas mãos de forças cegas do mercado, ela deveria, segundo Bernal, ser organizada e planificada por um bem público, a justiça. Em todos os casos, a promoção e a renovação das competências científicas realçam a responsabilidade do Estado, que tem a faculdade de mobilizá-las a seu serviço.

38 Cf. Dominique PESTRE, *Science, Argent et Politique*. Paris: INRA, 2003, p. 66.

adesão ao regime da nacionalização e da competição. Surge, assim, a tese do "retardo" da Europa em relação aos Estados Unidos, que terminou por se tornar o paradigma dominante. O relatório elaborado pela OCDE ilustra isso de modo exemplar[39] em 1968, pelo sociólogo Joseph Ben David (1920-1986), um célebre pioneiro da sociologia das ciências. Ele convida, então, os universitários europeus a se modernizarem retomando como sua crença do *The Endless Frontier*:

> *As universidades conservadoras criam, de modo geral, espíritos conservadores no plano intelectual que transformam de um modo irresponsável a ciência numa tradição ao invés de utilizá-la de modo pragmático como um instrumento indefinidamente aperfeiçoável, o que ela é na realidade.*[40]

Conclue-se, então, a necessidade de uma livre concorrência, de uma ciência sem protecionismo. Essa posição está ancorada sobre a ideia segundo a qual em cada época existe um *lar* científico que modela e motiva os demais: foi assim na Renascença italiana, na Inglaterra no século XVII, na França no século XVIII, na Alemanha no final do século XIX e nos Estados Unidos no século XX.

De fato, o modelo americano se impôs pelo envolvimento que o país tinha na reconstrução da ciência europeia após 1945.[41] Enfraquecida pela guerra, a pesquisa europeia foi auxiliada e reorganizada para fazer frente à URSS. Os Estados Unidos concederam generosamente sua ajuda graças às bolsas e aos programas de intercâmbio. As bolsas de Rockefeller permitiram financiar pesquisadores, equipamentos e colóquios; e as bolsas da OTAN ofereceram aos jovens pesquisadores europeus estágios de for-

---

39 Muito provavelmente a autora se refira à Organização para a Cooperação e Desenvolvimento Econômico [NT].

40 Cf. Joseph Ben DAVID, *La Recherche Fundamentale et les Universités. Réflexions sur les Disparités Nationales.* Paris: OCDE, 1968, p. 35.

41 Cf. John KRIGE, *American Hegemony and the Postwar Reconstruction of Science in Europo*, op. cit.

mação a partir de 1957. Como vem realçado pelo historiador John Krige, a hegemonia americana não foi imposta pela força, ela foi consentida, e até mesmo desejada, pelos pesquisadores europeus, que, em seu conjunto, não apresentavam objeções às únicas duas condições impostas pelos americanos: integrar a Alemanha em todos os projetos e descartar os comunistas dos postos de direção.[42]

Esse pequeno apanhado histórico permite que possamos refletir de duas maneiras: primeiramente, observando-se um contraste singular entre as consequências existentes entre as duas guerras mundiais. Depois da participação da ciência na Primeira Guerra Mundial, os cientistas e os industriais fizeram um esforço de "purificação" para superar o que alguns consideravam como uma "prostituição da ciência na guerra"; porém, depois da Segunda Guerra Mundial, eles se esforçam para manter a mobilização de guerra em tempos de paz. O neoliberalismo e o darwinismo epistêmico conduziram a um estado de guerra de todos contra todos.

Além disso, o que foi chamado mais tarde de "tecnociência" parece ter surgido nos Estados Unidos durante a Segunda Guerra Mundial. É um modelo local que tende a tornar-se global em favor de uma competição generalizada cuja língua e regras foram estabelecidas pelos Estados Unidos.[43]

42 Foi assim que Frédéric Joliot-Curie foi destituído de suas funções de Alto Comissário para a Energia Atômica, em 1950.

43 Veja-se Javier ECHEVERRIA, *La Revolución Tecnocientífica.* México: Fondo de Cultura Economica, 2003, p. 12.

2
Um novo regime

A subordinação da ciência à política justifica a expressão que se tornou corrente hoje em dia do "regime de saber" para designar a organização da ciência. O regime que surgiu da Segunda Guerra Mundial foi, *a posteriori*, batizado de "complexo bélico-industrial" por um de seus idealizadores: Dwight David Eisenhower, presidente dos Estados Unidos de 1953-1961. Isso não significa que o fenômeno seja próprio desse país nem que se relaciona à ideologia americana de fronteira, a dos limites que sempre devem ser ultrapassados. O controle político da pesquisa transcende os regimes políticos uma vez que rege do mesmo modo países capitalistas além do bloco comunista, onde os Estados planejam a pesquisa numa orientação bélico-industrial.

A consagração do complexo bélico-industrial

Entre os principais Estados, a pesquisa tornou-se *Big Science*, com grande investimento e pesados equipamentos. A aliança militar com a ciência e com a guerra foi reforçada: não somente a concepção de armas foi confiada às universidades (por exemplo, o Massachussetts *Institute of Technology*) ou a grandes centros de pesquisa, inteiramente dedicados à ciência estatal, como a Oak Ridge nos Estados Unidos ou a Akademgorodok na URSS, mas a gestão da ciência chamou-a de uma nova especialidade: a estratégia científica tornou-se uma disciplina totalmente à parte, institucionalizada nos *think tanks* ou centros de pesquisa como a Rand Corporation e a John F. Kennedy *School of Government* em Harvard, encarregadas de definir e orientar a política científica. Nos Estados Unidos, essa política foi assumida a partir de seminários intensivos de *brain stoming*, que reuniam durante semanas elites científicas e políticas.[44]

Todos encontravam, contemplados ali, seus interesses: políticos que queriam colocar a pesquisa científica mais avançada a serviço do poderio nacional, além de cientistas que queriam debater os problemas técnicos com pessoas interessadas e obter fundos que eles desejavam. Essa aliança entre ciência e política certamente suscitou protestos tanto nos Estados Unidos quanto na Europa. No ponto mais alto da Guerra Fria, diversos movimentos científicos dissidentes expressaram suas opiniões em âmbito internacional, como por exemplo, através do "Átomos Para a Paz" (promovido na França por Frédéric Joliot-Curie 1879-1955), por meio de um apelo contra as armas nucleares assinado por Bertrand Russel (1872-1870) e Albert Einstein (1879-1955), em 1955, (que redundou na criação do movimento Pugwash em 1957) e o movimento Ciência para as Pessoas, criado na Grã-Bretanha.

Mas, tais movimentos heroicos não impediram que em todos os países industrializados a ciência passasse a ser controlada pelo Estado. A ciência livre e criativa que tanto sonhava Jean Perrin cedeu lugar para uma versão tecnicista da ciência como trunfo estratégico na competição militar, industrial ou econômica entre as nações. Como o veremos nos capítulos seguintes, esse modelo não era, entretanto, rígido: ele evoluiu depois dos anos 1950 e se enriqueceu dentro da dinâmica das mudanças das políticas científicas.

Nacionalização, competição e "americanocentrismo" são três aspectos que definiam em todos os casos o clima de onde emergiu

---

44 Um exemplo, relativo aos anos 1980: Henri Ehrenreich, catedrático de ciência [física] dos materiais na Harvard e consultor do Ministério da Defesa durante muitos anos, lembrou para nós, esses seminários organizados pela DARPA (*Defense Advanced Research Projects Agency* – uma organização do Ministério da Defesa) e que duravam de três a quatro semanas, ensejando momentos impressionantes onde encontramos pessoas interessantes e onde o dinheiro corria solto para a pesquisa. Ele garante que não aderiu à política de Regan, mas, a seus olhos, não se discutia política, mas sim exclusivamente problemas técnicos. Para ele, a ciência [física] dos materiais seria "neutra" (Entrevista dada a Bernadette Bensaude-Vincent, Arne Hessenbruch e Sam Schweber com Herny Ehrenreich, aos 4 de outubro de 2001).

o perfil da tecnociência. Mas isso não é suficiente para se adquirir uma noção precisa. Com efeito, apesar de sua orientação estratégica, o relatório Vannevar Bush manifestava ainda uma fé robusta na ciência fundamental como "galinha dos ovos de ouro". Ele promovia a ciência universitária para garantir a dominação econômica e militar; mantendo intacta a sequência ciência e então técnica. Ora, em sua própria construção, a palavra composta tecnociência sugere que a técnica precede a ciência. Trata-se de uma precedência, de uma dependência ou de uma interdependência?

Do modelo linear "ciência e então técnica" aos pesquisadores empreendedores

O vínculo com a sequência "ciência e então técnica" é aquele que os sociólogos encarregados da política científica chamam de "modelo linear" para sublinhar melhor o contraste com o novo tipo de relações entre ciência, Estado e indústria que se desenvolveu a partir dos anos 1980.

Por modelo linear designa-se um esquema que surge com a descoberta científica até além de sua aplicação industrial, ao mercado, sem uma ação inversa. Nessa ótica, a ciência é o motor da inovação tecnológica, a qual pode, por outro lado, ser legitimada por uma "demanda social", decorrendo a repartição das tarefas que entrevimos no caso americano. Cada um desempenhava seu papel: o governo financiava, promovia e regulava a pesquisa acadêmica sem esperar retorno imediato de seu investimento; os institutos de pesquisa universitários tinham a função de acrescentar, aumentar os conhecimentos, publicar seus resultados com o sistema de controle de seus pares agindo, nesse caso, como especialistas; quanto aos grupos industriais, eles se encarregavam de desenvolvimentos ulteriores, com a avaliação da relação custo-benefício, tendo em vista as inovações tecnológicas como objeto de patentes.

Essa distribuição dos papéis foi, entretanto, questionada nos Estados Unidos ao final da Guerra Fria, quando os orçamentos disponibilizados pelo governo federal começaram a acabar. A rivalidade comercial com o Japão, que desenvolvia então novas tecnologias proveitosas através da compra de patentes e licenças sem a necessidade de investimentos em pesquisas anteriores, era lembrada para justificar mudanças na política. Votado em dezembro de 1980 pelo Congresso, o *Bay-Dole University and Small Business Patent Act* transferiu a propriedade dos resultados das pesquisas financiadas pelo governo federal aos próprios pesquisadores universitários: como era já um dever para eles patentear o uso das mesmas e comercializar suas invenções, com preferência, para o mercado nacional. O objetivo dessa lei era encorajar a colaboração entre universidades e indústrias a fim de facilitar a passagem da invenção à inovação após ser colocada no mercado.

Essa medida teve dois impactos importantes: acelerou o ritmo de inovações, especialmente no domínio de novas tecnologias, e modificou o estatuto dos pesquisadores, que se tornaram cada vez mais empreendedores. Assim, a fronteira entre pesquisa acadêmica e mundo dos negócios ficou "esfumaçada", a ciência deixou de ser um bem público e se tornou um bem apropriável podendo ser licenciado como uma invenção.

Em seu livro publicado em 1994, *The New Production of Knowledge* (A nova produção do conhecimento), que se tornou uma referência no mundo anglo-saxão para justificar a hibridação público-provado na pesquisa científica, Michael Gibson, Helga Nowotny e seus colaboradores *batizaram* o antigo e o novo regime de "Modo 1" e "Modo 2", estabelecendo as oposições de suas relações.[45] Segundo eles, o Modo 1 se distinguiria pelo primado da pesquisa acadêmica com finalidade cognitiva: conhecimentos adquiridos e validados no quadro das disciplinas

45 Cf. Michael GIBSON – Camile LIMOGES – Helga NOWOTNY – Simon SCHWARTZMAN – Peter SCOTT – Martin, *The New Production of Knowledge. The Dynamics of Science and Research in Contemporary Societies*. London: Sage, 1994.

tradicionais; organização hierárquica com regras claras de controle e de validação dos resultados, e, por fim, uma pesquisa isolada da sociedade a qual não intervém senão no fim do processo como alvo de vulgarização ou do uso das inovações. Ao contrário, no Modo 2, a distinção entre pesquisa fundamental e aplicada desaparece: as descobertas fundamentais podem levar a pesquisas industriais e, correlativamente, a pesquisa fundamental recorre a equipamentos técnicos e até mesmo industriais. As pesquisas não estariam mais localizadas nos ambientes universitários, mas seriam levadas adiante em parceria entre especialistas provindos de horizontes e especialidades múltiplas. Mais uma vez, os critérios de avaliação misturavam as regras rígidas de controles por seus pares, uma vez que as pesquisas são mais *sensíveis* ao contexto social ou econômico, às atitudes do público podendo evoluir para uma participação dos usuários, a montante, na elaboração de programas de pesquisas.

Do bélico à competição econômica

A distinção entre o Modo 1 e o Modo 2 é gritante, mas traz também críticas. Podemos remontar, com legitimidade, a emergência do Modo 2 até os fins do século XIX. Isso foi demonstrado por Dominique Pestre na recomposição da pesquisa sob uma ajuda do Estado: Estados gestores, providência e, além do mais, guerreiros e isso remonta aos anos de 1870.[46] O papel crescente das empresas privadas na pesquisa não modifica, fundamentalmente, o papel diretivo do Estado.

Do nosso ponto de vista, a distinção entre o Modo 1 e o Modo 2 não tem um caráter histórico, mas um conceito concorrente da "tríplice hélice" – Estado, Indústria e Universidade – introduzido por Henry

46 Cf. Dominique PESTRE, *Science, Argent et Politique*, op. cit.

Etzkowitz e Leot Leydesdoff.[47] A meta desses estudos é, primeiramente, reformular a questão tradicional da prioridade (é a ciência que impulsiona a técnica ou a técnica a ciência?) em termos de interação entre os diversos tipos de agentes: as comunidades científicas, os Estados, os industriais ou o mundo dos negócios e, enfim, os cidadãos (usuários ou consumidores). É claro agora que os dois modos correspondem menos a regimes sucessivos e mais a tendências. Eles são considerados como tipos ideais jamais plenamente realizados, mas portadores de sistemas de valores que orientam pelo menos as escolhas políticas em termos de pesquisas.

Esses tipos ideais têm uma função mais *performativa* que descritiva. A distinção entre o Modo 1 e o Modo 2 contribuiu diretamente para definir a política de configuração do ensino superior e para a inovação definida pela ODCE para promover a economia do saber.[48] O objetivo almejado é o de acabar com esse modelo linear e promover uma aproximação entre os meios científicos, dos negócios e a sociedade civil para adaptar o sistema educativo ao contexto da mundialização econômica.

Se passarmos da análise tipológica para uma análise histórica mais fina da evolução dos regimes da ciência, compreende-se melhor a emergência da tecnociência. Realçamos, no Capítulo 1, a importância das políticas científicas nos processos que transformam as práticas da ciência ou, ainda, como essas políticas científicas mudaram ao longo dos anos 1970 e 1980. Enquanto que no período da Guerra Fria e da reconstrução da Europa a ciência estava inteiramente sob o controle de Estados-Nações, as políticas científicas passaram, em termos de controle, de um nível internacional nos anos 1970 ao mesmo tempo em que são orientadas para outras finalidades além do complexo bélico-industrial.

---

47 Cf. Henry ETZKOWITZ - Leot LEYDESDOFF (Ed.), *A Triple Helix of University-Industry-Government Relations. The Future Location of Research?* New York: Science Policy Institute, 1998.

48 OCD (Divisão ciência, técnica, indústria), *L'Économie fondée sur le savoir.* Paris, 1996. Veja-se também Pierre MILOT, La reconfiguration des universités selon l'OCDE: économie du savoir et politique de innovation. *Actes de la Recherche en Sciences Sociales,* 2003, 148, pp. 68-73.

Como Michael Hård e Andrew Jamison nos lembram bem, a fórmula "complexo bélico-industrial" foi lançada por Eisenhower no momento em que ele deixava a Casa Branca em 1960 para chamar a atenção aos perigos dessa aliança: não somente da política de armamento com a finalidade de dissuasão que envolvia as potências mundiais numa espiral que favorecia a agressão, mas, também, que essa política marginalizava muitos ramos da pesquisa técnica e científica .[49]

Essa *mensagem de adeus* que levanta a questão fundamental de qual seria a responsabilidade política dos cientistas foi proposta pelos movimentos de dissidentes antes de ser levada ao cenário público em 1968. Nos Estados Unidos, os movimentos contestatários de estudantes visaram o complexo bélico-industrial, por isso, a proposta de uma reorientação, durante os anos 1970, das políticas científicas para objetivos econômicos e sociais e não mais, prioritariamente, militares. Ao mesmo tempo, a política científica tornava-se um *negócio* internacional e não mais um assunto nacional. Uma missão de política científica foi confiada às organizações internacionais com o objetivo de definir as orientações específicas e não mais *motivadas* por dimensões militares. A OCDE (Organização de Cooperação para o Desenvolvimento Econômico) criou uma divisão de política científica dirigida pelo filósofo Jean-Jacques Salomon, que, por sua vez, criou uma espécie de sociedade internacional de sábios, a Sociedade para uma Política das Ciências, incluindo também os países do Leste Europeu e do Terceiro Mundo e unindo-se às tentativas da UNESCO para reorientar as políticas científicas para o bem público em âmbito planetário.

Havey Brooks, professor de física aplicada em Harvard e presidente da Academia Americana de Ciências de 1971 a 1976, defendeu essa guinada num relatório para a OCDE intitulado *Science Growth and Society. A New Perspective* (O crescimento da ciência. Uma nova perspectiva), publicado em 1971. Brooks era de opinião de que a crise

---

49 Cf. Michael HÅRD – Andrew JAMISON, *Hubris and Hybris. A Cultural History of Technology and Science*. London: Routledge, 2005, p. 246.

científica estava inscrita numa crise mais ampla, que ele situava no *distanciamento* entre o crescimento e as exigências sociais, qualitativas. Ele recomendava que se reorientassem os programas de pesquisa para se criar um vínculo estreito entre as ciências naturais e a sociedade. Essa nova abordagem da política científica, que Michael Hård e Andrew Jamison qualificaram de quase "médicas", corresponderam globalmente a um afastamento do Estado, mas não pôs, por isso, em perigo a pesquisa fundamental.

Para exemplificar esse ponto, tomemos o caso da "ciência e a engenheria dos materiais". Esse setor interdisciplinar, na encruzilhada entre a física e a química, da mecânica e da engenharia, do mundo da eletricidade, da eletrônica, da química etc., nos apresenta um exemplo de tecnociência emergente. Ele foi criado por todas essas *peças* nos Estados Unidos por uma vontade do governo federal, e implantado nas universidades americanas ao longo dos anos 1960. Em seguida, prosperou nos laboratórios industriais ao longo dos anos 1970 e 1980 quando os laboratórios da Ford, da Bell ou de outras empresas deram liberdade aos pesquisadores universitários.[50] Ora, as pesquisas levadas adiante nesses laboratórios sobre a supercondutividade ou sobre os meios de estocagem de energia (baterias sólidas, pilhas a partir de combustíveis etc.) respondiam a objetivos aplicados, porém, conseguiram evoluir a ciência mais fundamental como, por exemplo, a condução iônica, a supercondutividade e a ciência das superfícies.

Digamo-lo até com insistência, a tecnociência não significa o fim da pesquisa fundamental, ela coloca em questão a reivindicação da autonomia da ciência em relação aos desafios econômicos e sociais. O que observamos nos anos 1980 e 1990 não foi seu abandono, mas uma redefinição do conceito de pesquisa fundamental que se ampliou consideravelmente. Se analisarmos a partir da pesquisa, o termo em inglês *basic research*, no âmbito das pesquisas e da política das pesquisas, veremos que enquanto no século XIX a pesquisa

---

50 Cf. Bernadette BENSAUDE-VINCET, The Construction of a Discipline: Materials science in the USA. *Historical Studies in the Physical and Biological Sciences*, 2001, 31, pp. 223-248.

fundamental se opunha à aplicada, no fim do século XX, essa fórmula englobava toda pesquisa exploratória e não apenas o desenvolvimento de um produto ou de um conceito. O conceito assim ampliado proporciona um ponto de encontro dos agentes – políticos, pesquisadores e industriais – ainda que cada um vincule ali valores bem particulares.

3.
A ciência como produção

Se as orientações das políticas de pesquisas para a concorrência econômica não conduz necessariamente à morte da pesquisa fundamental, ela, pelo menos, muda o estatuto da pesquisa. A expressão "modo de produção do saber", comum nos dias de hoje, sugere que a ciência não é mais concebida como uma criação vizinha à arte, como Perrin o imaginava, mas como uma atividade inscrita no sistema econômico. Essa curiosa expressão deixa muito claro que o saber é um bem, que ele é fabricado num processo de produção, um pouco como se faz com o artefato. Em resumo, ele fala do abandono da noção clássica de conhecimento como uma atividade gratuita.

Desde Aristóteles, o conhecimento foi considerado uma atividade gratuita que supõe o lazer e que não pode ser comercializado. É uma atividade de pesquisa sem um objetivo determinado (não se sabe de antemão o que se vai encontrar). É um bem não exclusivo, uma vez que, longe de estar perdido quando é transmitido, ele cresce e se difunde. É um bem não rival (não é privativo de ninguém em especial, aproveitar-se dele), porém, por outro lado, é um bem econômico que adquire seu valor pela sua raridade, sendo tal raridade o que lhe dá o valor de mercado.

O conhecimento científico tornou-se um bem apropriável

O produto da atividade de produção científica é um bem, um valor mercantil.[51] No modelo econômico neoliberal que inspirou o *Bayh-Dole Act* de 1980, somente a propriedade privada permite uma excelente gestão dos recursos, enquanto a propriedade comum leva ao desperdício ou pilhagem.[52] A "santa gestão" implica, portanto, que os resultados da pesquisa não sejam mais considerados como bens públicos, patrimônios da humanidade em seu todo, mas como propriedade privada de um grupo ou de uma empresa. Assim, está posta em questão a "publicidade" dos resultados científicos, considerada como uma obrigação dos estudiosos desde a fundação das Academias no século XVII, em contraste com as invenções tecnológicas regidas pelo direito da licença ou da patente desde o fim do século XVIII. Agora, a produção do saber se alinha cada vez mais com a produção técnica de artefatos.

A lógica comercial conduziu a uma clara modificação do direito de patentes. Os três critérios fundamentais que presidiam a outorga de patentes – invenção, novidade e utilidade – enfraqueceram-se desde os anos 1980. Podemos, agora, outorgar patentes sobre entidades naturais (genes, plantas, animais). Quanto ao critério de utilidade, não parece ser mais operacional: as patentes podem ser requeridas *ad referendum* considerando os "tijolos elementares" – sequências genéticas ou máquinas moleculares – dos quais não sabemos com clareza a aplicação imediata, mas que são instrumentos de pesquisa indispensáveis para o

---

51 Cf. Michel CALLON, Is science a public good? *Science, Technology and Humann Values*, 1994, 19(4), pp. 395-424.

52 Cf. Geneviève AZAM, La connaissance, une marchandise fictive. *Revue du M.A.U.S.S.*, 2007, 29, pp. 110-121.

avanço do conhecimento. Ora, esse direito de propriedade sobre objetos e instrumentos de pesquisa leva a uma situação em que o acesso à natureza para todos se torna puramente teórico, conferindo a alguns empreendedores uma espécie de direito de exploração muitas vezes comparável à caça. A mudança da atividade como sendo livre e gratuita para uma atividade econômica foi demarcada a nível institucional: o direito de propriedade intelectual, que competia à Organização das Nações Unidas, foi englobado ao direito do comércio e confiado à Organização Internacional do Comércio.[53]

A mudança de estatuto se integra ao quadro mais geral da emergência da economia do conhecimento. Tal expressão remete a dois movimentos conexos e complementares que constituem o que se convencionou chamar de "economia do conhecimento": de um lado, a promoção de uma nova forma de capitalismo fundamentado no conhecimento e, do outro, a aplicação das teorias econômicas à atividade científica.

Economia ou sociedade do conhecimento

A economia fundamentada sobre o saber, tal como vem apresentada nos relatórios da OCDE já citados, designa um sistema econômico que repousa sobre a produção, a difusão e a utilização do saber e da informação.[54] Ele se traduz por um investimento em altas tecnologias, emprego de mão de obra cada vez mais especializada ou qualificada, abandono do modelo linear em proveito de uma inovação em parceria e, por fim, em uma nova orientação do sistema científico para a cooperação com a indústria. O científico é tratado como uma forma de capital – um capital intangível – considerado como um fator

53 Cf. Geneviève AZAM, La connaissance, une marchandise fictive, op. cit.

54 Cf. OCDE (Divisão ciência, técnica, indústria), *L'Économie Fondée sur le Savoir*, op. cit.

de produção muito mais importante que o capital tangível ou material. A prioridade é dada, então, ao acúmulo do capital intangível na empresa, no país, pela educação, pela formação continuada, pelos esforços de codificar o saber tácito.

A valorização do "capital humano", que vem acompanhada por uma desvalorização do capital material e físico, conta, essencialmente, com o fato de que o conhecimento seja percebido como uma vantagem na concorrência na competição econômica mundial. No relatório de 1997, a Comissão Europeia, associa as performances econômicas à qualidade de vida e a um deslocamento sutil do conceito de economia do conhecimento para o de "sociedade do conhecimento". E, para afirmar claramente sua vontade, o título do relatório faz uma paráfrase do famoso relatório de Vannevar Bush, que programou o período do pós-guerra: *Society, the Endless Frontier*.[55] O relatório insiste na ideia de que a pesquisa e a formação devem ser pensadas juntamente com as atividades socioeconômicas e não como setores autônomos. É essa interação que constitui a fronteira que deve sempre ser empurrada para frente no horizonte de um novo crescimento de qualquer modo de vida.

A ambiguidade entre os objetivos econômicos e o projeto social ficou ainda mais demarcada na *agenda* definida pela União Europeia em Lisboa no ano 2000: "Tornar a economia do conhecimento mais competitiva e dinâmica, capaz de proporcionar crescimento econômico durável, acompanhado de uma melhoria quantitativa e qualitativa do emprego e de uma coesão social".[56] Como sugere um relatório da UNESCO publicado no mesmo ano, a insistência sobre o conhecimento e a R&D[57] é uma estratégia defensiva dos países do Norte para redefinir suas vantagens concorrenciais (educação, produtos de alto valor

55 Cf. Parakskevas CARACOSTAS – Ugur MULDUR, *Society, the Endless Frontier*. Luxembourg: Comission européenne/DG/XII R&D, 1997 (tradução francesa: *La societé, ultime frontière. Une vision européenne des politiques de recherche e d'innovation pour le XXIe siècle.* OPOCE.

56 Cf. LISBON EUROPEAN COUNCIL, Presidency conclusions (The Lisbon Strategy), 2000.

57 Provavelmente a autora se referia a *Research and Development* [NT].

agregado, organização...) diante dos países emergentes.[58] Em todos os casos, é uma escolha que está em uma espiral de inovação, uma renovação permanente dos produtos de alta tecnologia que requer adaptabilidade e flexibilidade da parte dos usuários além dos esforços na implementação de R&D.

Quanto à outra face da economia do conhecimento, ela consiste na introdução de uma gestão administrativa de sua produção.[59] Uma vez que o conhecimento é uma forma de capital do qual depende o crescimento no futuro, trata-se, pois, de aperfeiçoar as performances da pesquisa. Os três objetivos visados no mundo empresarial aplicam-se agora tanto aos programas como aos resultados da R&D: ela deve produzir resultados efetivos e tangíveis (*effectiveness* – efetividade); ser pertinente (*efficacy* – eficácia); e rentável (*efficience* – eficiência), na produção cotidiana, porém com menos meios. Como avaliar as taxas de rentabilidade da pesquisa científica, seu custo e suas performances, como valorizar os produtos da pesquisa, como organizar o mercado de trabalho dos pesquisadores, como aperfeiçoar os mecanismos de promoção e de gratificação? Essas questões estão no coração no novo ramo da economia que se dedica a aconselhar as políticas da pesquisa.[60] É necessário, de início, promover a pesquisa em programas para assegurar a sua pertinência e não desperdiçar os esforços. Depois disso, é importante adotar os critérios de apreciação ou avaliação para selecionar os projetos: a excelência científica dos que levam os projetos adiante não é senão um dos critérios. Por fim, é necessário dotar-se de instrumentos de avaliação quantitativa da produção. Foi assim que se inventou a "ciênciometria", permitindo-se que se meça e se compare as performances da produção de diferentes

---

58 Cf. Bruno AMABILE – Philippe ASKENAZY, *Introduction à l'économie de la connaissance.* Contribuição para o Relatório da UNESCO *Construire les Sociétés du Savoir.* Paris: UNESCO, 2000. Dominique FORAY, *L'Économie de la connaissance.* Paris: La Découverte, 2000.

59 Cf. Isabelle BRUNO, *À vos marques, prêts, cherchez! La estrategie européenne de Lisbonne: vers un marché de la recherche.* Bellecombe-en-Bauges: Éditons du Croquant, 2008.

60 Cf. Michel CALLON – Dominique FORAY, *Nouvelle économie de la science ou socio-économie de la recherche scientifique? Revue D'économie Industrielle,* 1997, 179, pp. 13-35.

pesquisadores, laboratórios e países. Isso tudo vai acabar impondo, ao longo de alguns decênios, uma nova concepção de realidade a ser medida: a qualidade de uma pesquisa dependerá do número de citações nos artigos em revistas científicas.

Ainda que seja claro que a mudança no estatuto do conhecimento se inscreva na longa duração de uma história econômica que tende à apropriação dos bens comuns e ao mercadejamento de toda a informação, podemos, no entanto, ficar bastantes perplexos: como o conhecimento científico pôde deixar-se capturar? Para responder essa questão, é necessário uma análise do próprio processo de produção do saber.

Os instrumentos motores da pesquisa

O postulado da gratuidade do conhecimento repousa sobre uma visão clássica como algo que não tem preço. Mas não teria justamente essa visão teórica e abstrata se distanciado das condições concretas de produção do conhecimento científico? A ciência tem um preço, pelo menos o resultado publicado custa horas de trabalho de pessoas altamente qualificadas e de instrumentos. Não é aceitável para a publicação, não é legitimo, hoje em dia, o saber, senão o científico elaborado com instrumentos cada vez mais eficientes. Os grandes instrumentos eram, no passado, apanágio da física das grandes energias. Hoje, a biologia recorre também a instrumentos bem pesados – plataformas tecnológicas – para explorar o genoma depois do proteoma.[61] Esses investimentos são tão caros que ultrapassam os orçamentos da pesquisa pública e requerem a constituição de redes como as genópolis. Acrescentem-se, ainda aqui, na pesquisa médica e farmacológica, os custos consideráveis dos ensaios clínicos.

61 Totalidade de proteínas sintetizadas por uma célula (Houaiss) [NT].

A criatividade científica não depende nem da intuição nem de experiência superficial, ela passa necessariamente pela mediação técnica que se situa, como realçava Gilbert Hottois em sua definição de tecnociência, o montante da ciência e não somente contando com o seu aval, como uma distorção. Com isso, "reconhece-se na técnica ao mesmo tempo a fonte, o meio e o critério da pesquisa".[62] Relativizamos a orientação para as aplicações técnicas, ou seja, o mercado e a sociedade, realçando a robustez da categoria da pesquisa fundamental. Mas, o que é a técnica como fonte e como meio da ciência?

A história da ciência no século XX nos fornece muitos exemplos de técnicas instrumentais que abriram novos campos de pesquisa ou perturbaram profundamente as ciências tradicionais. Assim, a técnica da difração dos Raios X, colocada em ação nos anos 1920 pelo físico britânico William Lawrence Bragg (1890-1971) e seu pai William Henry Bragg (1862-1942), permitiu visualizar a estrutura microscópica interna dos sólidos, em especial, dos metais, e conectar sua estrutura com suas propriedades. Isso não apenas renovou a metalurgia, mas também permitiu a emergência da física dos sólidos e a biologia molecular como a estrutura do DNA. Nos anos 1990, a pesquisa na área da biologia molecular foi profundamente transformada pela introdução do PCR (*Polymer Chain Reaction* – reação em cadeia de Polímeros).[63] Nesse mesmo período, a descoberta e a utilização do microscópio permitindo "visualizar" e deslocar as moléculas ou os átomos abriram o campo das nanociências e das nanotecnologias. A lista das técnicas que revolucionaram as práticas de pesquisa no século XX não termina: elas vão das mais genéricas, como a informática, às mais específicas, como as "pinças óticas". É bastante interessante demonstrar como, inicialmente, de simples instrumentos ou meios, as técnicas foram progressivamente se tornando o "meio" da ciência.

---

62 Cf. Gilbert HOTTOIS, *La technoscience, de l'origine du mot à son usage actuel*, op. cit., p. 22.

63 Esta técnica efetivada em 1986, pelo químico americano Kary Mullis (prêmio Nobel de química em 1993), permite obter milhões de cópias de um fragmento de DNA ou de RNA em algumas horas. Ela, especialmente, serve para a detecção de vírus como o HIV e *condicionou* ou possibilitou o voo da aventura da genética.

Tradicionalmente, os instrumentos científicos são usados com a finalidade de explorar ou medir fenômenos. Eles se constituem em intérpretes ou mediações mesmo quando produzem artificialmente fenômenos como as câmaras ionizantes ou aceleradores de partículas. Mas, as grandes *máquinas* do estilo do cíclotron ou dos aceleradores lineares, utilizadas desde os anos 1960 no *Lawrence Berkeley National Laboratory* ou no CERN em Genebra, continuam sendo meios a serviço de um fim: a exploração da estrutura íntima da matéria. Para o físico americano Alvin Weinberg (1915-2006), que foi um dos pioneiros e grandes defensores da *Big Science*, essas máquinas também são monumentos catedrais à glória da verdade científica, como ele escrevia em 1961:

> *Quando a história olhar para o século XX, ela terá a ciência e a tecnologia como seu tema; encontrando nos monumentos da Big Science – enormes fusos e aceleradores de alta energia – os símbolos de nossa época, do mesmo modo como a* Notre-Dame *é vista como um símbolo da Idade Média (...). Construímos os nossos monumentos em nome da verdade científica, eles construíram os seus em nome da verdade religiosa; nós empregamos a* Big Science *para acrescentar prestígio ao nosso país, eles empregaram os seus meios ou suas igrejas para acrescentar prestígios a suas cidades (...).*[64]

A verdade científica e o prestígio nacional são os fins que justificam os meios. Trata-se de enormes meios, uma vez que essas máquinas consomem finanças consideráveis e mobilizam um pessoal importante. Os grandes instrumentos transformaram profundamente as condições da pesquisa científica. Eles exigem, com efeito, programas de pesquisa em grande escala, sustentados por pesados investimentos financeiros de um e até de vários Estados, reunindo centenas de pessoas – físicos, técnicos, engenheiros, administradores – em grandes laboratórios.

---

64 Cf. Alvin WIENBERG, *Impact of large scale science in the US. SCIENCE*, 1961, 134 (3473), pp. 161-164.

Tudo se torna maior, daí a denominação *Big Science*. E como é necessário amortizar e justificar os investimentos, a técnica é o próprio instrumento inspirador de programas de pesquisa onde aplica, se possível, em diversos objetos como o realçava o sociólogo americano Derek De Sola Price.[65] Desde então, os instrumentos não são mais simples mediações, eles se tornam verdadeiros motores da pesquisa no sentido de que orientam seu curso, atraem créditos e, com isso, pesquisadores e publicações. Uma lógica instrumental tende suplantar a lógica dos problemas ou dos enigmas a serem resolvidos. E as performances dos instrumentos determinam as performances dos estudiosos, sendo, então, necessário algo sempre mais poderoso e maior.

De repente, chega-se à conclusão de que nem sempre os fins justificam os meios... A parada do projeto americano do *Superconducting Supercollider* nos anos 1990 foi um choque traumático para toda a comunidade de físicos. Porém, não significou a desistência do questionamento da sua pertinência e nem do interesse pela *Big Science*. Foi, antes, uma espécie de deslocamento da lógica instrumental e dos métodos da *Big Science* para as ciências da vida e da saúde. Com o projeto do "Genoma Humano", a Genópolis e outras plataformas tecnológicas, a biologia passou a ser a bola da vez na era da *Big Science*.

A *research technology*, matriz da tecnociência

Nem tudo é *Big* nas técnicas instrumentais, mesmo porque o modelo da *Big Science* se estendeu da física para a biologia. As grandes engenhocas da *Big Science* não são senão um episódio – uma fase – de um movimento geral que nasceu no fim do século XIX na Alemanha: a pesquisa sobre e com instrumentos. Esse movimento – que

65 Cf. Derek DE SOLA PRICE, *Little Science, Big Science*. New York: Columbia University Press, 1963 (nova edição em 1986).

o sociólogo das ciências Terry Shinn designa de *research technology* – manifesta-se pela emergência de um domínio de pesquisas totalmente a parte, com revistas, congressos e sociedade de estudiosos, inteiramente focalizados na invenção, na realização e na difusão de dispositivos de grande desempenho para detectar, medir e controlar. A técnica assume seu lugar no coração da pesquisa e constitui num verdadeiro meio no duplo sentido de *Umwelt* e de "entre-dois".

Os construtores de instrumentos óticos e mecânicos que, em Berlim, começaram a se reuinir e compartilhar seus pontos de vista em revistas sobre os instrumentos destinados aos matemáticos e aos astrônomos, foram, por sua vez, testemunhas de uma penetração na ciência das práticas dos engenheiros e dos técnicos favorecidos pelo progresso do ensino superior no século XIX e *vetores* de uma inserção, em retorno, da técnica na ciência. A *research technology* constitui-se num campo intermediário entre os engenheiros e a ciência, uma vez que a *realização* de dispositivos de alta precisão exigia não somente um saber teórico, mas, também, habilidade, astúcia e processo de construção. Trata-se da produção de instrumentos precisos, confiáveis, robustos, estandardizados e utilizáveis tanto nos laboratórios de pesquisa quanto na indústria.

A comunidade da *research technology* se estruturou criando sua própria linguagem e uma metrologia na encruzilhada entre a ciência e a tecnologia, num espaço "entre-dois". Mas, trata-se menos de um nicho e mais de uma diáspora, uma vez que seus membros evoluem livremente através dos meios acadêmicos, industriais, comerciais, nos congressos de estudiosos, nas feiras e nos "salões". Eles carregavam diversos "bonés" – marcas de empresas ou nomes – e gravitam ao redor dos laboratórios. Ao se falar de "comunidade intersticial", Shinn transmite a ideia de que se trata de um meio apoiado em todos os lugares, infiltrado nas malhas das redes científicas e industriais. Essa comunidade dispersa produz artefatos que ultrapassam a função de simples instrumentos – meios adaptados para fins – e tornam-se instrumentos polivalentes e adaptáveis a diversas situações e funções. Do mesmo modo como que a pesquisa científica conduza resultados gerais, a *research technology* conduz à fabricação de dispositivos gerais. Esses instrumentos genéricos favorecem o intercâmbio (incorporação) de disciplinas, o encontro dos físicos, dos químicos, dos astrônomos ou dos médicos em torno de máquinas. Assim, os *research technologists* são os verdadeiros artesãos da tecnociência no sentido de hibridação entre duas entidades tradicionalmente separadas superando os compartimentos entre as disciplinas acadêmicas.

Os instrumentos desempenham um papel decisivo para o avanço da tecnociência tendo, na realidade, diversas funções: de meios a serviço da pesquisa; de força motriz que empurra para frente, que acelera a marcha das ciências transformando totalmente suas visões e aspirações; e, por fim, eles se tornam seus próprios objetos de pesquisa. Os instrumentos cessam de ser simples instrumentos e extensão de nossos órgãos ou mediações entre nós e a natureza, passando a ser autênticos dispositivos inseridos no mundo do laboratório ou da usina.

A importância dos instrumentos, marca decisiva da tecnociência, vem acompanhada de uma evolução clara dos valores vinculados à pesquisa científica. A escolha dos prêmios Nobel ao longo das últimas décadas coloca na ordem do dia os instrumentos ou as técnicas operatórias como a STM[66] (prêmio Nobel de Física em 1986), ou a PCR[67] (prêmio Nobel de Química em 1993), que recebem um valor tal como a descoberta de uma lei ou a explicação de um fenômeno.

---

66 Provavelmente a autora se refira à *Scanning Tunneling Microscope* [NT].

67 Provavelmente a autora se refira à *Polymerase Chain Reaction* [NT].

4. Um conceito desmistificador

A banalização do termo "tecnociência" depois dos anos 1980 poderia, portanto ser justificada pela evolução das pesquisas científicas ao longo dos últimos cinquenta anos que permite uma internalização crescente das técnicas na ciência. Longe de aparecer como um "desvio" exterior – aplicação ou mesmo finalidade – da atividade científica, as técnicas estão integradas e aparecem como fontes de programas de pesquisa ao longo de todo o percurso como instrumentos e dispositivos que se tornam objetos dessa pesquisa.

Nesse nível, poderíamos pensar que a tecnociência seria um conceito descritivo que se refere a um novo estado dos "lugares". Ou que ela não seria nada. Longe de ser neutro, esse conceito está carregado de "espinhos".

Crepúsculo de um ídolo: a "ciência pura"

Recomecemos. As técnicas são fontes da ciência; seria isso a marca de uma nova era? É necessária uma curta memória para não lembrar de que a maior parte das ciências modernas surgiu a partir de técnicas e práticas ancestrais? Muitas vezes, atribuímos como sendo as origens da geometria as técnicas da agrimensura, ao traçado dos campos depois das cheias anuais do Nilo.[68] Podemos, igualmente, encontrar as origens da mecânica nos *teatros* de máquinas, onde se desenvolveu o gosto pela experimentação e pela

---

68 Cf. Michel SERRES, *Les Origines de la Géométrie*. Paris: Flammarion, 1992.

verificação.[69] Quanto à química, ela estende suas raízes bem longe já na arte dos vidreiros, dos tintureiros, dos metalúrgicos, bem como da farmacologia.[70]

A história atesta, certamente, que todas essas ciências em seguida se afastaram de suas origens empíricas. Esses discursos libertados das práticas artesanais tornaram-se suficientemente autônomos para apresentarem-se como guias informadores, aclaradores – e até mesmo inspiradores – das práticas de produção. A teoria luz da prática, o sábio instruindo o artesão... Essas fórmulas meio estandardizadas testemunham a inversão das prioridades que aconteceu na idade clássica. E o "esquecimento" das origens artesanais colabora para a promoção da filosofia natural, isto é, das ciências da natureza.

Mas, convém lembrar que a ciência pura é um ídolo forjado ao custo de um "golpe de estado" que tende eclipsar a dimensão artesanal. A famosa dicotomia pura e aplicada tem uma origem bem detectável: ela data dos anos de 1750 e foi inventada pelo químico sueco Johan Gottschalk Wallerius (1709-1785), nomeado para a cadeira de química, medicina e farmácia na universidade de Upsala. Ele utiliza as expressões *chimia pura* e *chimia applicata*[71] no tratado que ele publicou em 1751. Já para o historiador alemão Christoph Meinel, essa dicotomia corresponde a uma tentativa de promoção e de legitimação da química no cenário universitário.[72] As noções de pura e aplicada permitem, com efeito, uma inversão estratégica: a prioridade cronológica das artes químicas, cujo âmbito e prosperidade justificariam a "utilidade" social dos químicos, é contraposta em proveito de uma

---

69 Cf. Luisa DOLZA – Hélène VÉRIN, *Figurer la mécanique. L'énigme des théâtres de machines. Revue D'histoire Moderne et Contemporaine*, 2004, 51, pp. 7-37.

70 Cf. Úrsula KLEIN – Wolfgang LEBEBVRE, *Materials in Eighteen-Century Science. A Historical Ontology*. Cambridge (Mass): The MIT Press, 2007.

71 Em latim, no original [NT].

72 Cf. Christoph MEINEL, *Theory or practice? The eighteenth-century debate of the science status of chemistry. AMBIX*, 1983, 3, pp. 121-132. A mudança do estatuto participa ou é típica, segundo Mainel, da tradição alemã e escandinava característica das Luzes que mistura estreitamente química, mercantilismo e "kammeralismo".

dependência lógica das artes em relação à ciência. A distinção fez história ao longo do século XIX: ela permite a multiplicação dos cursos e das cadeiras de química tanto nas formações generalistas quanto nas profissionais. Mas, paradoxalmente, é em nome de suas aplicações que a química promove a ciência pura. Mas, o processo de "purificação" não significa que exista um divórcio com as práticas ou uma renúncia aos interesses econômicos e à utilidade.[73] Ao contrário, quanto mais as universidades formam químicos, mais empregos de químicos são criados na indústria, no mundo da saúde, na polícia... A pureza de uma ciência é uma noção puramente ideológica.

Quanto à internalização da técnica no íntimo das práticas de pesquisas científicas, um simples olhar sobre a química ainda semeia uma dúvida sobre sua novidade.[74] O químico não considera a natureza a partir do mesmo ponto de vista do de Arquimedes, exterior ao mundo. Ele construiu neste mundo um território para si, um espaço de trabalho, de labor e de sofrimento: o laboratório. Esse nicho do saber, invenção dos alquimistas, não se assemelha em nada com uma cena onde a natureza seria um dado a ser visto como num teatro de operações. Nesse espaço fechado, o experimentador desfaz e refaz o que a natureza faz, analisa, purifica, sintetiza. É necessário fazer moléculas para conhecê-las, passar para o artifício ou pelo fático para estender o conhecimento íntimo da natureza. O conhecer passa pelo fazer. Os químicos acessam a natureza pelo fático. Contrariamente, aos naturalistas que percorrem o mundo e que praticam sua ciência em campo aberto, os químicos e os experimentalistas em geral têm necessidade de um espaço fechado inteiramente asséptico para refazer a natureza e controlar seus processos. É assim que Bachelard reinterpreta a famosa fórmula de Marcellin Bertholet: "A química cria seu objeto". Ainda seria necessário acrescentar que o químico faz o fazer, que ele delega

---

73 Cf. Bernadette BENSAUDE-VINCENT – Isabelle STENGERS, *Histoire de la Chemie.* Paris: La Decouverte, 1993.

74 Cf. Bernadette BENSAUDE-VINCENT, *Faut-il Avoir Peur de la Chimie?* Paris: Seuil, 2005, pp. 65-90.

às moléculas a tarefa de realizar as operações que ele não pode fazer por suas mãos, transformando-as, assim, em dispositivos.

Os químicos seriam, a partir disso, tipos como M. Jourdain que faziam tecnociência sem o saber? Teria sido então por isso que a química foi, por muito tempo, desprezada ou considerada como o "primo pobre" da física? Se o saber teórico e dedutivo se constitui num ideal da cientificidade, a química pode ser considerada como um desvio desse ideal. Mas, trata-se aí de um juízo de valor acompanhado por uma releitura um tanto amnesiada da história, que permite excluir a dimensão técnica das ciências da natureza. A hierarquia das ciências que vai desde a mais pura até a mais aplicada dissimula desajeitadamente essa realidade: nas ciências experimentais, a técnica está sempre presente, sua externalização resulta de um trabalho de limpeza e apuração.

Uma vez afastada, a conjuração de silêncio sobre a dimensão técnica das atividades científicas, a tecnociência aparece como a regra e a ciência pura como uma invenção de filósofos ou de epistemólogos. Não se deveria mais falar de internalização da técnica na ciência. Deve-se, antes, questionar o processo de externalizaçãoe de "apuração" que permite trazer à lua ou eclipsar o papel das técnicas na produção do saber científico.

Falar a verdade ou a ciência como ela é

Falar de tecnociência seria, enfim, renunciar aos ídolos para falar verdadeiramente. É com esse "espírito" que o filósofo belga Gilbert Hottois inventou a palavra nos anos 1970, como uma reação contra a filosofia dominante que não via nas ciências nada além de problemas de linguagem, conceitos e teorias.[75] Contra o *linguistic turn* da filosofia analítica dominante, ele chama os filósofos a abrirem os olhos sobre a confusão ou bitolamento de técnicas e de saberes.

75 Cf. Gilbert HOTTOIS, La technoscience, de l'origine du mot à son usage actuel, op. cit.

É com essa mesma intenção que o sociólogo das ciências e filósofo francês Bruno Latour utiliza o conceito de tecnociência no *La Science en action* (A ciência em ação).[76] As tecnociências designam a ciência tal como ela se faz e não tal como ela se diz (ciência pura, autônoma). É um conceito polêmico, voltado contra a compartimentação do estudo das ciências entre história internalista e externalista. A tecnociência é uma prática sem interior e exterior. Para superar uma pretensa linha de demarcação entre a ciência e o contexto técnico ou social, é necessário levar em conta todos os "aliados" e todas as redes de técnicos necessárias para fazer com que a pesquisa funcione no laboratório, bem como os que a financiam, os políticos etc. Se *A ciência em ação* tornou-se uma obra de referência que pode ser comparada à *La Structure des révolutions scientifiques* (A Estrutura das revoluções científicas) do filósofo e historiador das ciências americano Thomas Kuhn (1922-1996), é porque ela também revela aquilo que a tradição tenta esconder, o funcionamento dogmático e conservador da ciência, no caso de Kuhn, e a proliferação de autores reputados "não científicos", em Latour. As tecnociências têm a missão de demolir o mito da pureza: tudo é heterogêneo, híbrido, sem uma *costura* observável entre dois *pedaços*.

Latour retoma o termo da "tecnociência" no *L'Espoir de Pandore* (A esperança de Pandora). Isso significa, nessa etapa, um modelo de configuração do novelo social e tecnológico intricado. A tecnociência é definida como uma "fusão da ciência, da organização e da indústria" na qual "a sociedade é "compartilhada" com os não humanos de um modo quase frenético".[77] A configuração da tecnociência pode ser exemplificada pelo pesquisador do Instituto Pasteur que se apresenta como "coordenador de cromossomo 11 do levedo", ou seja, um híbrido de um ser humano que diz "eu", e de "pobre diabo" numa organização – o programa de sequenciamento do genoma do levedo – e do fenômeno natural, o DNA do levedo.

---

76 Cf. Bruno LATOUR, *La Science en Action*. Paris: La Découverte, 1987. Especialmente o capítulo 4, p. 79 (e p. 383 na reedição de 1995).

77 Cf. Bruno LATOUR, *L'Espoir de Pandore*. Paris: La Découverte, 2001, p. 215.

Nesse *Dédalo* sócio-técnico, o levedo não é mais um objeto natural, mas um parceiro de um coletivo (um termo que Latour prefere no lugar de social) que "açambarca" a separação tradicional entre os humanos e os não-humanos. Sem serem ainda sujeitos de direito, como na ecologia política, os não humanos são partes pertinentes de uma organização científica e industrial gerida por humanos com quem "compartilham numerosas propriedades".

Depois de ter servido de "martelo" para desanimar o ídolo da ciência pura, a tecnociência serve, portanto, para questionar a separação entre o social e a técnica. Mas, temos de convir que, na definição proposta, não encontramos mais traços nem de ciência nem de técnica. Em sua intenção de abrir a "caixa preta" onde estão, normalmente, dissimuladas todas as técnicas que habitam o laboratório cientifico como nosso mundo cotidiano, Latour foi mais sensível à proliferação de mediações que ao seu aspecto técnico; esse paradoxo é justificado pela seguinte reflexão:

> *Compreendemos no momento atual que as técnicas não existem por si mesmas, e que não há nada que possamos definir, seja do ponto de vista filosófico ou sociológico, como objeto, artefato ou elemento de tecnologia. O* substantivo "técnica" *não pode servir para separar os humanos dos múltiplos ajuntamentos com os quais eles se combinam.*[78]

A técnica como substantivo é uma invenção moderna, com o mesmo *status* que a ciência, que serve para isolar os humanos das diversas confusões nas quais eles evoluem. Vemos, portanto, que em Latour, a noção de tecnociência tem uma carga de desmistificação, porém, ela não está acompanhada de uma reabilitação da técnica. A crítica da modernidade denuncia a ilusão da pureza, da homogeneidade, para fazer multiplicar seres híbridos, mas a noção de técnica tende a se diluir no meio coletivo dos humanos e dos não humanos até perder sua especificidade. A palavra "técnica" parece ser tomada aqui não no sentido de

78 Cf. Bruno LATOUR, *L'Espoir de Pandore*, op. cit., p. 201.

muito "pouco técnico" – conjunto de procedimentos que servem para produzir uma obra. Latour fala em *modus operandi*. A técnica torna-se, então, um conjunto de procedimentos formais e perde todo o contato com o mundo material.[79]

Um sinal pós-moderno?

Num ensaio com sabor de programa de pesquisa, "O primado da ciência na modernidade, da tecnologia na pós-modernidade e da ideologia na história das técnicas", o historiador das ciências Paul Forman[80] sinaliza com correção que ao longo dos últimos decênios, os pensadores franceses foram os primeiros apóstolos da tecnociência.[81] Forman os apresenta como os pioneiros da pós-modernidade situado como um evento dos anos 1980. Para ele, o primado da ciência sobre a técnica caracteriza a modernidade. A subversão dessa hierarquia delimita a pós-modernidade:

> *Enquanto na modernidade a ciência recebia todo crédito e reclamações pelos progressos técnicos, e os cientistas eram considerados como os mais competentes para antecipar as tecnologias do futuro, na pós-modernidade, o progresso científico é concebido por si mesmo – e ao mesmo tempo constituído – essencialmente como uma resultante da aplicação de novas tecnologias.*[82]

---

79 É nesse mesmo sentido que Steven Shapin falava de "tecnologia literária" de Robert Boyle. Veja-se Steven SHANPIN- Simon SCHAFFER, *Léviathan et la Pompe à Air. Hobbes et Boyle Entre Science et Politique.* Paris: La Découverte, 1993.

80 Cf. Paul FORMAN, *The Primacy of science in modernity, of technology in postmodernity and of ideology in the history of technology. History and Technology,* 2007, 23(1-2), pp. 1-152.

81 Diríamos com mais precisão, francófonos, para que não se esqueça os belgas (Gilbert Hottois, Isabelle Stengers) e os canadenses de Quebec (Olivier Clain, da Universidade de Laval).

82 Cf. Paul FORMAN, *The Primacy of science in modernity, of technology in postmodernity and*

Forman ilustra isso com uma citação de um porta-voz "oficial" da pós-modernidade, o filósofo Jean-François Lyotard (1924-1998) que escreveu em *Condição pós-moderna*: "A relação entre ciência e técnica se inverte".[83] Essa citação permite, antes de tudo, ao bem da verdade, ancorar a tese de Forman que recorreu às citações de alguns físicos e historiadores da física para estabelecer que a hora ou a vez é da exaltação do papel dos técnicos na produção do saber teórico.[84] Mas Forman é mais hábil na ilustração da outra face de seu assunto, a do primado da ciência na modernidade através de uma longa revisão dos discursos sobre as técnicas no século XIX. Se clara era, com efeito, a valorização das ciências na cultura moderna, que até mesmo os engenheiros e os industriais, os apóstolos do progresso técnico multiplicaram seus louvores em relação à ciência e continuaram a apresentar a técnica como uma ciência aplicada.[85] Mesmo os filósofos mais preocupados com a prática, como Karl Marx (1818-1883) e John Dewey (1859-1952) celebraram a ciência como a motora da técnica. Quanto aos historiadores das técnicas, prossegue Forman, eles tinham por hábito ignorar a ciência para fazer com que existisse e desse as cartas à autonomia das técnicas. Cultivando a separação entre técnica e ciência, eles não conseguiram compreender a "guinada" histórica da pós-modernidade. Eles, claro, contribuíram para demonstrar que a tecnologia é um corpo de saber independente, mas não conseguiram reconhecer o papel da técnica na cultura.

Para Forman, a pós-modernidade se caracteriza pela valorização cultural da técnica; enquanto a modernidade se esforçava para dissimular o papel das técnicas na construção do saber e subordiná-las às ciências no mercado do progresso, a pós-modernidade proclama que

---

of ideology in the history of technology, op. cit., p. 53.

83 Cf. Jean-François LYOTARD, *La Condition Postmoderne. Rapport sur le Sovoir*. Paris: Minuit, 1979, p. 47.

84 Forman cita especialmente Pierre Gilles e o historiador Otto Sibum.

85 Veja-se em especial o estudo de Ronald Kline sobre os *discursos* dos engenheiros americanos. Cf. Ronald KINE, *Constructing "technology" as "applied science". Public rhetoric of scientists and engineers in the United States*, 1880-1945. *ISIS*, 1995, 86, pp. 194-221.

a ciência não tem valor senão na medida em que contribui para a produtividade técnica. A inversão das prioridades seria, portanto, um sinal claro da mudança de uma era cultural. A modernidade ainda cambaleante pelas críticas anti modernistas, como as de Heidegger e de Ellul seria, na realidade, ultrapassada pela inverção da proposta hierarquia.

Proclamando, assim, a inversão da modernidade, o historiador Forman não assume a posição de apóstolo da tecnociência nem da pós-modernidade. Seu ponto de vista é antes de crítico: ele que ao longo de toda sua carreira quis ressaltar o papel dos militantes da ciência moderna pretensamente desinteressada, assume agora o dever de advertir os historiadores pós-modernos que estão tentados a subestimar o valor da técnica em detrimento da ciência.

Em síntese, a tecnociência é uma noção que fez "fortuna" num movimento epistemológico reflexivo e crítico que consistia em deslocar a atenção dos discursos para as práticas do saber. A tecnociência aparece, então, como uma arma de combate contra a retórica que permite revelar as realidades escondidas atrás das nuvens mantidas por uma escala de valores que depreciam sistematicamente a técnica em proveito da ciência.

O mérito de Forman é o de haver banido a ilusão segundo a qual as tecnociências "diriam" uma verdade por muito tempo dissimulada por trás da máscara de ídolos fantásticos, tais como a ciência pura. Realçando a dimensão cultural da valorização dessa ciência pura associada a um hipotético desinteresse, e a depreciação sistemática da técnica associada aos interesses pecuniários, Forman claramente realça o papel dos valores morais no debate sobre a tecnociência. Entretanto, proclamando uma espécie de "revolução cultural" que conduziria da modernidade à pós-modernidade, Forman postula uma inversão de valores, um primado atual dos valores associados à técnica sobre a ciência que está muito longe de ser evidente. Procuraremos mostrar adiante que a promoção dita pós-moderna da tecnociência é um fantasma que nem os discursos nem a prática atual deixam entrever a aurora de uma nova era cultural. Mas a tecnociência continua sendo uma noção conectada como construtivismo (social e epistêmico) definido pelas redes abertas a todos os projetos.

5
Da interdisciplinaridade à convergência

A essa altura do estudo sobre a genealogia da tecnociência, já podemos ter alguma sensação de vertigem, não tanto por causa de seus efeitos devastadores, mas pela alteração dos pontos de vista. De início, vimos a tecnociência como uma contaminação da ciência pelas técnicas utilitaristas através das propostas dos pesquisadores (Capítulo 1). Os seus "mapas" nos colocaram a caminho de uma nova organização da pesquisa invertendo a prioridade da ciência sobre a técnica (Capítulos 2 e 3), e, depois, uma "campanha" de desmistificação das ilusões sobre a ciência pura na modernidade (Capítulo 4). Inicialmente, a tecnociência nos pareceu como uma monstruosidade, um estado de crise; por fim, ela seria a ciência normal e mesmo, para alguns, a verdadeira ciência desvencilhada dos ouropéis do cientismo.

Este capítulo vai aumentar ainda mais a confusão, mostrando que a emergência contemporânea da tecnociência vem acompanhada de uma subversão do mapa do saber: o seccionamento do saber em disciplinas, instaurado pela ciência universitária nos séculos XIX e XX, torna-se um quadro inadequado. Uma nova economia do conhecimento está para ser inventada e vai levar adiante a cena das políticas da ciência. Depois de falar sobre a interdisciplinaridade em prosa e versos durante decênios, os meios científicos propagam, depois do ano 2000, uma nova palavra de ordem: convergência. De onde vem esse programa? O que ele estaria recuperando? A convergência seria um atributo essencial da tecnociência?

Tecnociências ou tecnociência?

Falamos aqui, de tecnociências ou de tecnociência? No seu *La science en action*, Bruno Latour propõe que se empregue esse termo no plural a fim de demarcar a "conotação infeliz" que lhe deram os heideggerianos.[86] A tecnociência seria, segundo Latour, uma noção carregada de ideologia, enquanto tecnociências seria uma noção positiva remetendo às realidades da vida científica, sendo sempre misturadas sem cessar de precisar ser reinventadas. Mas Latour volta ao singular no *L'Espoir de Pandore*, sem no entanto cessar de disparar as suas flechas contra Heidegger.

Certamente é salutar desviar-se dos discursos gerais que postulam uma "essência" da ciência ou da tecnociência, mantendo-se cegos à riqueza e à variedade das práticas "locais" da pesquisa. Mas a alternativa entre plural e singular surge novamente alhures, na tensão perceptível entre a pluralidade atual dos nichos do saber científico e o objeto de convergência proposto pelas políticas de pesquisa. A questão se repropõe, portanto, em termos de esperança de unificação do conhecimento através da "tendência" da união ou acoplamento da ciência e da técnica.

O plural é um atributo essencial da noção moderna de ciência. Com efeito, ela surge de um processo de fragmentação da filosofia "mãe" de todas as ciências. De início, foram constituídos os ramos da filosofia natural no século XVII e XVIII: a astronomia, a física e a química tornam-se disciplinas autônomas em vista das reformas universitárias que instituem o ensino superior das ciências em toda a Europa no século XIX. As ciências da natureza, depois as ciências do Espírito e as ciências da sociedade, foram pouco a pouco se destacando do tronco da filosofia para se constituírem num arquipélago de disciplinas devidamente estabelecidas segundo um ritual imutável

86 Cf. Bruno LATOUR, *La Science en Action*, op. cit., p. 283.

da institucionalização, com revistas, sociedades de estudiosos, cadeiras, manuais, "pais" fundadores etc.

O declínio do ideal enciclopédico acompanha a profissionalização das práticas das ciências no século XIX, com a instauração de cadeiras universitárias das ciências.[87] Em paralelo ao processo de industrialização em alguns países da Europa, as condições de pesquisa científica se transformam profundamente ao longo do século XIX. A pesquisa que era até então mais uma atividade individual e de lazer, torna-se uma atividade profissional e organizada. Essa transformação acontece pela tendência da formação, dos estudos universitários devidamente sancionados por diplomas. É assim que o saber se organiza em disciplinas, em setores de conhecimento ligados a certas normas de comportamento e a pré-requisitos.[88]

Claro que a noção kuhniana de "paradigma" não recobre exatamente os contornos de uma disciplina, mas ela coloca em relevo a ideia de uma "matriz disciplinar", comportando não somente as técnicas de resolução de problemas, mas também as regras de comportamento, os valores e uma visão de mundo.[89] O trabalho de pesquisa universitária se divide de início em disciplinas, depois se ramifica no âmbito da própria disciplina em sub-ramos, segundo uma dinâmica suscitada pela natureza dos problemas abordados. Cada unidade emergente se estabiliza segundo um processo *standard* que vincula intimamente pesquisa e ensino: criação de sociedades de estudiosos e de revistas especializadas, reuniões periódicas em congressos, manuais e cursos universitários. As revistas

---

87 Para o caso da França, a guinada final se manifesta já nos anos 1770, no contraste entre a *Encyclopédie raisonnée des sciences des artes et des métiers* de Diderot e d'Alambert que açambarca todos os conhecimentos seguindo a ordem alfabética e a *Encyclopédie méthodique* dirigida por Joseph Panckoucke que se apresentava já de início como uma simples atualização da primeira, mas separando o saber enciclopédico em dicionários disciplinares.

88 É então que o termo *scientist* vai suplantando pouco a pouco a expressão *scholar*, ou *natural philosopher*, para designar os que se dedicam à pesquisa.

89 Cf. Thomas KUHN, *The Structure of Scientific Revolutions*. Chicago: University of Chicago Press, 1962 (especialmente o posfácio). Tradução francesa: *La Structure des révolutions scientifiques*. Paris: Flammarion, 1972. Portuguesa: *A estrutura das revoluções científicas*. São Paulo: Perspectiva, 1970.

especializadas tornam-se a única base legítima para a transmissão dos resultados da pesquisa, enquanto os cursos e os tratados servem para transmitir o saber oficial para a edificação ou formação dos estudantes.

Em resumo, historicamente, o avanço do conhecimento se consolidou pela fragmentação do conhecimento em disciplinas e em subdisciplinas. O fechamento e a especialização que resultam daí são, ,muitas vezes, percebidos como o preço a pagar pelo progresso, as esperanças de uma unificação são tão "ressurgentes" como vãs, e muitas vezes percebidas como um pouco delirantes. Se consideramos com certa nostalgia a mentalidade dos enciclopedistas da Renascença, temos ao mesmo tempo um olhar um tanto condescendente para a árvore do conhecimento de Descartes e rimos francamente do projeto da "energética" do químico Wilhelm Ostwald (1853-1932) que, na aurora do século XX, quis reformar o conhecimento e a sociedade pela *retradução* total dos termos para uma ciência unida da energia.[90]

De fato, a fragmentação do saber em disciplinas cada vez mais especializadas não impediu jamais os "empréstimos" e a circulação de métodos, de instrumentos, de técnicas e de conceitos. Os fechamentos disciplinares são porosos e o "tráfico" de conhecimentos nunca foi assim tão regrado como o queria Augusto Comte. Sua hierarquia de conhecimento autoriza a circulação num sentido único dos conceitos dos instrumentos de conhecimento e de seus cerceamentos – por exemplo, o uso da matemática na biologia e na sociologia – foram invariavelmente transgredidos ao longo das pesquisas. Além do mais, os cientistas estão convencidos de que política científica alguma seria capaz de encabrestar ou guiar o curso espontâneo dos avanços dos conhecimentos.

A organização disciplinar do saber manobra, com efeito, com uma margem de autonomia da pesquisa, uma vez que cada disciplina cria seus próprios nomes, sua própria história. Claro que no nível

---

90 Cf. Britta GÖRS – Nikos PSARROS – Paul ZICHE (Eds.), *Wilhelm Ostwald at the crossroads between Chemistry, Philosophy and Media Culture*. Leipzig: Leipziger Univertatsverlag, 2005.

prático da pesquisa, essa autonomia é ilusória, na medida em que elas (as disciplinas) dependem de Estados ou de empresas privadas que as financiam. Além disso, a cultura universitária permite que uma disciplina evolua segundo uma dinâmica própria, num espaço cuidadosamente purificado e libertado de toda e qualquer dependência em relação às práticas técnicas. Mas, o que acontece quando a ciência se alia à técnica? Além de tudo, para levar a bom termo qualquer projeto técnico que seja – a construção de um túnel ou a produção de um novo modelo de carro – somos claramente obrigados a fazer com que trabalhem juntos especialistas de todas as disciplinas e de todos os horizontes. A cultura do projeto não se assemelha em nada à cultura universitária do aumento do saber.

O rebuliço com as disciplinas

Apesar dos protestos reiterados dos "censores" que alimentam a guerra das ciências denunciando as "imposturas intelectuais", a circulação entre as disciplinas foi geralmente mantida por uma flexibilidade essencial do progresso científico.[91] A fertilização "cruzada" das ciências pela circulação de conceitos e de métodos é colocada em evidência por numerosos exemplos históricos sobre os quais se apoiam hoje confortavelmente os defensores da convergência, sugerindo uma espécie de inversão das tendências: uma era de fragmentação do saber sucederia uma nova era, a da convergência. Mas a interdisciplinaridade conduz necessariamente à convergência?

A fecundidade dos cruzamentos disciplinares foi uma das lições aprendidas do Projeto Manhattan. Como vimos, a construção de uma bomba atômica em alguns anos mobilizou e coordenou o trabalho de especialistas, os mais diversos em vista de um objetivo bem definido:

---

91 Cf. Alan SOKAL – Jean BRICMONT, *Impostures Intellectuelles.* Paris: Odile Jacob, 1997.

não somente os militares e os civis mas também os dos engenheiros e dos cientistas, dos lógicos (programadores), dos elaboradores de sistemas, dos técnicos, dos matemáticos, dos físicos, dos químicos etc. O sucesso do Projeto Manhattan tendo demonstrado os benefícios de uma pesquisa multidisciplinar, acabou se tornando, nos anos do pós-guerra, um modelo para os grandes programas espaciais e nucleares americanos. A interdisciplinaridade seria então percebida como uma fórmula mágica pela qual se pode ganhar num contexto cada vez mais competitivo, entre as grandes nações militares. E as universidades americanas – menos enrijecidas por tradições disciplinares que as europeias – que já haviam favorecido a emergência de disciplinas híbridas como a químico-física, instituíram a interdisciplinaridade já nos anos 1960. Os laboratórios interdisciplinares explicitamente voltados a levar a trabalhar juntos os especialistas formados em departamentos universitários distintos, criaram novos setores de pesquisa: a cibernética, a teoria dos jogos e as matemáticas aplicadas, a física do caos, a ciência e as qualidades dos materiais, as ciências cognitivas, a inteligência artificial...

Desde os anos 1960, não se parou de questionar as "divisórias" disciplinares associadas à cultura universitária das ciências. Mas isso não é nem um fenômeno uniforme nem monolítico. Entre multidisciplinaridade, interdisciplinaridade, transdisciplinaridade e convergência podemos notar situações bem diferentes. Retomando as distinções estabelecidas pelo filósofo das ciências o alemão Joachim Schummer, a multidisciplinaridade corresponde a vínculos frouxos, como uma simples agregação de competências.[92] A interdisciplinaridade corresponde a ligações mais fortes, com a composição e a integração eventuais. A transdisciplinariedade designa um estado de pesquisa ou de *corpus* de conhecimentos que transcende as fronteiras das disciplinas, sem priorização alguma na perspectiva de uma das disciplinas. Ela conota a transgressão das fronteiras.

---

92 Cf. Joachim SCHUMMER, *Interdisciplinary issues of nanoscale research.* In BAIRD, Davis – Alfred NORDMANN – Joachim SCHUMMER (Eds.), *Discovering the Nanoscale.* Amsterdam: IOS Press, 2004, pp. 9-20.

A multidisciplinaridade foi favorecida ao longo de todo o século XX pela circulação de conceitos, de pesquisadores e de métodos. A biologia molecular surgiu assim, no pós Segunda Guerra Mundial, da migração de físicos para a biologia, para onde eles "importaram" a abordagem molecular no estudo do ser vivo, bem como as perspectivas de manipulação tecnológica do ser vivo.[93] Ela mobilizou também os químicos que importaram as técnicas instrumentais como a difração dos Raios X. Cada vez mais, a biologia molecular empresta um conceito fundante – o programa genético – da ciência da informação, então estreitamente vinculado à cibernética.

Pouco a pouco no contexto da importação, a multidisciplinaridade assume um sentido preciso, distinto de sua fonte que reorganiza por sua vez, o campo do conhecimento, este vinculado aos instrumentos. Os instrumentos tornam-se, com efeito, um dos "vetores" privilegiados da interdisciplinaridade. Mas, os químicos, que adoraram métodos físicos de análise – especialmente as diferentes técnicas da espectroscopia de emissão de absorção e, especialmente de massa – não se contentaram em importar os aparelhos da física para os seus laboratórios. Eles se apropriaram na realidade dos saberes e das habilidades gerados pela física, chegando até a modificar e aperfeiçoar os instrumentos para adequá-los aos seus projetos.[94] A multidisciplinaridade conduziu assim à interdisciplinaridade, quando o empréstimo de instrumentos faz emergir um novo campo interdisciplinar: por exemplo, a biologia sistêmica resulta do concurso da bio informática mobilizada por programas de genômica e por modelos computacionais e algoritmos postos em ação por matemáticos e engenheiros.

---

93 Desde antes da migração dos físicos para o campo da biologia nos anos 1940, o terreno havia sido preparado por programas sustentados depois dos anos 1930 pela Fundação Rockefeller para os estudos das bases físicas e químicas dos seres vivos. Cf. Lily E. KAY. *The Molecular Vision of Life. Caltech, the Rockefeller Foundation and the Rise of the New Biology.* Oxford: Oxford University Press, 1993.

94 Cf. Carsten REINHARDT, *Shifting and Reappraising. Physical Methods and the Transformation of Modern Chemistry.* Dagamore Beach: Science History Publications, 2006.

Para dar conta da transdisciplinaridade, foi necessário não somente os instrumentos, mas também "conceitos-ponte" e, mais ainda, uma vontade política. Vimos isso já no Capítulo 2, na criação da ciência dos materiais nas universidades americanas ao longo dos anos 1960, quando os grandes programas espaciais e nucleares exigiam novos materiais. Essa especialidade abertamente constituída como híbrida de ciência e técnica – como gostavam de sublinhar aqueles que a batizaram de *Materials Science and Engineering* – pôde constituir-se graças a uma ação enérgica do governo federal dos Estados Unidos que criou laboratórios transdisciplinares ricamente dotados nas universidades. Na encruzilhada de múltiplas disciplinas, foi pouco a pouco se desenvolvendo uma comunidade importante, dotada de prédios e departamentos prestigiosos, de revistas e de uma sociedade – a *Materials Research Society* fundada em 1973, que reúne os pesquisadores acadêmicos de formação [disciplinar] diversa, engenheiros e industriais.

Mas, esse campo de pesquisas, próspero e estratégico, não era "convergente". Os Congressos anuais da *Materials Research Society* se dividiam em dezenas de sessões paralelas sobre temas especializados, cobrindo setores tão diversos como os dos semi condutores para a microeletrônica, condutores iônicos, madeira e cimento, polímeros sintéticos e compostos, magneto-resistência, metais e papel. Somente o conceito geral de "materiais" – sempre no plural – congrega esta comunidade, cujos objetos de pesquisa são muito heteróclitos.[95]

Esse projeto técnico – no sentido de *design* – que agrega numa só entidade campos de pesquisa até então separados. O inglês utiliza assim, correntemente, a expressão de *material by design*: o "material" não é uma matéria primeira com a qual é necessário compor,

---

95 Por exemplo, na França, as pesquisas sobre condutores iônicos, que retoma aos Estados Unidos da *Materials Science and Engineering*, são conduzidas na esfera da "química dos sólidos". A ausência de uma forte vontade política nacional para a criação de uma ciência dos materiais, esta especialidade, claro, foi introduzida em alguns cursos de formação, mas ela não congrega uma comunidade real.

mas o produto de um projeto (deliberação) ele é concebido ou "craniado" sob medida. A conjugação de projetos técnicos (*dessein*), de avanços científicos (física e química dos sólidos) e, especialmente, de uma firme vontade política, alimenta esse domínio claramente interdisciplinar. Mas isso não é uma configuração estável, nem uma instituição rígida. E, especialmente, não enseja um processo de convergência na evolução do saber.

Bottom-up, ou relato das origens do programa americano NBIC

Se contestar as barreiras disciplinares e criar especialidades "encruzinhadas" não conduz necessariamente à convergência, de onde surgiu então a expressão "tecnologias convergentes" lançada dos anos 2000? Enquanto as reconfigurações do saber por circulações interdisciplinares são incessantes já há meio século, o termo "convergência" apareceu pela primeira vez no fim dos anos 1980 na cultura industrial das "Tecnologias da Informação e da Comunicação" (TIC). Convergir significava, então, integrar uma pluralidade de funcionalidades sobre um mesmo objeto técnico ou sobre uma mesma rede. Assim, falava-se da "convergência do audiovisual e das telecomunicações", depois da "convergência numérica", dos anos 1990.

Mas a palavra de ordem "convergência" lançada pelas políticas da pesquisa em 2002 designa algo bem diferente. Não se trata de artefatos multifuncionais nem de campos de saber multidisciplinares, mas de um feixe de saberes que englobam as nanotecnologias (N), as biotecnologias (B), as tecnologias da informação (I), e as ciências cognitivas (C), de onde surge o acrônimo NBIC. Nos Estados Unidos, a *National Nano-Initiative* lançada em 2000 foi seguida logo depois pelo programa *Converging Technologies*, lançado em 2002,[96] ambas assinadas pelas mesmas duas pessoas, Mihaïl Roco e William S. Bainbridge, e os financiamentos se cruzavam.

As nanotecnologias seriam o evento que transforma a interdisciplinaridade em convergência e que propõe uma recomposição do mapa do saber? A emergência das nanotecnologias no final do século XX resulta ela mesma de um processo interdisciplinar, uma vez que esse novo campo – hoje em vias de institucionalização – reúne físicos, químicos, biólogos e biofísicos, engenheiros em eletrônica, em ciência e engenharia dos materiais etc. As nanotecnologias se constituem num terreno privilegiado para enriquecer a noção de tecnociência, uma vez que elas não são nem verdadeiramente ciências e nem verdadeiramente tecnologias.[97] Elas não procedem nem da vontade em obter uma representação melhor da natureza – como a que foi feita pela teoria da relatividade – nem de uma vontade de inventar máquinas ou dispositivos mais eficazes.[98] É uma motivação que parece muito mais programática: o acesso em escala de grandeza aberto a um leque de fenômenos e de possibilidades a ser explorado que será multiplicado pela existência de uma convergência entre diversos setores da pesquisa.

Os promotores das nanotecnologias já elaboraram uma narrativa das origens, mais ou menos mítica. No começo, foi o encontro

---

96 Cf. Mihaïl ROCO – William S. BAINBRIDGE – Paul ALIVISASTOS, *Nanotechnology [NT] Research Directions, IWGN Interagency Working Group on Nanoscience Workshop Report.* Dordrecht/Boston: Kluwer Academic Press, 2000; Mihaïl ROCO – William S. BAINBRIDGE, (Eds.), *Converging Technologies for Improving Human Performance. Nanotechnology, Biotechnology, Information Technology, and Cognitive Science.* Arlington: NSF/DOC-sponsored report, 2002.

97 Enquanto nos Estados Unidos predomina a expressão *nanotechnology*, na maior parte dos relatórios elaborados sobre o tema, nos países europeus se mantém uma distinção entre nanociências e nanotecnologias. Assim, o relatório publicado em 2004 no Reino Unido e na França, respectivamente pela *Royal Society* e, pela *Académie des sciences* e pela *Académie des technologies*, trazem além do mais, no plural, o mesmo título: *Nanoscience, Nanotechnology*, para o primeiro; *Nanosciences, nanotechnologies* para a segunda (mais detalhes, no próximo capítulo).

98 Cf. Alfred NORDMANN, Molecular disjunctions: staking claims at the nanoscale. In BAIRD, Davis – Alfred NORDMANN, (Eds.), *Discovering the Nanoscale*, op. cit., pp. 51-62.

de devaneios de engenheiro e de um instrumento, tal é a história contada na maior parte dos trabalhos ou brochuras que difundem a nanotecnologia.

O instrumento é o microscópio a efeito túnel (STM, isto é, *Scaning Tunneling Microscope*), posto em ação no laboratório industrial por dois engenheiros da IBM, Gerd Binning e Hans Roher em Zurich.[99] Assim, o STM, inventado para resolver um problema industrial da caracterização da superfície de uma nova geração de computadores de grande velocidade, não tinha por vocação vir a ser um instrumento chave de uma nova disciplina acadêmica. Mas o fechamento do projeto industrial parece ter determinado que seus inventores pudessem utilizá-lo para resolver um problema de ciência acadêmica: caracterizar a superfície do silício e do ouro.

Foi então que o STM chamou a atenção dos pesquisadores em ciência das superfícies. Como demonstra o historiador americano Cyrus Mody, ele foi rapidamente adotado por diversas universidades americanas – Stanford, Universidade da Califórnia em Santa Bárbara, Caltech, Berkeley e a Universidade Estatal do Arizona. Os pesquisadores universitários "bricolaram" o dispositivo para que fosse útil a todo tipo de usos em suas pesquisas.[100] De onde o estatuto de "instrumento genérico" que lhe foi dado por Terry Shinn, isto é, um instrumento transversal às disciplinas que se difunde entre os "interstícios" do sistema universitário e industrial uma vez que se adapta aos diversos projetos de investigação.[101] Hoje, o STM não é mais que o cabeça de uma família de instrumentos que servem ao que chamamos de "microscopia em campo próximo" (*Nearfield Probe Microscopy – SPM*) ou "microscopia de sondagem local", uma vez que eles procedem por varredura de amostras a serem estudadas. E cada um dos

99 Cf. Gerd BINNIG – Hans ROHER, *Scanning tunneling microscopy. IBM Journal of Research and Development*, 1986, 30, pp. 355-369.

100 Cf. Cyrus MODY, *Small but determined: technological determinism in nanoscience. HYLE, International Journal For Philosophy of Chimestry*, 2004, 10(2), pp. 99-128.

101 Cf. Bernward JEORGES – Terry SHINN (Eds.), *Instrumentation Between Science, State and Industry*, op.cit.

microscópios dessa família implanta-se em setores privilegiados; por exemplo, o microscópio de força atômica (*Atomic Force Microscope, AFM*) é de uso corrente nos laboratórios de biologia, uma vez que ele permite uma caracterização não destrutiva das amostras.

O segundo componente, o devaneio do engenheiro, procede do trabalho de divulgação citado anteriormente de Eric K. Drexler – *Engines of Creation* – publicado em 1986. Ele "faz surgir" a figura de um precursor, o físico Richard Feynman. Na conferência, agora até famosa, *There is plenty of room at the bottom*, pronunciada em 1959, Feynman constatava, tendo por base a descoberta do código genético inscrito numa dupla hélice de DNA, que uma molécula pode trazer em si uma quantidade enorme de informações num volume tão pequeno que seria necessário trabalhar nesta escala, para miniaturizar as calculadoras. Se a migração dos físicos havia permitido o "voo" da biologia molecular nos anos 1950, isso abria o caminho para o retorno de novas perspectivas para a física.

Ora, esse vai e vem da física e da biologia demarcam a pressão pela miniaturização na microeletrônica que foi promovida à "lei de Moore".[102] Na encruzilhada das tecnologias da informação, da física e da biologia, as nanotecnologias lançam um conceito revolucionário, no sentido estrito em que se inverte a situação: em vez de se conceber um sistema de "cima para baixo", partindo de materiais em massa que são cuidadosamente trabalhados em seguida para adaptá-los a funções precisas, deve-se conceber sistemas "de baixo para cima", a partir de "tijolos" de base e prover as propriedades e as funções do sistema global a partir dessas propriedades e funções dos constituintes elementares. Depois de Drexler e dos "apóstolos" das nanotecnologias, essa caminhada ascendente *bottom-up* – a mesma que observamos na construção dos seres vivos – deveria

---

102 Em 1965, Gordon Moore, um dos três fundadores da INTEL, constatando que a capacidade dos semicondutores dobrava todos os anos a um custo constante depois de sua invenção em 1959, postulava a busca deste crescimento exponencial. Essa conjetura foi chamada de "lei de Moore" e logo foi complementada por duas outras "leis" do crescimento exponencial.

rapidamente suplantar o caminho descendente *top-bottom* e revolucionar todas as técnicas existentes.

Ora, esse caminho ascendente, *bottom-up,* é o que congrega os quatro componentes do programa americano NBIC. As nanotecnologias consideram os átomos e as moléculas individuais como "tijolos" elementares para fabricar dispositivos e máquinas. As nanotecnologias procuram manipular e recombinar os genes para formar ou curar organismos. As tecnologias da informação partindo de unidades de informação, do numérico, para construir os algoritmos. As ciências cognitivas, solidamente ancoradas nas neurociências, partem dos neurônios e de suas conexões para compreender e recriar funções cognitivas ou emocionais.

O triunfo da molecularização

Para tentar precisar mais o mecanismo que está em ação na convergência, examinemos três modelos de aproximação de ciências. Os dois primeiros analisados pela filósofa belga Isabelle Stengers são os mecanismos de propagação.[103] No modelo de propagação de calor, a difusão enseja a uniformização das temperaturas. Nesse caso, a difusão (instrumentos, métodos e conceitos) uniformiza as práticas e a natureza dos problemas a serem resolvidos ainda que a difusão anule progressivamente a causa que a gerou, sendo, portanto, uma operação de nivelamento das diferenças.

Por outro lado, no esquema da propagação epidemiológica das bactérias ou dos vírus, cada ator "torna-se um centro potencial de um novo processo que não esgota, portanto, a sua causa, mas a regenera à medida que se reproduz".[104] De uma ciência a outra, os conceitos

103 Cf. Isabelle STENGERS (Ed.), *D'une Science à L'autre. Des Concepts Nomades*. Paris: Seuil, 1987, pp. 18-20.

104 Cf. Isabelle STENGERS (Ed.), *D'une Science à L'autre. Des Concepts Nomades,* op. cit., p. 19.

que circulam criam novos nichos que podem "infectar" as ciências vizinhas. Longe de nivelar ou uniformizar como no primeiro caso da recomposição, esse caso conduz a um embrenhado epistêmico.

O terceiro modelo manifesta outra lógica de recomposição do saber que dominou a ciência entorno de 1800, desde a balança de Lavoisier até os equivalentes trabalho-calor através da invenção de um instrumento ou de um conceito mediador que serve de equivalente geral e permite conectar diversos territórios.[105] Tal foi a empresa da cibernética: o conceito de informação definido pelo matemático americano Norbert Wiener (1884-1964) – considerado o "pai da cibernética" – conecta a entropia dos sistemas físicos ou cosmológicos com a vida definida como neguentropia[106] ou organização. Sem negar a heterogeneidade dos fenômenos, recompõe-se o saber graças a um quase objeto que circula e torna comensuráveis domínios incomensuráveis.

A voga atual do tema da convergência não seria outra coisa que uma espécie de conserto da utopia do "equivalente geral", muitas vezes designado como "segunda revolução científica"? O relatório NBIC, publicado em 2002, inaugura um novo gênero de literatura científica que tem tanto o sabor da ficção científica como do discurso da propaganda. Buscaríamos, em vão, nesse volume uma visão coerente do estado atual do saber. Encontramos, antes, sugestões e afirmações, às vezes, bastantes ousadas.

Oitenta contribuições foram reunidas por dois editores. Mihaïl Roco, engenheiro de formação vinculado à *National Science Foundation* e coordenador infatigável da arte de grandes programas visionários. Sempre pronto para aproveitar as oportunidades, ele soube mobilizar os recursos e atar alianças entre políticos, militares, cientistas, industriais e entidades financeiras. Seu coautor, William Sim Bainbridge, sociólogo das religiões, é também coautor do *Journal of*

---

105 Cf. Norton WISE, Mediations: *Enlightenment balancing acts or the technologies of rationalism*. In HORWICH, Paul (Ed.), *World Changes. Thomas Kuhn and the Nature of Science.* Cambridge: MIT Press, 1992, pp. 207-256.

106 Entropia negativa de um sistema [NT].

Evolution and Technology, porta-voz do Movimento transumanista. Os articulistas procedem de horizontes bem diversos: da pesquisa acadêmica em ciências da natureza e em ciências humanas, da indústria, do mundo das finanças e da educação. Este relatório de mais de 400 páginas inicia com um *Executive Summary* assinado por Roco e Bainbridge e um *survey* que apresenta a convergência como uma tendência espontânea ("uma revolução a caminho") oferecendo uma oportunidade a ser aproveitada. Os títulos são, depois, distribuídos e agrupados em seis rubricas: 1) percepção e motivação; 2) estender o conhecimento e a comunicação humana; 3) melhorar a saúde e as capacidades físicas humanas; 4) aumentar os produtos dos grupos e da sociedade; 5) segurança nacional; 6) unificar as ciências, a educação.

Colocando a convergência como um fato indiscutível que simplesmente deve ser acelerado, Roco e Bainbridge sugerem que ela estaria ancorada numa espécie de necessidade histórica, colocando seu programa a salvo de contestações. Sobre o que repousa essa sólida certeza? O relatório sugere que a unificação das ciências é feita pela raiz, isto é, que ela se inscreve na matéria em escala nano:

> *As convergências de diversas tecnologias estão fundamentadas sobre a unidade material em escala nano e sobre a integração das tecnologias a partir dessa escala. Os blocos elementares da matéria que são fundamentais para todas as ciências encontram sua origem na escala nano. Os avanços revolucionários nas interfaces entre os diversos campos científicos e tecnológicos, até aqui separados, prepararam os instrumentos-chaves da transformação pelas tecnologias NBIC. Os desenvolvimentos nas abordagens sistêmicas, matemáticas e no cálculo conjugados com NBIC nos permitem, pela primeira vez, compreender o mundo natural, a sociedade humana e a pesquisa científica como sistemas hierárquicos complexos e estreitamente vinculados.*[107]

---

107 Cf. Mihaïl ROCO – William S. BAINBRIDGE, (Eds.), *Converging Technologies for Improving Human Performance. Nanotechnology, Biotechnology, Information Technology,*

A alusão aos sistemas complexos dissimula desajeitadamente uma profissão de fé reducionista. Os diversos autores pensam a convergência sob a modalidade da redução das três componentes do NBIC a uma quarta, mas eles variam quanto à natureza da ciência redutora. Por exemplo, W. H. Wallace afirma, numa pequena estrofe muitas vezes citada, que o "cérebro" da convergência estaria do lado das ciências cognitivas:

> *Se os genes da cognição podem pensar, os genes das nano podem construí-los, os genes bio podem implementá-los e os das TI podem monitorá-los e controlá-los.*[108]

O volume tem em mente produzir um efeito de massa e não construir uma visão coerente. Três são, entretanto, as correntes dominantes: o fisicalismo, que remete tudo aos átomos beneficiando as nanotecnologias; um biologismo que tende reportar todo o comportamento humano aos genes;[109] e um discurso futurologista inspirado na cibernética, que remete tudo à informação e preside os projetos da comunicação cérebro-máquina ou da superinteligência.[110]

Vemos, assim, que a convergência se inscreve num processo de superação de fronteiras disciplinares, mas que não provém de uma difusão de conceitos através de fechamentos disciplinares. Trata-se, antes, de um projeto de unificação por "recuperação" de um equivalente geral, que é o molecular, no sentido de "tijolo" ou bloco

---

and Cognitive Science, op. cit. p. 9.

108 Cf. Mihaïl ROCO – William S. BAINBRIDGE, (Eds.), *Converging Technologies for Improving Human Performance. Nanotechnology, Biotechnology, Information Technology, and Cognitive Science*, op. cit. p. 13.

109 Notamos aqui a marca de Bainbridge, adepto da "mimética", uma corrente de ideias inspiradas no sóciobiólogo Richard Dawkins e fundamentada na analogia entre as ideias rebatizadas de "átomos culturais" e os genes.

110 Discursos claramente influenciado pelos trabalhos de Marvin Minsky e Eric Drexle; e sobretudo os de Ray Kurzweil, com as suas "máquinas espirituais" e seu "ponto de singularidade", apresentando o solo que verá surgir uma "versão 2.0" da humanidade.

elementar. Tudo – a matéria, as máquinas, os seres vivos, o cérebro e as sociedades – se resume, em termos últimos, a quatro unidades elementares que os críticos deram o sobrenome de *Little BANG* por analogia à hipótese do *Big Bang*, da cosmologia: B para *bits* da informação, A para átomos, N para neurônios e G para genes.[111] Esse reducionismo brutal colocado como resultante do progresso dos conhecimentos, permite denunciar como retrógrados "os partidários da independência da biologia, da psicologia e das ciências sociais".[112]

---

111 ETC Group, *Um infiniment petit guide d'introduction aux technologies à l'echelle nanométrique*, loc. cit.

112 Cf. Mihaïl ROCO – William S. BAINBRIDGE, (Eds.), *Converging Technologies for Improving Human Performance. Nanotechnology, Biotechnology, Information Technology, and Cognitive Science*, op. cit. p. 11.

6. As políticas visionárias e culturais

As especulações de Roco e Bainbridge parecem tão fantasiosas e seus fundamentos filosóficos tão precários que somos tentados a considerar o lançamento desse tema como uma operação de publicidade destinada a mobilizar as "tropas" e a restaurar a imagem das ciências que parece ter perdido seu prestígio e seu atrativo nas sociedades industriais. Veremos que a convergência é bem mais do que isso, e que ela não se ancora somente sobre uma dinâmica dos saberes. Ela envolve uma transformação profunda das relações entre ciência, técnica e sociedade. Com efeito, ela pressupõe não somente o "empréstimo" de instrumentos, caminhadas, e conceitos, mas também a vontade política que indique uma meta para a produção do saber.

Um processo teleológico

O conceito de convergência promovido por Mihaïl Roco implica claramente a proposição de um objetivo, como o indicam os exemplos e o título mesmo do relatório (como os exemplos anteriores). O programa NBIC é um processo de confluência numa direção única, indicada pela flecha. A meta designada – "para aumentar as performances humanas" – não pode ser outra coisa que um argumento retórico para mobilizar fundos e energias. Portanto, esse objetivo transforma profundamente a paisagem tanto das ciências como das tecnologias: faz convergir em uma única direção o fluxo mais ou menos espontâneo e anárquico dos instrumentos, dos saberes, das habilidades, dos conceitos etc. Mesmo se até hoje pouca coisa das explorações técnicas resultem da convergência no quarteto NBIC, a dinâmica do processo procura tal aspiração para um objetivo. A visão integrada que constitui a tecnociência no singular reúne três características neste sentido já polimorfas.

Tecnologias convergentes para a melhoria da performance humana

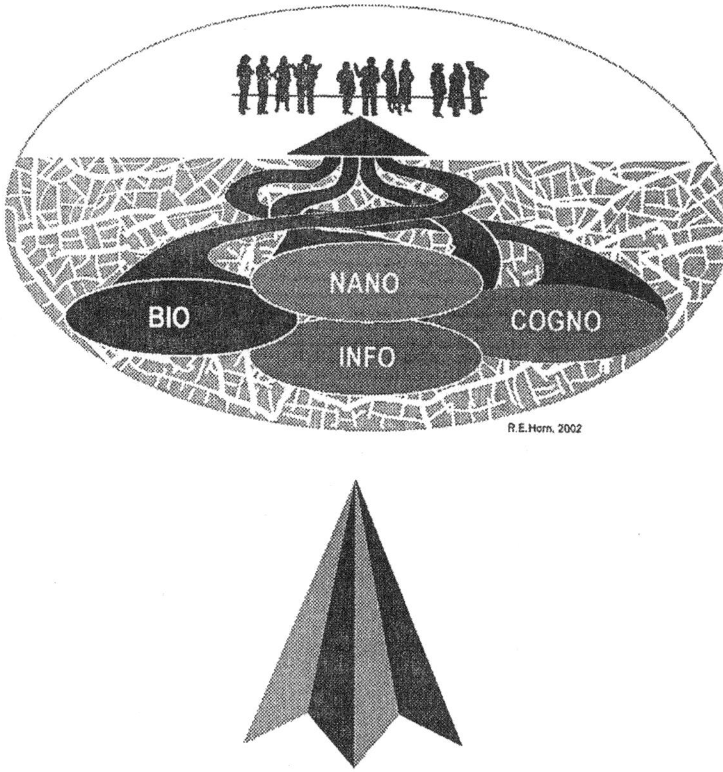

A convergência das novas tecnologias e a "flecha" NBIC (figuras extraídas de Mihaïl ROCO - William S. BAINBRIDGE, (Eds.), *Converging Technologies for Improving Human Performance. Nanotechnology, Biotechnology, Information Technology, and Cognitive Science. Arlington: NSF/DOC-sponsored report*, 2002.

Primeiramente, a convergência chamada de tecnologias transforma a evolução das ciências e das tecnologias em um processo teleológico. A flecha do progresso não é mais percebida como uma evolução cega ("não podemos parar o progresso") que conduz indiferente e inevitavelmente tanto para o positivo como para o negativo.

Segundo, mesmo se o objetivo proposto por Roco e Bainbridge retoma a ideia do aumento próprio ao modelo das ciências elaborado pelo filósofo britânico Francis Bacon (1561-1626) como ação empírica de acumulação de dados, esse processo sem fim não acaba em si mesmo. No programa NBIC, a pesquisa é comandada por um objetivo heterônomo colocado como algo praticamente automático. A partir disso, como assinala Joachim Schummer, se apresenta como indiscutível, fora de questão.[113]

Terceiro, o programa NBIC requer uma prática de pesquisas análoga a das empresas. Trata-se de buscar objetivos com uma lista de tarefas, um roteiro. Daqui decorre a banalização do conceito *knowledge management* nas políticas de pesquisa e de inovação. De onde, também, foi importado o método de cenários e roteiros adaptados a estratégias de guerra. O roteiro estabelecido por Roco anuncia um desenvolvimento em quatro etapas: a primeira corresponde a uma pioneira geração de produtos chamados "nanoestruturas passivas" (nanopartículas, materiais nanoestruturados); a segunda, de "nanoestruturas ativas" (sensores, agentes, medicamentos vetorizados etc.); a terceira, de "nanosistemas" (redes em três dimensões, estruturas hierárquicas auto montáveis, robótica); e, por fim, a quarta que corresponde aos nanosistemas moleculares com funções emergentes. Esse roteiro não tem nenhum caráter de previsão nem cuidado com realismo; por outro lado, as datas anunciadas para a transição de uma etapa para a outra são incessantemente postergadas ou revisadas. Ele não visa prever ou planejar, mas apenas

113 Cf. Joachim SCHUMMER, *The Rhetoric of converging Technologies*. Comunicação no Workshop *Knowledge Politics and Converging Technologies*, organizado pelo ICCR e a Universidade Zeppelin, Bruxelas, 6 e 7 de maio de 2008.

linearizar o processo enovelado da produção de conhecimentos para transformá-lo numa trajetória tecnológica previsível e inelutável, e, por fim, convencer os investidores. Fazendo isso, ele teria um efeito performativo, uma vez que antecipar a ciência de amanhã influi sobre as pesquisas de hoje e lhe dá sentido de uma direção antecipada.

A emergência recente das tecnologias convergentes transforma, portanto, consideravelmente a paisagem: desde então, o plural seria adequado às tecnociências, enquanto o singular tende a ser suprimido; assim, a tecnociência parece ser levada por um sopro de lucidez realista e reflexivo ao tempo que a convergência nos leva a um ciclone de grandes visões e especulações desenfreadas.

Estados Unidos e Europa: duas visões da convergência

Reconsideremos o lançamento do projeto NBIC. O relatório de 2002 poderia parecer uma encenação de extravagâncias de dois personagens. Porém, os desafios são muito mais sérios. De início, antes mesmo dos enfeites das visões e da retórica de Roco e Bainbridge, o conceito de convergência foi apresentado em 2001 no relatório da *Rand Corporation*: uma visão de sinergias possíveis entre as ciências da matéria e as ciências da vida e informática, ela se constituiria num eixo otimizado da política científica.[114] Os interesses militares em jogo na convergência, em especial o objetivo de aumentar as performances humanas, impedem de levar tudo isso sem seriedade.[115]

---

114 Cf. Philip S. ANTON – Richard SILBERGLITT – James Schneider, *The Global Technology Revolution; Bio/Nano/Materials Trends and Their Synergies with Information Technologies by 2015*. Santa Monica: National Defense Research Institute/Rand Corportion, 2001.

115 O *Institute for Soldier Nanotechnology* criado no MIT em 2002 com um orçamento anual de US$ 90 milhões, mobiliza quatro componentes do NBIC para tentar fabricar o "soldado invisível".

Em 2004, um relatório dirigido por Mihaïl Roco e Carlos Montemagno e elaborado a partir de um segundo atelier que aconteceu em fevereiro de 2003 estendeu o campo das ambições do programa NBIC para o domínio social.[116] Bainbridge aqui radicaliza seu projeto de biologização das ciências sociais para "moldar" a cultura. O objetivo do aumento das performances humanas, rebatizado de "aumento do humano" (*human enhancement*), desvela as ambições que beiram ao eugenismo, com a perspectiva de ultrapassar os humanos e pilotar a evolução (*evolution by design*). Em resumo, a convergência NBIC parece cada vez mais com a defesa de uma causa política que busca se autorizar com uma pretensa base científica. Foi, então, previsível, que o programa NBIC, assim completado, suscitasse uma tempestade de críticas. Mas, até o presente, essas críticas voltaram-se mais para o objetivo *human enhancement* do que para sobre o próprio projeto. A própria ideia da convergência parece estar fora de questão.

O problema levantado pelo relatório NBIC de 2002 é que ele se presta verdadeiramente para uma análise crítica. Com efeito, suas grandes teses holísticas não são muito argumentadas, e as diversas contribuições não formam um todo coerente. Não é realmente um manifesto de um movimento ou de uma escola. Foram os relatórios sucessivos editados a seguir por Roco que suscitaram a tomada de certo distanciamento, reações de rejeições e, até mesmo, de gargalhadas, mas não proporcionaram tanto críticas argumentadas. Por exemplo, no Reino Unido, o relatório conjunto de 2004 da *Royal Society* e da *Royal Academy of Engineering* sobre as nanotecnologias se afastou claramente pelo seu estilo sóbrio e realista, das visões proféticas dos relatórios americanos.[117] O seu equivalente francês (de relatório), assinado no mesmo ano pela Académie des Sciences e a

116 Cf. Mihaïl ROCO – Carlos MONTEMAGNO (Ed.), *The Coevolution of Human Potential and Converging Technologies, Annals of New York Academy of Sciences.* New York, 2004, vol. 1013.

117 ROYAL SOCIETY – ROYAL ACADEMY OF ENGINEERING, *Nanoscience, Nanotechnology. Opportunities and Uncertainties.* 2004.

Académie des Technologies, convidava a "manter a cabeça fresca".[118] O contraste de estilo é clamoroso: nem os ingleses nem os franceses dialogavam com os autores do relatório americano. De modo geral, nos meios científicos europeus, tomava-se distanciamento em relação à ideologia transumanista; negando-se toda e qualquer afinidade com as visões futuristas dos americanos, consideradas quase messiânicas: a convergência NBIC era tratada como um produto de uma outra moda quase que extraterrestre.

Em 2003, a Unidade prospectiva da Direção geral de pesquisa da Comissão Europeia convidou um grupo de vinte e quatro especialistas de diversas disciplinas para tomar posição sobre as tecnologias convergentes. O seu relatório, redigido pelo filósofo das ciências alemão Alfred Nordmann, responde ao relatório NBIC com uma crítica bem objetiva, mas sem envolver-se num debate sobre a ideia de convergência. O título escolhido, *Converging Technologies. Shaping the Future of European Societies* – Tecnologias Convergentes. Moldar o futuro das sociedades europeias – anunciava claramente a opção: definir uma alternativa europeia para o projeto americano.[119] Ele assinala, implicitamente, três pontos de desacordo: afastamento de toda e qualquer ideia de "aumento"; o conceito abstrato e ingenuamente universal de "performance humana" foi substituído por uma realidade histórica e cultural (sociedades europeias); por fim, o plural acentua a diversidade da Europa, mesmo quando a diversidade fica esgarçada no acrônimo escolhido pelo projeto europeu CTEKS (*Converging Technologies for the European Knowledge Society* – Tecnologias convergentes para a sociedade europeia do conhecimento). O conceito "sociedade de conhecimento" retoma os objetivos da agenda definidos na cúpula de Lisboa em 2000 (vide Capítulo 3).

---

118 ACADÉMIE DES SCIENCES – ACADÉMIE DES TECHNOLOGIES, *Nanosciences, nanotechnologies, Science & Technologie*. Paris: Tec & Doc, 2004, n. 18.

119 EUROPEAN UNION HIGH-LEVEL EXPERT GROUP (Relator: Alfred NORDMANN). *Converging Technologies. Shaping the Future of European Societies.* Bruxelles, 2004.

O relatório e a ata do atelier confirmam que o conceito europeu de convergência foi definido tendo como referência – e reação – o conceito americano de NBIC. Ele recusa, em especial, a perspectiva de manipulação da mente (*engineering of the mind*) e substitui pelo nobre projeto de manipulação da mente (*engineering for the mind*) Ele recusa, de um modo geral, de ater-se aos quatro componentes do NBIC e propõe ampliá-los para as ciências sociais, para a antropologia e a filosofia: "As tecnologias convergentes são tecnologias potencializantes (*enabling technologies*) e sistemas de saber que se potencializam mutuamente em busca do um objetivo comum".[120]

Longe de ser posta em questão, a noção teleológica da convergência foi assim assumida e até mesmo ampliada. A alternativa europeia apresenta-se somente como uma variante do objetivo da convergência. A crítica velada da ideologia individualista e tecnocrática que subjaz ao projeto NBIC pode ser lida pela afirmação de outros valores, como a solidariedade, a justiça e o desenvolvimento durável. Do mesmo modo como no projeto NBIC, a pesquisa foi guiada ou orientada para atingir metas determinadas, mas diversificam-se os alvos. Ao invés do esquema de confluência que sugere o processo teleológico, o qual tende para um fim indiscutível, prefere-se uma simples "vetorização" da pesquisa para alvos múltiplos e mutáveis. Com isso, o objetivo não é mais colocado como necessário e indiscutível uma vez que o que está em questão é rever os objetivos num processo perpétuo de renegociação. Porém, isso não muda em nada o caráter teleológico da produção dos conhecimentos. Estamos dentro da mesma lógica da vetorização, tanto nos moldes de mísseis como na ministração de medicamentos no lugar do corpo a ser tratado.

O que testemunha a vontade de contraste entre Europa e Estados Unidos? Percebemos, de início, um reconhecimento tácito de que a ciência e a tecnologia são marcadas pela cultura na qual elas se desenvolvem. Enquanto o projeto NBIC pretende trabalhar para um

120 EUROPEAN UNION HIGH-LEVEL EXPERT GROUP (Relator: Alfred NORDMANN). *Converging Technologies. Shaping the Future of European Societies*, op. cit.

homem universal abstrato, o projeto europeu dá-se em vista de um programa local vinculado a valores sociais e culturais. Com isso, admite-se, implicitamente, que temos "estilos" nas tecnologias como nas belas artes, uma identidade cultural que se afirma através de opções tecnológicas.[121] A partir desse ponto de vista, as tecnociências merecem também o título de etnociências, não no sentido de que elas seriam folclóricas ou pré-científicas, mas no sentido mais preciso de que se trata de saberes e tecnologias enraizadas num húmus de problemas e aspirações, e não em saberes universais que desaprumam o tempo ou a diversidade das culturas.

Compromissos comuns

O contraste entre os relatórios NBIC e CTEKS deixa entrever, ao mesmo tempo, um acordo tácito quanto às implicações éticas das tecnociências. Desde o momento em que as tecnociências assumem uma identidade cultural local, elas passam a ficar impregnadas de valores ou estar a serviço deles.[122] Mas, nos dois casos, a pretensão à neutralidade, que caracterizaria a ciência durante o século XIX, parece ser abandonada, pelo menos, enquanto ambição universitária. O contraste cultural não consegue, entretanto, dissimular os pontos em comum entre os programas de convergência.

Primeiramente, tanto nos Estados Unidos quanto na Europa, os proponentes dos programas consideram que a convergência é um fato, que ela é um fenômeno real, observável e desejável. Os europeus, por mais

---

121 É assim, por exemplo, que o relatório canadense sobre as tecnologias convergentes situa-se de algum modo a meio caminho entre o modelo americano e o modelo europeu, através da fixação de prioridades como a concorrência comercial, as energias renováveis e a nanomedicina.

122 Sobre a pluralidade de valores em jogo nas tecnociências, veja-se Javier ECHEVERRIA, *La revolución tecnocientífica*, op. cit.

dispostos que estejam ao debate, não parecem pressionados a questionar a desiderabilidade da convergência.

Portanto, em segundo lugar, a convergência deve envolver as ciências humanas. Um consenso foi formado sobre a importância do componente social para o sucesso das inovações tecnológicas. Parece bastante distante do modelo linear com o avanço científico, as técnicas e a indústria que concretizam as invenções, depois, os usuários ou os consumidores que consegue se adaptar. As desventuras dos OGM[123] na Europa são, muitas vezes, mencionadas para justificar a necessidade de se "preparar" o terreno. A solução aprendida é que uma "solução tecnicamente otimizada" até pode não ser aceita socialmente. É, por isso, que as ciências humanas foram mobilizadas para entrar no jogo tanto da NanoInitiative Americana quanto na convergência NBIC.[124] A problemática dos "impactos" das tecnologias sobre o meio ambiente, sobre a saúde, sobre a ética e a sobre sociedade está integrada na pesquisa desde o início até o fim. Esse procedimento, dito proativo em oposição ao reativo, entrou em ação no caso dos OGM, e se traduziu concretamente por um efeito de 10% do orçamento da *National Science Foundation* para as pesquisas em ciências humanas e sociais. O programa ELSA (*Ethical, Legal, Societal Aspects*) é parte integrante das pesquisas e do orçamento tanto dos programas americanos quanto dos europeus.[125]

Observa-se, aqui, uma dimensão nova das tecnociências, que envolvem todas as habilidades necessárias à gestão de um projeto. Do mesmo modo como necessitamos de físicos, químicos e toxicólogos para administrar os riscos associados à nanotecnologia, precisamos também de especialistas em sociedade e em opinião pública para gerir os riscos sociais e aplainar as dificuldades pela antecipação dos problemas.

---

123 Provavelmente, Organismos Geneticamente Modificados [NT].

124 Cf. Mihaïl ROCO, *Broader societal issues. Journal of Nanoparticle Research.* 2003, 5, pp. 181-189.

125 Em outros países como o Canadá e o Japão (com o seu terceiro plano "*Science et technologie*" em 2006), integraram também os aspectos econômicos, jurídicos e societários em seus programas de nanotecnologias.

Nessa ótica, a sociedade é, de algum modo, uma espécie de caixa-preta de comportamentos imprevisíveis, que deve interagir como outras caixas-pretas de comportamentos, também imprevisíveis, como as nanopartículas e o meio ambiente. As ciências humanas e sociais são convidadas a "monitorar" a inovação tecnológica com sondagens de opinião ou projetos de educação; em resumo, fazer o controle social acontecer. Dentro da mentalidade dos promotores do programa NBIC, não há dúvida alguma de que as ciências humanas devam ser integradas para facilitar o desenvolvimento de novas tecnologias e favorecer a sua aceitação:

> *É essencial preparar os organismos e as atividades sociais para as mudanças que serão tornadas possíveis pelas tecnologias convergentes. As atividades que aceleram a convergência para melhorar as performances humanas devem ser reforçadas e aqui hão de estar incluídas a R&D[126] calibradas; a sinergia tecnológica a partir da escala nano deve crescer através do desenvolvimento das interfaces entre as ciências e as tecnologias e uma abordagem holística para guiar a evolução da sociedade que daqui resulta (...). Devemos experimentar com ideias inovadoras, para motivar a R&D multidisciplinar, sempre buscando encontrar o meio de levar em conta as preocupações éticas, legais e morais.*[127]

Mas isso não acontece sempre segundo tal esquema. Entre os sociólogos e os filósofos mobilizados no programa americano, numerosos foram os que desenvolveram análises críticas sem se importar com proibições e nem de se expor a censuras.[128] Os pesquisadores em

---

126 Provavelmente, *Research and Development* [NT].

127 Cf. Mihaïl ROCO – William S. BAINBRIDGE (Eds.), *Converging Technologies for Improving Human Performance.* op. cit., p. 10.

128 Veja-se especialmente Davis BAIRD – Alfred NORDMANN – Joachim SCHUMMER (Eds.), *Discovering the Nanoscale,* op. cit.

ciências humanas souberam privilegiar-se com outros papéis: por exemplo, a experiência de integração de um sociólogo de técnicas no grande nanocentro de Cambridge, na Grã Bretanha, valoriza a vontade de criar um diálogo e sensibilizar os pesquisadores em ciências duras para as dimensões sociais de suas pesquisas.

Terceiro, os dois projetos, o americano e o europeu, assentam-se sobre duas palavras-chaves: o verbo *enable* (capacitar) e o substantivo "oportunidade". As tecnologias capacitantes, essa expressão em uso já há anos para caracterizar a ciência dos materiais, as tecnologias da informação e depois as nanotecnologias, funciona como uma fórmula mágica para convencer os investidores. Tornar apto, aumentar, multiplicar as capacidades para melhorar as performances são osobjetivos que podem chegar à obsessão. Esses aspectos não são estanhos aos valores de uma sociedade focalizada na performance, na produtividade e na competitividade.[129] O adjetivo *enabling* (capacitado) caracteriza inicialmente os campos de pesquisa sem território delimitado, cujos resultados ou produtos podem afetar diversos setores da atividade para aumentar a produtividade. Por exemplo, o procedimento ascendente *bottom-up* em ação nas nanotecnologias pode subverter ou pelo menos perturbar todos os setores: indústria automobilística, comunicações, agricultura, medicina, farmacologia, exército, polícia... A desterritorialização é pensada como condição de potência ou de potencial da tecnologia. Desde então, a convergência consiste simplesmente em apostar sobre os efeitos da sinergia sobre a reciprocidade da relação de potencialização. Supõe-se que cada um dos componentes da convergência enriqueça, estimule e acelere todos os demais.

Quanto ao oportunismo, ele é uma filosofia declarada nos meios da política científica desdenhado por grandes princípios rígidos

---

129 Gregor Wolbring, pesquisador em Calgary - Canadá, contou sessenta ocorrências do termo "produtividade" e cinquenta e quatro do termo "eficiência" no programa do NBIC de 2002. Sobre sua crítica do *ableism* (capacidadismo, apx.) veja-se Gregor WOLBRING, NBICS, *other convergences, ableism and culture of peace*. www.innovation-wartch.com - acesso de 15 de abril de 2007.

que guiam a ação. É necessário aproveitar a ocasião, o *kairos*, os bons ventos. Pela sua etimologia (*ob-port* – para o porto), o oportunismo convém à convergência uma vez que ele pressupõe uma corrente que o leve (os ventos que o marinheiro deve controlar) e uma direção indicada (o porto). A etimologia sugere também o reverso da medalha: os riscos, as surpresas que modulam a euforia. A justaposição frequente de termos como "desafio" e "incerteza" sugere um procedimento razoável de avaliação das vantagens e inconvenientes, mas sem arrasar com o entusiasmo dos aventureiros da convergência.

Por fim, a designação de um objetivo para a pesquisa é uma doutrina compartilhada pelos programas americano e europeu. Ora, isso marca uma ruptura com o conceito (ideal) bem ancorado nos meios acadêmicos da pesquisa livre. Uma vez que ela é orientada para um objetivo, o conhecimento torna-se uma performance que será avaliado em função dos objetivos. Não é mais uma atividade liberal no sentido antigo da atividade que supõe o lazer e se opõe ao negócio, de onde surge um duplo paradoxo: a economia do conhecimento visada pela agenda de Lisboa se desenvolve sobre o luto da noção clássica de conhecimento; e a doutrina econômica neoliberal que a subentende a conduz a um dirigismo planificador no domínio científico.

Em resumo, essa pesquisa arqueológica sobre a tecnociência mostra uma inflexão da noção no início do século XXI. Os primeiros usuários do termo nos anos 1980 dão-lhes três atributos: orientação para aplicações (Capítulo 1), presença da técnica como instrumento indispensável de produção do saber (Capítulo 3), e heterogeneidade dos agentes (Capítulo 4). Esses atributos não desapareceram e subsistem como estratos sobre os atuais, acumulando novos atributos. Mas, com as nanotecnologias e, sobretudo, com o tema da convergência das tecnologias, a tecnociência provoca, de agora em diante, um processo de recomposição do saber: não somente ela questiona ou desarruma os fechamentos disciplinares mas, também transforma o conhecimento num processo teleológico orientado para um fim designado por uma decisão política.

É já claro que a palavra composta "tecno-ciência" designa uma coisa bem diversa que o agregado de ciência e técnica que conservaria a identidade de ambos os termos. Trata-se, na realidade, de uma nova entidade. Deve-se acabar com a visão ainda amplamente difundida da tecnociência como uma forma de "contaminação" da ciência pela tecnologia. A união das duas noções acabou por metamorfosear completamente as duas. Ela questiona a autonomia do conhecimento como atividade gratuita que tem o seu fim em si mesma. Ela, ao mesmo tempo, questiona a autonomia da tecnologia como estudo e a produção de objetos técnicos individualizados, independentes de seus usos econômicos ou sociais. A tecnociência corresponde a uma instrumentalização tanto da ciência como da técnica a serviço de projetos ideológicos que buscam conciliar em proporções as mais variadas, o neoliberalismo impregnado pela competição econômica e os ideais democráticos e humanistas.

11. UM MUNDO SEM FRONTEIRAS

7.
A figura imaginária do ciborgue

O esfumaçamento da fronteira entre ciência e técnica não é senão o ponto visível de uma perturbação mais geral. Como se essa distinção clássica escondesse totalmente outras, todas as "partilhas" admitidas como naturais – homem-máquina, natural-artificial, vivo-inerte, sujeito-objeto – parece que se corroeram, chegando a desmoronar. O afastamento das marcas tradicionais exprime-se na figura imaginária do ciborgue, que acabou por tornar-se o emblema da modernidade. Ele oferece uma experiência de pensamento bastante útil para avaliar a amplitude e os limites dos questionamentos bem como para precisar o modo em que se reconsidera a identidade dos humanos na era das tecnociências.

O termo *cyb-org*, palavra composta por cibernética e organismo, apareceu em 1960, nos bons tempos da cibernética, para designar um híbrido de ser humano e máquina.[130] Nos anos 1980, ele deixa de ter origem no nicho bélico-industrial e percorre diversas disciplinas até se tornar um ícone do combate feminista no célebre *Manifesto cyborg* da antropóloga americana Donna Haraway.[131] O ciborgue funcionou como um atrativo,

---

130 O termo foi forjado por Manfred Clynes e Nathan Kline para designar a sua visão de homem "aumentado em sua capacidade" que seria adaptado às viagens ao espaço. Eles imaginaram um futuro astronauta cujo coração seria controlado quimicamente e cujos pulmões seriam substituídos por uma pilha alimentada por combustível. Cf. Manfred E. CLYNES – Nathan S. KLINE (Eds.) *Cyborg and space. Astronautics*, 1960, setembro, p. 26-27; 74-75; Reimpresso por Chris Hables GRAY – Steven MENTOR – Heidi FIGUEROA-SARRIERA (Eds.), *The Cyborg Handbook*, op. cit, pp. 29-34.

131 Cf. Donna HARAWAY, *Ciborgue manifesto. Science, technology and socialist faminism in the late twentieth century. CRITICAL INQUIRY*, 1985. Esse artigo foi amplamente difuso graças a sua retomada na obra de sucesso de Donna HARAWAY, *Simians Cyborgs and Women. The Reinvention of Nature*. London: Routledge, 1991 (tradução para o francês: Laurence ALLARD – Delphine GARDEY – Nathalie MAGNAN (Eds.), *Manifeste cyborg et autres essais. Sciences-fictions-féminismes.* Paris: Exils, 2007 (Antologia elaborada por estes autores). A distância de mais de vinte anos entre a primeira aparição do texto e a sua

enriquecendo-se de conotações múltiplas ao longo dos últimos decênios, até vir a ser a metonímia da diluição de todas as fronteiras.

Desde as quimeras militares até as quimeras pós-modernas

"Apesar de sua aparente novidade, o conceito de ciborgue é um produto de pura imaginação militar", escreve a socióloga canadense Céline Lafontaine no *L'Empire cybernétique* (O império cibernético).[132] Essa volta às origens é importante para retomar a solidariedade entre a figura do ciborgue e o projeto de aumento das performances dos soldados por máquinas que era um dos seus objetivos prioritários. A aproximação homem-máquina inspira-se na obra do matemático Norbert Wiener. Num artigo tido como germinal "*Behavior, purpose and teleology*" (1943) e, mais tarde, no *Cybernétique et Société* (1950), Wiener expôs seu projeto de conceber máquinas com comportamentos intencionais, como os humanos, especialmente capazes de identificar objetivos.[133] Ele se inspira na fisiologia dos mecanismos de autorregulação (a famosa homeostasia descrita Claude Bernard) e se concentra sobre os mecanismos de retroação circular (*feedback*). Num mundo regido pelo segundo princípio da termodinâmica, as máquinas são descritas como dispositivos neguentrópicos que lutam contra a desordem

---

tradução francesa sublinha a força de certos particularismos culturais da tecnociência, que já observamos no Capítulo 5.

132 Cf. Céline LAFONTAINE, *L'Empire Cybernetique. Des Machines à Penser à la Pensée Machine.* Paris: Seuil, 2004, p. 35.

133 Cf. Norbert WIENER, *Cybernétique et Société. L'usage Humain de Êtres Humains.* Paris: Plon, 1952. Quanto aos debates sobre a cibernética, veja-se Evelyn FOX-KELLER, *Refiguring Life. Metaphors of Twentieth Century Biology.* New York: Columbia University Press, 1995 (radução francesa: *Le Rôle des metaphors dans les progrès de la biologie.* Paris: Les Empêcheurs de penser en rond. 1999) e Jean-Pierre DUPUY, *Aux origins des sciences cognitives.* Paris: La Découverte, 1999.

crescente a exemplo do ser vivo. Essa metáfora termodinâmica cria uma analogia entre o ser vivo e a máquina que tem um valor heurístico inegável sobretudo quando, nos anos 1940, a teoria da informação desenvolvida pelo matemático Claude Shannon (1916-2001) estabeleceu vínculo entre entropia e informação.

Em 1964, Wiener tirou vantagem de uma obra meio popularesca, *God & Golem, Inc.* Aplicando às máquinas e aos humanos os conceitos da teoria da informação, ele declara que ambos são "transdutores", mecanismos que decodificam mensagens recebidas e recodificam para voltar a retransmiti-las. Desse ponto de vista, não existe diferença de natureza entre o humano e animal à máquina. A inteligência humana é simplesmente uma faculdade que regula a ação em função de um objetivo ou alvo. E uma máquina pode substituir o cérebro ou reduzir os seus déficits, e, até mesmo, aumentar sua potência.

Depois disso, a cibernética desaparece do cenário científico e intelectual, mas os seus ambiciosos programas de aumentar as capacidades humanas e a fusão máquina/ser humano, além da visão de mundo como código, permanecem. E mais, os ciborgues, que não eram mais que quimeras, em seu duplo sentido, tornaram-se banais e multiplicam-se em nosso universo cotidiano.[134] A fabricação de quimeras pela biologia tornou-se algo corrente, não somente se fabricam proteínas quimeras, mas também genes quimeras, tecidos quimera graças à transgênese, mas também a fabricação de animais-quimeras que já atentavam o biólogo francês Jean Rostand (1894-1977) pela fusão de embriões, e que se tornou mais fácil depois que se dominou a técnica das células-tronco embrionárias.[135] Em 1960, os inventores do termo *cyborg* fundamentavam sua visão sobre os primeiros ensaios de implantação de *pace-makers* (marcapassos).

---

134 Uma quimera no sentido técnico é um organismo cujas células provêm de mais de uma espécie (por exemplo, cabra-carneiro, homem-animal etc.) e por extensão, no sentido corrente, um ser forjado pela imaginação.

135 O gene quimera une o núcleo de uma espécie ao citoplasma de outra; a proteína quimera une dois genes com funções diferentes para fazer uma proteína com capacidade de duas funções. Cf. Nicole LE DOURIN, *Des Quimères, des Clones e des Gènes.* Paris: Odile Jacob, 2000.

Depois disso, máquinas cada vez menores e sempre mais discretas invadiram o interior do organismo: os implantes de próteses, os estimuladores ou captadores, os transplantes de órgãos e de tecidos artificiais tornaram-se mais comuns. Esses dispositivos técnicos, já capazes de evitar as reações de rejeição e de interagir com o substrato biológico e às vezes usado para controle de algumas funções, encarnam verdadeiramente a ficção do "organismo ciborgue". Eles alimentam os desejos da potência aumentada, performances recordes, vida mais longa, mais intensa e, até mesmo, da imortalidade.

Objeto de desejo, esses seres híbridos suscitam também receios, repulsão do monstruoso, medo de uma subordinação, perda do controle, e de uma punição.[136] Através da colonização de nosso universo cotidiano, eles rejuvenescem os grandes mitos de nossa cultura moderna, o de Golem em especial.[137] Vemos, depois dos anos 1990, uma enxurrada de filmes e livros sobre ciborgues. A ciborgueologia é um ramo totalmente separado nos *cultural studies*. Depois do "Manifesto ciborgue", citado anteriormente, de Danna Harway, que foi tornado público em 1985, o ciborgue é muito mais do que um indivíduo aparelhado com próteses ou "cabeado" para ser constantemente conectado a redes de comunicação. É um fenômeno cultural, um ícone da pós-modernidade. Haraway transformou a ficção que brotara do imaginário da Guerra Fria num "mito político irônico", numa arma para a libertação das mulheres. O afastamento da fronteira entre humano e máquina, sustentado pelos fundadores da cibernética, parece dotado de um poder de contaminação ou de infecção de todas as categorias: homem-animal, macho-fêmea, realidade-ficção...

No manifesto de Haraway, todas essas distinções se apresentam como "ilusões de ótica", impressões relativas a um ponto de vista

---

136 No sentido técnico, o híbrido resulta de um ovócito fertilizado por um esperma de uma outra espécie. Mas o termo é tomado aqui em seu sentido primeiro, derivado do grego *hubris*, o desmedido.

137 Sobre a inscrição cultural do imaginário das nanotecnologias, veja-se Marina MAESTRUTTI, *Les Imaginaires des Nanotechnologies.* (Tese defendida na Universidade Paris-X-Nanterre, em 2007).

artificialmente promovido e mantido. Definido como um híbrido homem-animal-máquina, conectado a uma rede intrincada, o ciborgue simboliza uma revolta contra o eterno feminino e, mais amplamente, o essencialismo que caracteriza a cultura ocidental. Ele encarna uma tomada de posição ao mesmo tempo epistemológica e política de recusa do determinismo biológico. Ele dissolve a noção de "eu-individual", de sujeito unitário e permanente em função de um indivíduo plástico, superficial e cambiante, moldados por suas conexões em rede: "Objeto algum, espaço algum, corpo algum é sagrado por si mesmo; todo e qualquer componente pode ser colocado em interface com outro, para tanto basta construir uma norma adequada, o código que permite lidar com os sinais numa linguagem comum. Preferiria muito mais ser um ciborgue que uma deusa", essa conclusão diz muito bem que ser ciborgue é uma escolha: afastar-se de dicotomias, transgredir fronteiras se constitui no espaço da liberdade.

A emergência do cibercultura e de todas as informações

O ciborgue de Haraway não tem nada de uma estrutura mecânica, ele é inspirado nas "máquinas informacionais" de Shannonm, com *feedback*, mecanismos de regulação, e de processamento das informações, dotado de uma certa autonomia. A escolha que ela propôs, em 1985, ancora-se na realidade técnica ainda pouco defendida na época, a das "máquinas codificadas que permitem dar conta de descrever e ler a natureza". Essas máquinas informacionais fundam e vão encorajar uma "cibercultura", uma vez que têm o poder de afastar a fronteira entre a realidade e a ficção. Essa foi também a espantosa intuição do escritor americano de *science-fiction*, William Gibson, o inventor da noção de "ciberespaço" em seu romance culto *Neuromancer*, publicado em 1984, um ano antes do manifesto de

Haraway e mais de uma década antes da generalização da internet.[138] Depois disso, a multiplicação de simulações, jogos de vídeos *on line* ou de redes, como *Second Life* e outros, contribuíram para tornar permeável a fronteira realidade-ficção, terminado totalmente quando desaparecer a barreira da tela diante de nós e os interruptores sob controle, quando as interfaces homem-máquina forem feitos sem tela, com um espaço saturado de captadores invisíveis que permitem intercâmbios não controláveis, não sinalizáveis, entre objetos comunicantes (o sonho dos promotores de *chips* RFID).[139]

Com a difusão dessas máquinas na vida cotidiana, a identidade da pessoa e o singular, o "eu" inventado pela modernidade, se perde na efervescência das relações e das comunicações ininterruptas que misturam espaços públicos e privados.[140] A partir do fato da dependência ou mesmo da adição que induzem os meios de comunicação, o telefone, a internet etc., os ciborgues ou indivíduos pós-modernos passam a ser combinações de terminais de *eu* que perdem até sua identidade social naquilo que o léxico contemporâneo poderia chamar de um "ecossistema digital distribuído".

A desintegração do eu, o afastamento das linhas de dicotomia: a cibernética parece destinada a destruir os ídolos da modernidade. Não terminaríamos nunca de elencar a lista de todas as fronteiras que caem por terra e as transformações que induz em nosso corpo, nas cidades e na sociedade em geral. O termo *cyborg* forjado pela "colagem" de duas entidades distintas é um desses conceitos compostos - como o da tecnociência – que têm um poder de subversão devido a uma espécie de "movimento retrógrado do verdadeiro",

138 Cf. William GIBSON, *Neuromancer*. New York: Ace Books, 1984 (tradução francesa: *Neuromancier.* Paris: La Découverte, 1985).

139 Sigla para *Radio Frequency Identification Devices* (dispositivos de identificação por frequência de rádio). Estas etiquetas numéricas de objetos, ativados por um leitor, foram fabricados para gerar milhões de objetos (um pouco como a nomenclatura adotada para gerar milhões de plantas ou de substâncias químicas). Mas o desenvolvimento desta técnica permite igualmente visar objetos comunicantes, uma espécie de Internet de objetos.

140 Cf. Jean-Michel BESNIER, Des identités en question. *Cahiers du MURS,* 2008, 55, pp. 6-20.

que já evocava em 1907, o filósofo Henri Bergson (1859-1941).[141] Eles constroem o "projeto" da modernidade ao mesmo tempo que pretendem invertê-lo.

Pela adoção de uma posição de exterioridade, é relativamente fácil listar um esquema de conjunto que inventaria uma coerência um pouco fática da modernidade. Afastamos, assim, uma boa quantidade negligenciável de tensões, conflitos e debates de ideias levadas adiante por agentes, por vezes, um pouco passionais em vista de uma depuração quase geométrica. Para encontrar uma coerência no conjunto da época atual que chamamos de pós-moderna, seria necessário posicionarmo-nos do lado de fora e gozar de um ponto de vista de prumo ou de critério, o que seria grandemente ilusório.

É significativo, portanto, que uma literatura já abundante preocupe-se com a cibernética e a designe como fonte de inspiração para nossa época.[142] Por que essa utopia surgida na Guerra Fria a partir de alguns cérebros privilegiados reunidos nas famosas "conferências de Macy",[143] de 1942 a 1953 nos Estados Unidos, seria a matriz ou o paradigma da cultural ocidental do século XX?[144]

Em seu *L'Empire de la Cybernétique*, Céline Lagontaine apresenta a cibernética como o fermento de uma empresa de redução de tudo à informação: o "paradigma informacional", que brotou dos trabalhos de Wiener, teria colonizado todas as seções do saber. Depois de seus inícios na biologia molecular, a assimilação do ser vivo à informação foi um modelo fecundo e explorado abundantemente. A metáfora do código genético, tal como foi apresentado em 1944 pelo físico

---

141 Cf. Henri BERGSON, *L'Évolution Créatrice.* Paris: Félix Alcan,1907; *La Pensée et le Mouvant.* Paris: Félix Alcan, 1934.

142 Veja-se entre outros: Antoine PICON, *La Ville Territoire des Cyborgs.* Paris: Les Éditions de l'imprimeur, 1998; Céline LAFONTAINE, *L'Empire Cybernétique*, op. cit.; *La Société Posmortelle.* Paris: Seuil, 2008.

143 Essas dez conferências interdisciplinares promovidas pela Josiah Macy Foundation (instituição filantrópica dedicada ao estudo de patologias neurológicas) foram a base de "pensar" cibernético e mesmo multidisciplinar [NT].

144 Veja-se Jean-Pierre DUPUY, *Aux Origines des Sciences Cognitives*, op.cit.

austríaco Erwin Schrödinger, (1887-1961), em seu livro *What's Life?* tem suas raízes na concepção do ser vivo como um dispositivo resistente ao aumento da entropia. E o biólogo francês François Jacob (nascido em 1920) em seguida desenvolveu a analogia entre o código genético e a linguagem, sustentando, assim, que o conceito poderia servir de chave para a leitura universal do "livro da natureza".[145]

Mas, como sublinha Evalyn Fox-Keller, as metáforas mudam de sentido quando circulam de um nicho para outro. Os biólogos moleculares esquecem toda a sistemática inerente à cibernética e não mantêm nenhuma noção de programa como algoritmo que define uma sequência de instruções.[146] De um lado, a informação não é distribuída em todo o sistema; mas, ela toda fica concentrada nas sequências dos ácidos nucléicos do DNA. De outro lado, ela se transmite num sentido único. As instruções circulam de DNA para o RNA e para as proteínas sem retroação. Tal é o "dogma central" da biologia molecular que o biólogo britânico Francis Crick (1916-2004), que foi o descobridor com o seu colega americano James Watson (nascido em 1928) da "hélice dupla" do DNA, estabeleceu por ocasião do simpósio sobre as proteínas em 1958. A metáfora do programa toma, assim, sentido de ordem que circula a partir de um "escritório central" para os subordinados. Essa imagem um pouco militar sustentou o progresso da biologia molecular durante décadas. O ser vivo seria uma máquina para tratar informações, um *software* do qual tendemos a esquecer o *hardware*, todo o suporte material físico-químico que torna a máquina infinitamente mais complexa que pode fazer pensar a metáfora do programa.

Céline Lafontaine estende o império da cibernética até as ciências humanas: ela relaciona o paradigma informacional à obra ao

---

145 Cf. Lily E.KAY, *The Molecular Vision of Life. Caltech, the Rockefeller Foundation and the Rise of the New Biology*. Oxford: Oxford University Press, 1993; Lily E. KAY, *Who Wrote the Book of Life?* Stanford: Stanford University Press, 2000.

146 Cf. Evelyn FOX-KELLER, *Le Rôle des Métaphores dans les Progrès de la Biologie*. op. cit., pp. 199-125.

movimento estruturalista que, de Lévi-Stauss a Lacan e a Foucault, despedaça a figura do sujeito privilegiando os códigos, as redes e os jogos de linguagem.[147] A figura cartesiana de sujeito humano dissolve-se nos fluxos de informação e nos sistemas de relações. Em seu trabalho mais recente, *La Société postmortelle*, ela descreve o impacto desse paradigma sobre as representações e práticas contemporâneas relativas à morte em nossa sociedade, sobre a aspiração atual à imortalidade e, especialmente, sobre aquilo que Edgard Morin chama de a amortalidade ("capacidade ilimitada de viver contanto que não ocorra um acidente de percurso"). Se a morte não for mais vista como uma necessidade natural, é porque o corpo é concebido como uma máquina modular reprogramável. A negação do determinismo material e a negação do tempo biológico são ainda uma manifestação do paradigma informacional herdado da cibernética.

O filósofo das ciências Jean-Pierre Dupuy designa também a cibernética como fonte de inspiração, mas invoca o paradigma informacional. É ao matemático e físico John Von Neumann (1903-1957) que ele se refere, e não tanto a Wiener, e é dentre das ciências cognitivas que ele situa a herança cibernética.[148] O autômato de Von Neumann, essa máquina que é capaz de produzir algo mais complexo que sua própria estrutura, em Dupuy, torna-se o modelo do procedimento *bottom-up* que congrega as tecnologias atuais em torno das ciências cognitivas: trata-se de produzir o complexo por regras simples, porém, irredutíveis às suas condições de origem de tal modo que o engenheiro do futuro será sempre surpreendido pelas suas próprias produções. A falta de controle não será mais um acidente de percurso, um risco a ser avaliado, vai se tornar o verdadeiro desafio da pesquisa.

147 Cf. Céline LAFONTAINE, *L'Empire Cybernétique*, op. cit, pp. 85-115.

148 Cf. Jean-Pierre DUPUY, *Aux Origines des Sciences Cognitives*, op.cit.; Pour une evaluation normative du programme nanotechnologique. *Annales des Mines, Réalités Industrielles: les Nanotechnologies*, 2004, pp. 27-32.

Sem entrar em uma discussão sobre essas duas teses que tratam a influência da cibernética, podemos simplesmente nos deter à retomada do interesse por essa teoria esquecida já nos anos 1950 como não sendo consequência da afinidade entre projeto e programas contemporâneos da convergência. A cibernética foi, antes de tudo, resultada de um grande sonho de convergência em torno do conceito "informação".[149] Na mesma época em que o famoso panfleto do físico inglês Charles P. Snow (1905-1980), *The Two Cultures*, deplorava, em 1959, o *fosso* entre as humanidades e as ciências, a cibernética estabelecia uma ponte, uma vez que a informação era tratada como uma grandeza física, o negativo da entropia termodinâmica na teoria de Shannon.[150] Depois da energética de Wilhelm Ostwald no fim do século XIX, passando pelo fisicalismo do filósofo alemão Rudolf Carnap (1891-1970) e de seu homólogo austríaco Otto Neurath (1882-1945), até à cibernética e aos programas atuais de tecnologias convergentes, a utopia de uma ciência unificada renasce periodicamente sob as formas mais diversas, mas sempre com um "ar de família".

149 Cf. Philippe BRETON, *L'Utopie de la Communication.* Paris: La Découverte, 1990.

150 Cf. Charles O. SNOW, *The Two Cultures and the Scientific Revolution.* Cambridge: Cambridge University Press, 1959.

8.
Nos confins da matéria

As pesquisas em genealogia são sempre suspeitas de selecionarem seus ancestrais dissimulando uma parte da paisagem. Pelo fato de sempre sublinhar o vínculo parental entre a cibernética e a tecnociência atual, damos, a essa disciplina natimorta, um poder bastante fantasmático. A tecnociência é um fenômeno complexo demais para ser descrita como fruto de uma única corrente. Ela se situa na encruzilhada de diversas histórias científicas, tecnológicas, intelectuais, econômicas e políticas. Sem procurar fazer um inventário, propomos simplesmente neste capítulo um outro esclarecimento que modula um pouco a importância da cibercultura, ainda que confirmando as orientações já consideradas.

Os "imateriais", símbolos das ambiguidades da *condição pós-moderna*

Podemos também invocar como uma fonte plausível e bastante direta da pós-modernidade a ciência e a engenharia dos materiais que já lembramos anteriormente (Capítulo 2): essa disciplina emerge nos Estados Unidos nos anos 1960, pouco tempo depois da cibernética, e responde com ela, necessidades militares. Inicialmente desenvolvida nas universidades americanas vinculada com os grandes programas espaciais e militares, ela consagrou o conceito de materiais como uma entidade genérica englobando objetos diversos como metais, plásticos, cimento, cerâmica, madeira, semicondutores, etc.[151]

---

151 Cf. Bernadette BENSAUDE-VINCENT, The Construction of a discipline: material science in the USA, op. cit.

O material se distingue da matéria enquanto é base de uma função útil: conduzir eletricidade, isolar, resistir à fratura, à corrosão etc. Num certo sentido, o material é um ciborgue; menos híbrido que misto, ele ultrapassa, contudo, a grande dicotomia natureza e sociedade define-se mais pelo seu valor econômico do que pela sua utilidade. A função vale mais do que a estrutura, que se torna uma simples base de propriedades adquiridas para a efetivação de uma ou mais funções.[152] Ora a prioridade concordada quanto à função foi, muitas vezes, traduzida em termos de vitória da informação sobre a matéria. "Hoje, um material não se define de início por um conceito, uma ciência ou habilidade industrial, isto é, por uma informação, antes de ser uma matéria", podemos ler no relatório da OCDE de 1992.

Longe de afastar todas as grandes dicotomias, o conceito de informação aqui invocado reinstala um dualismo bastante antigo entre matéria e espírito. Se os novos materiais são percebidos como de informação, é porque eles são feitos "sob medida", concebidos e sintetizados para cumprir esta ou aquela função. Eles resultam de um projeto (*material by degign*). A primeira matéria deixa de ser um dado, um limite com o qual o engenheiro deve compor-se para fabricar um objeto que tem em mente. O material é tão finamente ajustado às funções pesquisadas que se define por um conjunto de propriedades que necessitam ser materializadas numa estrutura. Assim, ele é despojado de sua substância ontológica para vir a ser pura funcionalidade. De algum modo, o espírito comanda a matéria.

Essa atitude é particularmente perceptível na elaboração de materiais compostos, concebidos para tarefas precisas, exigindo propriedades dificilmente conciliáveis a primeira vista, como, por

---

152 A este respeito, a distinção normal entre materiais de estrutura e materiais funcionais não tem muito sentido. Fornecer a estrutura a uma ponta da asa de um avião é preencher uma função entre outras. Por outro lado, um semicondutor como o silício, um material funcional por excelência, serve também de substrato. Cf. Bernadette BENSAUDE-VINCENT – Hervé ARRIBART – Yves BOULIGAND – Clément SANCHEZ, *Des chimistes à l'école du vivant.* In SANCHEZ, Clément (Ed.), *Biomimétisme.* Paris: Observatoire fançais des Technologies avancées, 2001, 25, pp. 33-46.

exemplo, leveza e resistência ao choque, flexibilidade e rigidez. Esses materiais, geralmente formados por uma matriz e por um ou mais reforços, são, muitas vezes, apresentados como a informação condensada em material. Algumas publicidades de fornecedores não hesitam em proclamar a "massa cinzenta, a matéria primeira dos compostos", levando os clientes a entender que a matéria se deixa informar pela inteligência. Assim, ela não é mais um obstáculo para a realização de projetos técnicos, se torna um produto da técnica, uma manifestação da supremacia do espírito que soube dominá-la e vencer a sua resistência.[153]

Esses "imateriais" podem ser vistos como símbolos de ambiguidades da "condição pós-moderna".[154] Assim, na França, uma exposição intitulada "os imateriais", foi proposta, em 1985, pelo *Centre de Création Industrielle du Centre Georges Pompidou,* a partir de uma reflexão de Jean-François Lyotard e Thierry Chaput, ancorada sobre o trabalho de uma equipe de artistas, escritores, cientistas, informáticos e astrofísicos.[155] Partindo de novos materiais utilizados por artistas em suas criações, a ambição era de dar um espaço para uma nova sensibilidade que afetava todas as atividades – industriais, econômicas e sociais – e "bagunçando" mesmo a ontologia.

Nessa ótica, o contraponto, nomeado como "terceira revolução tecnológica", deixa-se decifrar como um processo de desmaterialização: o material desaparece como entidade independente, ele não é mais uma substância estável, mas um conjunto de interações, ele passa a ser mostrado como testemunha de uma rede de comunicação que desmaterializa todos os elementos – referente, o emissor, o destinatário, o suporte da mensagem e sua matriz codificada

---

153 Bernadette BENSAUDE-VINCENT, *Éloge du Mixte. Matériaux Nouveaux et Philosophie Ancienne.* Paris: Hachette Littérature, 1997, capítulo 15.

154 O termo "imateriais", apesar de a autora não deixar isso explícito, não se refere a "espirituais" ou algo assim, mas à nova entidade que brota do "material" mais "informação", algo como *information-materials* [NT].

155 *Modernes et aprés. Les Immatériaux, catalogue d'exposition au Centre d'art et de culture Georges Pompidou.* Paris: Autrement, 1985.

– os autômatos que não são mais simplesmente servidores físicos, mas podem efetuar operações mentais.[156] Essa ambicionada manifestação cultural, que se tornou um pouco mítica, conseguiu a façanha de realçar uma ambiguidade fundamental das novas tecnologias que inspiram a pós-modernidade: longe de ultrapassar a modernidade, elas perseguem e completam o projeto moderno – tornar-se "senhor e possuidor" da natureza – apesar de *inquietar* e de desestabilizar o projeto. Busquemos compreender o porquê.

A reatualização de um velho fantasma: ultrapassar os limites da matéria

"Empurrar sempre para mais longe os limites que a matéria apresenta ao espírito humano naquilo que ele tem de mais criativo".[157] Esse *slogan* publicitário de uma firma de produtos químicos que produz materiais compostos nos anos 1990 poderia caracterizar o conjunto de tecnologias contemporâneas. Elas são, a propósito, levadas adiante por um já até velho fantasma: o espírito que se liberta dos entraves da matéria. Esse fantasma está ainda hoje no coração da micro e nanotecnologia.[158] Superar as fronteiras que a física impôs para a estocagem de informação para um volume sempre menor de matéria é dos motivos mais possantes para pesquisa neste domínio. Depois de 1965, com a lei de Moore[159] que "previa" a duplicação do número de

156 Poderíamos aqui acrescentar a "desmaterialização" da moeda. Cf. Laurece RAINEAU, *L'Utopie de la Monnaie Immateriélle*. Paris: PUF, 2004.

157 Brochier SA-Ciba Composites: des matériaux pensés pour l'avenir, p. 1. Provavelmente trata-se de um folheto de propaganda de uma firma [NT].

158 Cf. Benadette BENSAUDE-VINCENT, *Se libérer de la marière? Fantasmes autour des nouvelles Technologies*. Paris: INRA, 2004.

159 O artigo de Godon Moore, publicado em 1965, previa na realidade a possibilidade de se fazer economias de escala graças à miniaturização dos circuitos integrados, uma vez

transistores sobre uma mesma superfície de circuitos integrados todos os anos, isto ditou a cadência da indústria microeletrônica. Ela funcionou como uma espécie de injunção para se libertar dos limites da matéria.

E como esta corrida pela miniaturização se aproximava, inevitavelmente, de um limite físico, a tendência à desmaterialização foi buscada nos anos 2000 sobre duas fontes nos domínios da microeletrônica. De um lado, os industriais buscam multiplicar as funções dos circuitos integrados: a tendência (chamada de *More than Moore*) manifestou-se claramente na evolução dos telefones móveis para uma espécie de multi função permitindo renovar o mercado.[160] De um lado, os pesquisadores fundamentais visando criar um (ainda muito hipotético) "computador quântico" apoiando-se em alguns casos sobre a assimilação da matéria a um código binário, com *spin* do elétron fazendo o papel de 0-1.

De um modo mais geral, a caminhada *bottom-up* responde ao desejo de obter funções com um mínimo de matéria, otimizar e melhorar os artefatos para sua economia. Admitindo que as propriedades macroscópicas – mecânicas, térmicas, elétricas, magnéticas ou óticas – de um material dependem principalmente do movimento dos átomos – uns em relação aos outros – ou ao número ou à posição dos elétrons, pode-se imaginar a criação de um material ideal, átomo por átomo; um material que incorporaria todo o saber sobre a matéria. Certo material pode existir virtualmente sobre uma tela de computador, mas sua permanência, ou caso ele seja efetivamente sintetizado, seria problemática.

A esperança quimérica de libertar-se da matéria foi confortada por razões ambientais: depois de décadas, os senhores da ecologia

---

que a redução da espessura dos circuitos permite a fabricação simultânea de centenas de *chips* sobre cada placa de silício, abaixando o seu custo unitário (como o reivindicava em 2008 o fabricante americano de microprocessadores Intel, da qual Moore foi um dos seus fundadores: "*Moore's Law made real by Intel innovation* – A lei de Moore tornou-se realidade pela inovação da Intel". www.intel.com/technology/mooreslaw/index.-htm

160 OFFICE PARLEMENTAIRE D'ÉVALUATION DES CHOIX SCIENTIFIQUES ET TECHNIQUES (Relator: Claude SAUNIER), *Rapport sur l'évolution du secteur de la micro/nanoéletronique.* Assembleia nacional, 997, Senado, 417. Paris: 2008.

industrial orgulham-se da "desmaterialização", permitindo fornecer a mesma funcionalidade ao consumidor pelo uso de menos matéria e de menos energia – a tendência já observada na evolução das técnicas em curso no século XX. Os economistas demonstraram com a força das estatísticas que estamos consumindo cada vez menos matérias-primas para um produto dado. Alguns observadores até ousaram afirmar o "fim da idade dos materiais".[161]

O imperativo da desmaterialização da ecologia industrial não toca somente o objeto, mas, também, sua produção. Por exemplo, eliminar certas etapas intermediárias que consomem solventes na produção de componentes eletrônicos ou diminuir o uso de pesticidas para a produção de mercadorias agrícolas. Em seu cuidado de quantificar a desmaterialização, os promotores da ecologia industrial apresentam, às vezes, os materiais não como objetos físicos, mas como puras funcionalidades ou, pelo menos, como estruturas que obedecem docilmente aos projetos humanos.

O ideal de reduzir a quantidade de matéria até transformá-la em "condensados" de informação entra em ressonância com o ideal da vida imortal. Aos esforços por alojar cada vez mais informações em menores espaços, correspondem aos esforços dos que visam afastar as consequências danosas do tempo sobre os corpos biológicos. Libertar-se da matéria, libertar-se do tempo, como um só e mesmo projeto.

Humano e pós-humano

O termo "antropotécnica" – forjado por Gilbert Hottois para designar as atividades técnicas que visam modificar o ser humano e não tanto o meio ambiente – aplica-se muito bem às novas tecnologias, depois da procriação assistida, que permite ultrapassar

161 Cf. Eric D. LARSON – Marc H. ROSS – Robert H. WILLIAMS, *La fin de l'âge des matériaux. Pour la Science*, 1986, 106, pp. 30-37.

os limites da esterilidade de um dos "procriadores", chegando à dopagem esportiva e aos estimulantes intelectuais que permitem superar os limites da fadiga, passando por cirurgia estética, próteses, implantes, etc.[162] É um "novo tropismo", segundo a expressão do filósofo Jérôme Goffette, que descreve a antropotecnia como um lugar de convergência entre diversos ramos: medicina hospitalar, pesquisa biomédica, biologia genética e genômica, zootecnia, e indústria farmacêutica e cosmética. As intervenções técnicas sobre o corpo humano colocam em questão a linha de demarcação entre o normal e o patológico e elas estendem consideravelmente os limites da medicina. Tradicionalmente, a técnica do cuidado e da reparação das falhas do organismo se torna insensivelmente uma técnica do "aumento", tendendo a eliminar os limites do organismo. Ela visa mais ampliar a duração da média de vida nos países "medicalizados" do que a cura de flagelos ou doenças, chegando ao ponto de a Organização Mundial da Saúde declarar que a medicina tem por objetivo "o estado completo de bem-estar". A mudança da vocação é tão imperceptível que é muito difícil delimitar uma linha demarcatória onde cessaria a medicina reparadora e começaria a medicina suplementar.

A multiplicação e a banalização das técnicas de aumento das performances sexuais, esportivas, intelectuais, do mesmo modo como as pressões para aumentar a duração da vida, mudam imperceptivelmente nossa vida cotidiana e, de um modo mais amplo, a visão de uma condição humana fundada na cultura. Em *Sociedade pós-mortal*, Céline Lafontaine sublinha que o alongamento da duração da vida anda *pari passu* com uma desqualificação da velhice que, longe de encarnar a sabedoria devida à idade, torna-se um fardo inútil dentro da própria cultura de performance e rentabilidade. A morte não é mais esse ente inexorável que marca a

162 Cf. Gilbert HOTTOIS, *Species technica*. Paris: Vrin, 2002 (seguida por um *Dialogue vingt ans plus tard*); Jérôme GOFFETTE, *Naissance de L'anthropotechnie. De la Médicine au Modelage de L'Humain*. Paris: Vrin, 2006.

finitude da vida humana à qual a cultura se esforça para lhe dar um sentido, ela é cada vez mais percebida como um fracasso da medicina, que marca o fim da vida individual.[163]

Levando cada vez mais para frente a luta contra a idade, alguns adeptos do "movimento transumanista" (surgido nos Estados Unidos nos anos 1980) proclamam em alto e bom som a sua intenção de chegar à imortalidade. Entusiasmados por uma mistura de euforia tecnológica – suscitada pelas promessas da biotecnologia e da nanotecnologia – e pela confiança num futuro de regimes alimentares que garantam a saúde, eles propagam a ilusão de que seria possível afastar a morte indefinidamente, até chegando-se à sua eliminação completa. Em resumo, eles negam a inexorabilidade da natureza. Max More, fundador da *Extropy Institute* em 1980, define assim o *credo* desse movimento:

> *O transumanismo faz parte das filosofias que tentam nos guiar para uma condição pós-humana. O transumanismo compartilha numerosos aspectos com o humanismo, especialmente o respeito pela razão e pela ciência, o vínculo com o progresso e a valorização da existência humana (ou transumana). (...) O transumanismo difere do humanismo pelo reconhecimento e pela antecipação de alterações radicais da natureza e de nossas possibilidades de vida que resultam das diversas ciências e tecnologias.*[164]

O filósofo sueco Nick Bostrom, cofundador, em 1988, com o estudioso de ética britânico David Pearce da *World Transhumanist Association* (WTA, que passou a ser *Humanity* em 2008), sustenta que é possível e admirável melhorar a espécie humana. A louca esperança dos transumanistas se fundamenta sobre uma interpretação muito

---

163 Cf. Céline LAFONTAINE, *La Société Postmortelle*, op. cit.

164 Cf.Max MORE, *Principles of Extropy*, 1990-2003. http://extropy.org/principles.htm A citação acima vem de Marina MAESTRUTTI, *Les Imaginaires des Nanotechnologies*, op. cit, capítulo 8.

caprichosa do ideal da perfectibilidade da Renascença e do Século das Luzes. Longe de procurar o progresso moral ou social da humanidade, graças às luzes da razão, eles pretendem "aumentar" o indivíduo e ultrapassar a espécie humana graças às tecnologias.

A técnica biologizada

O programa de transformação do ser humano pela técnica é, muitas vezes, referida à formula de Norbert Wiener, de 1954: "Modificamos tão radicalmente o nosso meio ambiente que devemos agora modificarmo-nos a fim de passarmos a existir num novo meio ambiente".[165] A internalização das técnicas anunciaria, portanto, essa nova era: depois de ter transformado o meio, as técnicas transformam o próprio ser humano.

A ideia de uma reversão faz sentido num quadro de uma interpretação precisa da técnica como necessidade vital. Paremos um instante e consideremos a concepção clássica de técnica como processo biológico de adaptação ao meio, a fim de termos com mais clareza a medida dessa reversão que se opera pelas tecnociências.

A interpretação biologizante da técnica é muito antiga e precede às teorias da evolução. É ela que inspira os primeiros filósofos da técnica. O alemão Enst Kapp (1808-1896), autor de *Princípios de uma* "filosofia da técnica", em 1877, apresenta os instrumentos como sendo "projeção de órgãos".[166] Como chama a atenção, Grégoire Chamayou, no prefácio da tradução dessa obra para o francês, o instrumento prolonga o órgão através da replicação de sua forma: "O martelo, como todo instrumento primitivo, é uma projeção de um órgão

---

165 Cf. Norbert WIENER, *Cybernétique et Société*, op.cit., p. 56; citado também por Céline LAFONTAINE, *La Société Postmortelle*, op. cit., p. 163.

166 Cf. Ernst KAPP, *Grundlinien einer Philosophie der Technik*. 1877. Tradução francesa: *Principes d'une Philosophie de la Technique*. Paris: Vrin, 2007.

ou a reforma mecânica de uma forma de órgão que (...) permite ao ser humano ampliar a força de seu braço graças à habilidade de sua mão".[167] Kapp vincula o instrumento ao corpo por um tríplice vínculo: ele prolonga o corpo, imita a forma de um órgão e, por fim, aumenta a potência do indivíduo. De seu ponto de vista, o progresso das técnicas se traduz por uma melhoria no manejo dos instrumentos, conduzindo assim a uma continuidade cada vez mais marcada entre o órgão e o instrumento. Assim, a evolução técnica vai no sentido de uma integração cada vez maior integrando artefatos e organismos, formando um ciborgue *avant la lettre*.[168] Contrariamente ao moderno ciborgue, o ser humano *instrumentado* de Kapp não é realmente um híbrido no plano ontológico. Mas no plano epistemológico, na ordem do conhecimento, ele não poderia compreender-se e chegar à consciência de si a não ser pela mediação dos artefatos.

A ideia de que a técnica é um processo vital de adaptação do ser humano ao seu meio ambiente foi desenvolvida, entre outros, por Henri Bersgon, no *L'Évolution Créatrice* (1907). Retomamos aqui, para o nosso objetivo, três de suas ideias principais.

Primeiro, Bergson não separa conhecimento de técnica, mas de um modo diverso de Kapp, ele considera os dois como produtos da inteligência, que é uma função vital, voltada para a ação e visando a "fabricação". "Todas as forças elementares da inteligência tendem a transformar a matéria em instrumento de ação, isto é, no sentido etimológico, em órgão".[169] A tecnociência, poder-se-ia dizer, ainda que anacronicamente, é a atividade por excelência da inteligência no sentido bergsoniano.

---

167 Cf. Ernst, KAPP, *Principes d'une Philosophie de la Technique*, op. cit., p. 83.

168 Sem buscar uma fusão entre os instrumentos e o organismo, Kapp desenvolve a ideia original segundo a qual o instrumento, uma vez que ele é uma projeção para o exterior de um órgão, explica o corpo e o torna inteligível. Ele é uma mediação necessária, uma passagem obrigatória, para o conhecimento de si. Cf. Grégoire CHAMAYOU, Preface. In KAPP, Ernest, *Principes D'une Philosophie de la Technique*, op. cit., p. 22-24. *Avant la Lettre* – fenômeno que ocorreria antes de sua elaboração conceitual ou da própria admissão de sua existência [NT].

169 Cf. Henri BERGSON, *L'Évolution Créatrice*, op. cit., p. 175.

Segundo, a técnica supre uma deficiência, uma falta de equipamentos humanos. Enquanto espécie viva, a humanidade não sobrevive senão graças à sua atividade *fabricadora*, uma vez que ela é biologicamente subequipada, mal armada. Na falta de instrumentos integrados ao corpo como em outros animais ou instinto para saber como utilizá-los, a espécie humana fabrica-os. Fazendo da necessidade uma virtude, desenvolve as capacidades da inteligência, da inventividade e da astúcia para fabricar e empregar instrumentos inorganizados. É por isso que o ser humano se define, antes de tudo, como *homo faber*.[170] Essa concepção da técnica está fundamentalmente associada à noção de finitude, limitação, consistindo na expressão de Alfred Nordmann, em "administrar limites", da condição humana e não explorar os possíveis, como o fez a vida em sua embrenhada evolução.[171]

Terceiro, sempre ancorando a técnica na dimensão biológica, Bergson distingue claramente os caminhos ou procedimentos seguidos por uma e pela outra. É por sua relação com a matéria que elas se diferenciam: a fabricação se exerce sobre a matéria bruta e, se por acaso, chegar a ocorrer sobre a matéria "organizada", a inteligência a trata como um sólido "inorganizado". O trabalho de fabricação é, desde o início, mais eficaz uma vez que ele dispõe de uma grande quantidade de matéria, enquanto o ato de organização requer somente seu mínimo.

---

170 Cf. Henri BERGSON, *L'Évolution Créatrice*, op. cit., p. 150. "Se pudéssemos nos despojar de todo o orgulho, escreve Bergson, se para definir a nossa espécie nós nos ativéssemos estritamente ao que a história e a pré-história nos apresentam como a característica constante do ser humano e da inteligência, não diríamos, até, *Homo sapiens*, mas *Homo faber*. Em definitivo, a inteligência, vista do ponto de vista do que parece ser a sua caminhada original, é a faculdade de fabricar objetos artificiais, em especial, instrumentos para fazer instrumentos e assim variar infinitamente a sua fabricação."

171 Cf. Alfred NORDMANN, *Noumenal technology: reflections on the incredible tininess of nano*. In SCHUMMER, Joachim – Davis BAIRD (Eds.), *Nanotechnology Challenges. Implications for Philosophy, Ethics and Society*. Singapura: World Scientific Publishing, 2006, p. 49-72; Material publicado também na revista *Technê*, 2005, 8(3), p. 3-23; Alfred NORDMANN, *Technology naturalized: a challenge to design for the human scale*. In VERMAAS, Pieter E. – Peter KORES – Andrew LIGHT – Steven A. MOORE (Eds.), *Philosophy and Design. From Engineering to Architecture*. Dordrecht: Springer, 2008, pp. 173-184

Do ponto de vista evolucionista, a associação ser humano e instrumento ou homem-máquina é então apresentada como uma necessidade vital, de tal modo que o destino do ser humano é vir a ser ciborgue. Mas esse enxerto necessário de complementos e suplementos é uma verdadeira hibridação, uma vez que ela se faz sobre o fundo de uma distinção radical entre o ser vivo e a máquina e não sobre uma sua assimilação, como para o ciborgue atual. A ação técnica do *homo faber* se inscreve na matéria, contrariamente à vida que tende a se libertar dela, buscando os mesmos fins, porém, por caminhos divergentes.

Podemos, portanto, propor múltiplas variações para a figura do ciborgue: ela não conduz necessariamente à identificação do homem com a máquina, e nem, inicialmente, a uma desmaterialização. Podem-se hibridar categorias de organismos e de máquinas sem aspirar à sua fusão, ou seja, fazer delas quimeras. Se seguirmos o pensamento de Bergson, a figura contemporânea do ciborgue não seria em si mesma subversiva, uma vez que, antropologicamente, todos somos ciborgues no sentido estrito, uma vez que não sobrevivemos senão graças às mediações técnicas.

Mas, o projeto levado adiante pela tecnociência é outro: ele consiste em liberar os seres humanos dos determinismos físicos e biológicos, a abrir o campo de possibilidade, a empurrar para mais longe os limites em vez de negociar com eles. De onde se segue uma tríplice reversão: depois de ter mudado o meio ambiente para adaptá-lo à nossa condição humana, modifica-se também a nossa natureza – organismo, tecidos, genes – para adaptá-la aos nossos projetos; e uma vez que parece que se nos escapa o controle do mundo, dos fluxos e dos climas, o ideal cartesiano de ser "como senhores e possuidores da natureza", parece se reportar sobre o corpo humano.

Inverte-se, nesse mesmo golpe, a perspectiva sobre a tecnociência. A noção comum e intuitiva evoca uma contaminação da ciência pela técnica. É necessário insistir sobre o efeito simétrico inverso da contaminação da técnica pela ciência ou, pelo menos, por uma certa concepção de ciência. O empreendimento de conquista que tende a afastar as fronteiras do conhecido, simbolizado por um mapa de

Vannevar Bush, estende-se sobre a técnica que, de administradora de nossos limites, torna-se uma tentativa de afastar indefinidamente as fronteiras. Enfim, a técnica imita o ser vivo em vez de se contentar em prolongá-lo. Não se trata de "fabricar", de tratar a matéria como um sólido organizado, mas antes, de reorganizá-la, de automodelar ou constituir para produzir de novo, a emergência.

9.
É o fim da natureza?

Nos anos 1980, quando começa a vulgarizar-se a expressão "tecnociência", a morte da natureza foi proclamada por pensadores de todos os cantos. O militante ambientalista americano William McKibben publicou *The End of Nature*, em 1989.[172] A poluição e o efeito estufa sinalizam, de seu ponto de vista, o desaparecimento da natureza como uma potência independente dos seres humanos. "Por fim da natureza entendo, escreve ele, não o fim do mundo, a chuva continuará a cair e o sol a brilhar, ainda que de modo diverso. Quando digo 'natureza' quero dizer o conjunto determinado de ideias humanas em relação ao mundo e ao lugar que ocupamos."[173]

Para esse autor, o desaparecimento da natureza significa a perda da alteridade, da independência em relação à ordem humana, que constituiria, em sua opinião, a significação profunda desse conceito.[174] Alguns anos antes, as feministas já tinham entrado nesse concerto: em 1980, numa obra chamada *The Death of Nature*, a historiadora das ciências, americana, Carolyn Merchant situava a morte da natureza na revolução científica que já teria matado há quatrocentos anos, a visão orgânica holística, feminina, da natureza como cosmos, em proveito de uma visão mecânica da natureza como máquina.[175]

---

172 Cf. William McKibben, *The End of Nature*. New York: Random House, 1989.

173 Cf. William McKibben, *The End of Nature*, op. cit., p. 7.

174 Cf. William McKibben, *The End of Nature*, op. tic., pp. 64-96.

175 Cf. Carolyn Merchant, *The Death of Nature*. Women Ecology and the Scientific Revolution. New York: Harper Collins, 1980.

Um clichê da pós-modernidade

O desaparecimento da natureza é também um tema favorito dos teóricos do pós-modernismo, que veem na natureza uma criação do espírito moderno, uma construção de discurso a serviço dos projetos mais variados, desde os mais românticos até os mais conquistadores. A tentação de "sacralizar"[176] as paisagens e a vida selvagem muitas vezes foi inspirada na imagem mítica de uma natureza virgem, intocada pelo ser humano, que em nada corresponde com a realidade, sendo um mito que não tem mais nenhuma garantia. Também, o termo "natureza" desapareceu do vocabulário dos movimentos ecológicos com a preferência do termo meio ambiente, ou simplesmente, ambiente. Como realça Leo Marx, historiador da cultura americano, o termo "meio ambiente" marca uma ruptura com a imagem de natureza como "a Outra", uma vez que o que nos "ambienta", é, em grande parte produto de ações humanas ao longo dos séculos e mesmo de milênios.[177] Essa mudança de vocabulário, acrescenta Leo Marx, corresponde ao cuidado pela responsabilização para sensibilizar pelos danos da indústria humana sobre a natureza, na medida em que a visão da natureza como potência selvagem (*wilderness*), que seria bastante popular nos Estados Unidos, promoveu comportamentos de conquista irresponsáveis: essa pretensa terra virgem era habitada pelos índios que a consideravam como sua.

Na vida cotidiana, a ideia do desaparecimento da natureza vem geralmente acompanhada do sentimento da irresistível ascensão dos artesãos que parece que se substituem aos produtos da natureza em todos os domínios: *habitat*, móveis, alimentos, comunicação, procriação, etc. A artificialização se estende, a propósito, para além

176 O termo original é sanctuariser – tornar a natureza um santuário; preferimos um termo "sacralizar" com conotação bem próxima [NT].

177 Cf. Leo MARX, The Idea of nature in America. Daedalus, 2008, 137(2), pp. 8-21.

dos domínios tradicionais do mecânico e do químico indo até as últimas partículas do ser vivo e da matéria. As biotecnologias transformam a célula em uma "fábrica estranha" onde coexistem diversos dispositivos e máquinas bastantes heteróclitas: motor (ATP - para a sintase), cadeias de montagem (ribossomos), fotocopiadores (polimerases), rolos compressores (proteases) e muitos outros aparelhos. As nanotecnologias transformam os constituintes da matéria – moléculas, átomos, elétrons - em máquinas ou dispositivos capazes de realizar tarefas bem específicas: um motor, uma roda, um carrinho de mão e uma calculadora.[178] Alguns estudiosos de nanomáquinas falam, por outro lado, de "tecnomimetismo". Tendo toda uma série de exemplos como sustentação, pode-se, facilmente, convencer que as novas tecnologias desafiam as referências nostálgicas do senso comum quanto ao que é natural.

Longe de serem simples meios em vista de realizar um fim, de serem simples servidores, as máquinas tornaram-se modelos, ideais de perfeição. Esse "retorno" é descrito de um modo fino desde os anos 1950 pelo filósofo alemão Günther Anders (1902-1992) e suscita o que ele chama de "vergonha prometéica".[179] São tão admiráveis e desejáveis os feitos das máquinas que os seres humanos ficaram até orgulhosos. Mas, dadas as condições de produção (trabalhando em frangalhos) foi, antes, um sentimento de vergonha que prevaleceu na comparação dos produtos e de seu fabricante: os humanos se julgam inferiores a seus "artífices", eles têm vergonha de serem gerados e, por fim, fabricados. Melhor que isso, eles desejariam ser máquinas capazes de memorizar, e calcular. A humilhação do ser humano diante da potência dos instrumentos e dos sistemas tecnológicos que

---

178 Cf. Christian Joachim, *Sous le microscope du philosophe*. In Bensaude-Vincent, Bernadette – Raphaël Larrère – Vanessa Nurock (Eds.), Bionano-éthique. *Perspectives critiques sur les bionanotechnologies*. Paris: Vuibert, 2008, pp. 71-76.

179 Cf. Günther Anders, *Die Antiquiertheit des Menschen. Über die Seele im Zeitalter der zweiten industriellen Revolution.* Munich: C. H. Beck, 1956 (tradução francesa: *L'Obsolescence de L'homme*. Paris: Ivréa, 2001).

ele mesmo fabrica e que ultrapassam suas capacidades traduz-se pela aspiração em ser uma coisa, um produto da técnica, estandardizado, indefinitamente consertável graças às peças de reposição. A relação entre o artesão e o artefato se inverte: "Em sua vergonha prometéica, o ser humano prefere (...) a coisa fabricada ao fabricante, dando a ela um grau superior".[180] O nosso corpo não evoluiu quase nada desde a idade das cavernas, parece um velhote ultrapassado, obsoleto em vista do aperfeiçoamento contínuo das máquinas de calcular, computar e memorizar: o artefato é mais perfeito do que a natureza.

Natural/artificial: uma distinção pouco robusta

Na realidade, a fronteira ente o natural e o artificial parece cada vez mais difícil de ser traçada: o que é artificial e o que é natural em um milho geneticamente modificado ou em um animal clonado? Da árvore enxertada com uma variedade selecionada até a planta transgênica, a natureza foi gradualmente sendo modificada. Há continuidade, e não quebra. Do animal domesticado à cabra geneticamente modificada cujas mamas produzem teias de aranha, a continuidade já é menos evidente. Os animais e os vegetais que surgem da engenharia genética são claro, "feitos pelo ser humano", mas têm em si "esse princípio interno" da mudança que, desde Aristóteles, distingue o natural. É precisamente porque os OGM podem se reproduzir e se disseminar, pois conseguem escapar do controle de seus *designers*, que se receiam eventuais catástrofes ecológicas. Em resumo, as tecnociências parecem relegar aos museus da pré-história a antiga distinção entre natureza e artifício.

---

180 Cf. Günther Anders, *Die Antiquiertheit des Menschen*, p. 40.

Esse afastamento não é uma simples questão de ponto de vista: ela tem consequências bem concretas sobre os direitos de propriedade. Com efeito, os direitos de licença ou patente se estendem às invenções (domínio das técnicas) e não às descobertas (domínio da natureza). Quando as patentes visam recompensar o trabalho humano, elas se limitam aos produtos artificiais (tipicamente aos produtos de síntese), eles se estendem agora aos seres da natureza com a justificativa de que serão ou foram objeto de um tratamento humano. Toda a sequência do DNA extraída de seu meio natural é já patenteável. Na maior parte dos "cartórios" de patentes, em especial na Europa depois das disposições da Diretiva 98/44/CE, ela é tratada como uma molécula química inerte regida pelo direito de propriedade intelectual. Os organismos vivos, uma vez devedores de sequências genéticas, são bens apropriáveis. Os vegetais, que por longo tempo escaparam do sistema de patentes graças, especialmente, ao "certificado de obtenção vegetal" por ocasião da seleção, tornaram-se patenteáveis com as plantas transgênicas. Os animais também podem ser patenteados, como, por exemplo, a famosa ratazana transgênica da Harvard, que foi programada para produzir cânceres. Vemos, portanto, que o questionamento da fronteira entre o natural e o artificial tumultua bastante os fundamentos de nosso sistema.

E, portanto, a contestação da fronteira entre o natural e o artificial não é uma argumentação recente.[181] Desde suas antigas origens gregas, a natureza é um campo de controvérsias. Como sublinha o historiador das ciências britânico Geoffrey Lloyd, o conceito de natureza (ou *ζυσις* – *physis*) foi inventado pelos gregos e, aos poucos, foi enriquecido dentro de um jogo de controvérsias em que opunham tanto os médicos contra os arúspices como os sofistas contra os filósofos como Platão.[182] A *Physis* é, de acordo com Aristóteles, o princípio

181 Para uma visão histórica, veja-se Bernadette, Bensaude-Vincent – William R. Newman (Eds.), *The Artificial and the Natural. An Evolving Polarity.* Cambridge: MIT Press, 2007.

182 Cf. Geoffrey LLOYD, The Invention of Nature. In LLOYD, Geoffrey (Ed.), *Methods and Problems in Greek Science*. Cambridge: Cambridge University Press, 1991, pp. 417-434.

de produção de tudo o que nasce e se desenvolve segundo um princípio interno de mudança. O ser humano faz parte desse lugar ou meio tanto pela sua alma vegetativa quanto pela sua alma animal. O conceito grego inclui, portanto, o ser humano na ordem natural e implica, assim, a possibilidade de um conhecimento pela alma intelectiva. A natureza sendo quem apresenta um encadeamento de causas pode fazê-lo objeto de um conhecimento, de um *logos*. Ela fornece, além do mais, uma base estável sobre a qual se pode exercitar uma prática profissional ou uma arte. O conceito de *technê* se aplica à medicina, à política, à escultura e à arquitetura. É uma atividade profissional que requer habilidade, uma *expertise*. O caráter essencial e comum a todas essas atividades é sua finalidade, elas mobilizam meios em vista de um fim. A arte é sempre uma atividade orientada, intencional.

Para Aristóteles, a causa final é justamente a que justifica a analogia entre a arte e a natureza: "De um modo geral, a arte ou executa o que a natureza tem o poder de efetuar ou a imita. Se, então, as coisas artificiais são produzidas em vista de algum fim, as coisas naturais evidentemente também. Pois, tanto entre as coisas artificiais como entre as naturais, os consequentes e os antecedentes estão entre elas em uma mesma relação".[183] Aproximando totalmente a arte e a natureza uma vez que ambas ativam uma causa final, Aristóteles as distingue radicalmente no *Física II*: os seres de natureza têm um princípio interno de mudança que não está presente nas coisas de arte. Esses últimos imitam a natureza, mas não têm em si o princípio de sua produção. "Um ser humano nasce de um ser humano, mas, contestemos que um leito nasça de um leito".[184] Um leito, um punhal, uma estátua, ou uma casa não nascem de um leito, de um punhal, de uma estátua, ou de uma

Desde a sua origem grega, "natureza" é um conceito dual: ele se aplica a uma coisa ou ser em particular ("está na minha natureza"), mas designa igualmente uma ordem geral, um conjunto de fenômenos caracterizados pela sua regularidade.

183 Cf. ARISTÓTELES, *Éthique à Nicomaque*, VI, 4140a.

184 Cf. ARISTÓTELES, *Physique, II*, 193b.

casa, e sim de um projeto humano. A existência de objetos técnicos é dependente de um autor que os concebe ou imagina e realiza. A distinção é radical, ontológica.

Essa ideia é retomada na Idade Média para condenar a arte dos alquimistas e a dos mecânicos inventores de máquinas, quando uma questão moral ou teológica se *enxerta* sobre o tema aristotélico da arte como imitação da natureza. Nos debates escolásticos, a imitação é, com efeito, considerada como uma tentativa de fraude, de simulação. A conotação de "falso" associada à vontade de enganar, roubar, abusar da confiança suscita ataques. normalmente, contra a técnica. Esses movimentos antitécnica ancoram-se em suspeições: ou o outro artificial fabricado em laboratório é falso ou, então, ele é produto de causas sobrenaturais que são um atentado à ordem divina. O artista é então ou um falsário ou um feiticeiro. Em nome de uma certa concepção de natureza como uma ordem imutável divina e da arte como imitação, as artes mecânicas e alquímicas foram assim condenadas.

Foi, entretanto, a controvérsia que conduziu à redefinição do conceito de natureza – como um conjunto de leis e de técnica – como domínio da natureza a serviço do ser humano. Graças aos esforços dos alquimistas e dos *mecânicos* para legitimar a arte contra os argumentos escolásticos, um novo conceito de técnica acabou por prevalecer: não mais como imitação da natureza, mas como seu prolongamento ou como uma atividade finalizada que passa pela mediação das causas eficientes naturais. No Século de Descartes, a natureza e o artifício não são mais ontologicamente diferentes: "É certo que todas as regras das mecânicas pertencem à física, de modo que todas as coisas que são artificiais são, assim, naturais".[185] Não há mais diferença entre as máquinas feitas pelos artesãos e os diversos corpos da natureza compostos somente por esta. Todos obedecem às leis da física. Claro, o artesão põe à prova seu *ingenium* (que dá *engenho*), sua astúcia, seu estratagema, mas a astúcia não vem conotada como

---

185 Cf. René DESCARTES, *Principes de la philosophie.* Paris: Éditions de Charles Adam et Paul Tannery, Léopold Cerf, 1896-1909. Reedição: Paris: Vrin, 1995, vol. 9, p. 203.

sendo uma ação moral. "Um mecanismo, escrevia o filósofo francês Georges Canguilhem (1904-1995), não cria nada e é nisso que consiste sua inércia (*in-ars*); mas ele não pode ser construído senão por arte e esta é uma astúcia ou ardil".[186] Assim, desaparece o interdito teológico: a arte não imita a natureza nem cria nada não natural, ela põe a natureza para trabalhar, a instrumentaliza a serviço do ser humano. Bacon, Descartes e Boyle não cessavam de enumerar razões boas e justas que conduzem o ser humano a se colocar como "senhor e dono" da natureza: aliviar as penas, reduzir os sofrimentos, aumentar o bem-estar. Para eles, a mecânica é um humanismo.

A "inexorável" *natureza* de Galileu e o divórcio entre homem e natureza

Todo historiador da ciência sabe qual foi o preço a ser pago para emancipar a técnica das proibições culturais e religiosas e para instaurar uma leitura matemática dos fenômenos naturais. A ciência nova – de Galileu, Descartes, Boyle e Newton – "desencanta o mundo" segundo Max Weber. Ela impõe uma visão do natural despojada de sentido, de finalidade e de providência. A natureza é um conjunto de leis submetidas a uma implacável necessidade, emanando em uma instância superior. Galileu vai mais longe declarando que a natureza é "surda e inexorável às nossas preces, e ela não se dispõe a alterar ou a mudar o encadeamento de seus efeitos"; ela não tem "obrigação alguma para com os seres humanos, não assinou nenhum acordo com eles".[187] Como o mostra o historiador das ciências

186 Cf. Georges Canguilhem, *Machine et organisme* [1947]. In Canguilhem, Georges, La connaissance de la vie. Paris: Vrin, 1971, p. 87.

187 Cf. Philippe Hamou, *La nature est inexorable. Pour une reconsidération de la contribution de Galilée au problème de la connaissance. Galilaeana*. Journal of Galilean Studies. 2006, 5, pp. 149-177.

Philippe Hamou, essa visão de uma natureza inexorável, estranha a nossos desejos e a nossos planos foi, também, elaborada no seio de uma controvérsia.[188] Tratava-se, para Galileu, de resgatar a leitura da natureza da autoridade das santas escrituras, isto é, da religião, bem como do decreto dos príncipes, ou seja, do poder político.

Além do mais, se a natureza, contrariamente à Bíblia, não foi escrita por nós numa língua que nos é familiar, se não está voltada para nós, devemos, para nos assegurar de sua legibilidade nos assegurar de um referencial, uma espécie de ponto de Arquimedes para servir de alavanca. O pressuposto de um ponto fixo, um referencial estável subestendendo-se a toda construção da ciência moderna, foi posto em evidência por Michel Serres. Mesmo se o sistema copernicano descentra a Terra, o *habitat* do ser humano, ele mantém um centro, um ponto fixo. Leis de movimento, equilíbrio dos líquidos, relógio, balança, máquinas simples, geometria algébrica, combinatória... tudo pressupõe um ponto fixo para servir de referência. "Como no mais das vezes, a astronomia é o maior modelo, onde se projetam a maior parte das coisas, 'tão grandes que nem podemos vê-las'. Assim, a ordem clássica, é o ponto fixo, a razão clássica é a ponderação de uma referência tranquila que avalia e torna concebível".[189]

Enfim, a invenção da natureza pela ciência moderna pressupõe que o ser humano se liberte dela. A Terra, seu *habitat*, torna-se uma simples amostra da matéria universal submetida às leis gerais implacáveis. A filósofa Hannah Arendt, (1906-1975) sustenta que foi necessário renunciar a visão de mundo antropocêntrica ou geocêntrica, mas, também, ultrapassar as aparências visíveis para eliminar todo germe antropomorfo na leitura do mundo.[190] A vontade de controlar a ordem

---

188 Cf. Philippe Hamou, *La nature est inexorable.*op.cit.,

189 Cf. Michel SERRES, *Point, plan (réseau, nuage)*. In SERRES, Michel, Hermes IV. La Distribution. Paris: Minuit, 1977, p. 21.

190 Cf. Hannah ARENDT, *La Conquête de l'espace el la dimension de l'homme* [1954]. In ARENDT, Hannah, La Crise de la culture. Paris: Gallimard, 1972, pp. 337-355.

escondida atrás das aparências sensíveis coloca o sujeito de saber fora da natureza. Claro, desde Kant, o real e a coisa em si são pensados como inacessíveis, mas resta pelo menos que o mundo construído pela ciência seja considerado como mais real que o mundo em que vivemos.

> *Para o estudioso, diz Arendt: "O homem não é mais que um observador do universo em suas múltiplas manifestações. O progresso da ciência moderna demonstrou com bastante força como esse universo observado – o infinitamente pequeno e o infinitamente grande – escapa não somente à percepção humana grosseira, mas, também, aos instrumentos mais formidavelmente engenhosos construídos para sua observação mais precisa".*[191]

Assim, a ciência moderna que surgiu de um processo chamado "revolução científica" conduz a incorporação do artifício na natureza, mas o ser humano se distancia. O universal construído pela ciência moderna está do lado de fora, o mundo sem os seres humanos. Michel Serres sublinha que esse distanciamento condiciona, às vezes, a autonomia, da política e do contrato social. O postulado de uma natureza não humana regida por leis, independente de convenções, coloca o pesquisador ao abrigo dos poderes temporais. A invenção histórica das ciências modernas é também a invenção da sociedade moderna. E Serres assinala claramente essa dupla invenção com a figura epônima de Galileu:

> *Galileu, o primeiro delimitador do terreno da natureza, afirma "isso pertence à ciência" e encontra pessoas muito simples que acreditam que isso não causa nenhuma consequência para os direitos positivos ou para as sociedades civis ancoradas sobre relações humanas. Ele funda a sociedade científica dando-lhe o seu direito de propriedade: nesse golpe, ele consolida, em profundidade, a sociedade moderna. O contrato de conhecimento se identifica com um novo contrato social. A natureza torna-se, então, o espaço global de onde a sociedade*

---

191 Cf. Hannah ARENDT, *La Conquête de l'espace el la dimension de l'homme*, p. 338.

ausente, onde o sábio julga e legisla, que ele controla e onde as leis positivas deixarão pouco a pouco mais tranquilos os técnicos e os industriais. (...) A natureza se encontra fora do coletivo".[192]

Essa postura antropológica se traduz na história das ciências, como no senso comum, por uma identificação entre a natureza e o real resistente, os "fatos brutos e cabeçudos" que fazem frente às hipóteses especulativas, às aspirações da razão.[193] Tão forte é a convicção de que a natureza exterior nos impõe seus dados que, na ciência experimental moderna, a palavra "artefato" assumiu um sentido bem preciso, geralmente pejorativo. Um artefato é um dado ou um resultado de medida que não é produzido por fenômenos naturais, mas pela manipulação humana. O experimentador é, nesse sentido, reconhecido como o responsável pelo "fato" que ele descreve. Mesmo se, literalmente, todos os fatos experimentais são artefatos no sentido em que eles são produtos realizados com a ajuda de dispositivos de observação e de medida destinados a "fazer com que nele fale" a natureza, admite-se geralmente, que eles são independentes dos dispositivos. Para que uma experiência prove algo, ela deve supor o que Bruno Latour chama de "recalcitrância" dos agentes não-humanos.[194] Ao contrário dos sujeitos humanos na experimentação em psicologia, psicossociologia ou ciências cognitivas, um elétron ou um neurônio não se deixa influenciar pelo dispositivo e não busca responder às expectativas do experimentador. O ideal da objetividade que anima a pesquisa científica há séculos é, realmente, eliminar todos os viés, evitando qualquer contaminação por "fatores humanos" – é o que o

192 Cf. Michel SERRES, *Le Contrat Naturel. Paris: François Bourin*, 1990, pp. 133-134.

193 A confrontação entre as aspirações do intelecto, a identificação e a resistência do real é o *leitmotiv* da filosofia do intelecto do filósofo francês de origem polonesa Émile Meyerson (1859-1933). Veja-se especialmente, Émile Meyerson, *Identité et réalité*. Paris: Payot, 1908.

194 Cf. Bruno LATOUR, *Politiques de la Nature. Comment Faire Entrer les Sciences en Démocratie*. Paris: *La Découverte*, 1999; STENGERS, Isabelle – Bernadette Bensaude-Vincent, *Cent Mots Pour Commencer à Penser les Sciences*. Paris: *Les Empêcheurs de Penser en Rond*, 2003, pp. 334.337.

filósofo americano Thomas Nagel e o historiador das ciências Lorraine Daston, um após o outro, caracterizam como "uma estrada para lugar algum".[195]

O divórcio instaurado entre a natureza e a natureza humana permite separar claramente o domínio da ciência – dos fatos, do descritivo – do domínio da moral – das regras, do normativo. Não há um problema ético senão onde o ser humano está implicado, ou a natureza foi esvaziada de toda preocupação humana. "Esta foi a glória da ciência moderna, afirma Arendt, de ser capaz de se libertar de todas as preocupações antropocêntricas, ou seja, autenticamente humanistas".[196] A ciência da natureza está além do bem e do mal; ela é amoral. E, veremos mais adiante, as implicações éticas dessa visão.

Essa "chamada" bastante sintética sobre a antropologia subjacente à ciência moderna foi necessária para testar a hipótese da "morte da natureza". A natureza como "a *Outra*", inexorável e mesmo recalcitrante, sucumbiu com a chegada das tecnociências?

---

195 Cf. Lorraine DASTON, *Objectivity and the Escape Form Perspective. Social Studies of Science*.1992, 22, pp. 597-618.

196 Cf. Hannah ARENDT, *La Conquête de L'espace el la Dimension de L'homme*, op. cit., p. 338.

10. A postura das tecnociências

Inegavelmente, as tecnociências mudam o modo de ver a natureza e de como tratá-la. Mesmo quando os objetivos da pesquisa são cognitivos e não práticos, – no sentido de voltado para aplicações práticas – as questões colocadas para a natureza mudaram. O "porquê" sucede o "como isto funciona". Não se trata mais de pesquisar a causa escondida dos fenômenos ou as aparências, nem mesmo de remeter um fenômeno particular a uma lei geral em conformidade com as normativas positivistas. A fim de precisar melhor a postura tecnocientífica, retomaremos aqui três traços principais: o foco colocado nas operações, a abolição da distância entre ser humano e natureza; e, por fim, a individuação dos objetos.

Os dispositivos operacionais

O operacionalismo é, muitas vezes, reconhecido como uma marca distintiva da tecnociência. Essa orientação anda de mãos dadas com a onipresença de instrumentos, aspecto realçado no Capítulo 3. Mais precisamente, trata-se de dispositivos, que se distingue do instrumento tradicional no sentido de que, além de executar operações, intervém ativamente sobre o mundo. O que o dispositivo apreende do fenômeno provém daquilo que nós "fazemos com que ele faça" com os diversos agentes. Como realça o filósofo canadense Ian Hacking, o nosso conhecimento dos elétrons e a nossa confiança em sua existência objetiva provêm de situações onde conseguimos "fazer com que eles fizessem" coisas.[197]

---

197 CF. Ian Hacking, Representing and Intervening. *Introductory Topics in the Philosophy of*

O dispositivo não visa representar a realidade objetiva, ele intervém sobre essa realidade e proporciona, assim, um resultado de tal intervenção. Observa-se, mede-se os efeitos dessas operações sobre o real. São testemunhas disso, hoje em dia, as técnicas das imagens. As imagens obtidas com microscópios de efeito túnel (STM),[198] por exemplo, não "representam" um átomo de xenônio ou de ouro. Elas procedem do movimento de um ponto fino que "varre" uma superfície e de um computador que reconstitui essa superfície após o registro da altura do ponto. A imagem visual que se observa sobre a tela resulta de uma intervenção ativa sobre a superfície que se está explorando com a produção de um túnel decorrente. O sucesso da técnica de imagens em todas as disciplinas científicas e o papel crescente do visual nas publicações científicas confirma a mudança do paradigma induzido pelas técnicas instrumentais. Com efeito, como adverte Lorraine Daston e Peter Galison, a imagem não tem mais a função de representar uma realidade exterior, não é mais uma mediação que se faz signo em relação a uma coisa: ela apresenta uma estrutura que é efeito de uma operação.[199] Gilbert Hottois já tinha chamado a atenção, em 1984, para o fato de quanto a ontologia se afasta das tecnociências:

> *Para o consenso operacional, a questão do real independentemente dado e da relação com a realidade não deve ser posta pelo físico. A física matemática e experimental (portanto, duplamente operatória) se limita a formular, sob forma matemática, o que acontece por ocasião de tal intervenção técnica. Ela se refere, portanto, unicamente*

Natural Science. Cambridge: Cambridge University Press, 1983 (tradução francesa: *Concevoir et expérimenter*. Paris: Chistian Bourgois, 1989).

198 O *Scanning Tunneling Miscroscope* tem em português várias traduções. A mais sintética como microscópio "a efeito túnel" ou "de efeito tunel" e as mais explicativas como "microscópio de tunelamento com varredura" [NT].

199 Cf. Lorraine DASTON – Peter Galison, *Objectivity*. New York: Zone Books, 2007.

aos procedimentos técnicos experimentais, à medida dos registros dos resultados das interações. A questão da quididade (o que, qual é a essência) lhe é totalmente estranha. Ela (pré) diz como as coisas que acontecem nessas condições (técnica e quantitativamente) determinadas. O físico sabe como transmutar a matéria, operar a fissão, mas a questão da natureza da matéria ou da energia não lhe é relevante. E quando ela é posta, gera uma resposta que confirma o operacionalismo: a matéria é o que é "operável", o operatório.[200]

O primado do operacionalismo manifesta-se também na evolução em curso, nas últimas décadas, na biologia, onde as questões levam essencialmente às operações ou às funções: o que isso faz? O que faz o quê? O que ativa e o que inibe? Por exemplo, as experiências de rotina em genética molecular consistem em suprimir um gene aqui e um gene ali para ver o que acontece. Induzem-se, a partir disso, os efeitos produzidos pela sequência que foi tirada sobre o funcionamento das células. É certo que esse tipo de investigação foi favorecida pela engenharia genética e pelas facilidades de se obter determinadas sequências. Os dispositivos técnicos desempenham um papel essencial para se compreender o funcionamento natural dos componentes da célula. O objetivo de tais pesquisas é construir um modelo e não uma teoria. O modelo não pretende descrever a estrutura e o funcionamento das partes na célula, mas o efeito das intervenções sobre uma molécula ou sobre ela. Ele pode ensejar, ao fim e ao cabo, a publicação de um belo ensaio não tendo a vocação de durar eternamente.

O filósofo quebequense (Quebec, Canadá) Olivier Clain que, do discurso de um programa de rádio analisou finamente as transformações espistemológicas induzidas pela tecnociência, a caracterizou também como um saber operacional num duplo sentido.[201] De um lado os conceitos são construídos por medidas: enquanto na ciência experi-

200 Cf. Gilbert HOTTOIS, *Le Signe et la Technique*. Paris: Aubier, 1984, pp. 68-69.

201 Cf. Olivier CLAIN, *L'Idéaltype de la Tecnociência* (transmissão no canal France 5, 1995).

mental moderna tinha se sujeitado às medidas à hipóteses teóricas, nas tecnociências as operações de medida definem os conceitos; as teorias não mais fornecem os princípios fundamentais, mas simples modelos. Por outro lado, a operação torna-se uma propriedade intrínseca do objeto que o define uma vez de sua origem (natural ou artificial) ou mesmo de sua estrutura. Clain situa a origem dessa postura operacional na cibernética dos anos 1940 (vejam-se os Capítulos 5 e 7). Essa ciência lógico-formal que visa calcular a informação necessária para provocar uma mudança de estado num sistema que se interessa, antes de tudo, pela operatividade. Quando as teorias dos sistemas se difundiram na biologia ou na economia, a operatividade tornou-se o ideal do discurso.

Mais uma vez, podemos ilustrar esse sentido da operatividade na biologia. De início apareceu a biologia dos sistemas que busca "modelar" as interações e as interdependências entre os elementos caracterizados isoladamente pela biologia molecular graças aos instrumentos da informática. Assim, devido a simulações, "fabrica-se" sistemas complexos, por exemplo, de células virtuais (*e-cells*) que permitem experimentos *in silico*.[202] A biologia sintética,[203] constituída no início dos anos 2000, completa o quadro: não se trata apenas de adaptar os sistemas biológicos naturais existentes para tarefas práticas bem precisas graças a modificações de seu genoma (prática comum com os OGM), mas de fabricar novamente[204] genomas para colecionar como "biotijolos" estandardizados, que são, em seguida, reunidos como se fossem peças de *Lego*. Esse caminho *bottom-up* (ascendente) deveria permitir construir células e sistemas que se auto-organizam imitando os sistemas vivos. Outro objetivo da biologia sintética é o de fabricar um genoma mínimo de micróbios

202 Em latim no original: no silício, referindo-se ao *hardware* [NT].

203 Cf. Joël De Rosnay, *Biologie de Synthèse, Expériences et Défis Pour L'humanité*. Transversales Sciences & Culture, 2004 (13 de dezembro); Antoine Danchin, *Saurons-nous Construire Une Bactérie Synthétique?* Médicine/Sciences, 2008, 24, pp. 533-540.

204 Em latim, no original, dando a ideia de que aquela entidade não existia até então [NT].

ou de bactérias para a determinação das condições mínimas para a existência da vida. Mesmo quando a biologia sintética fixa para si um desafio cognitivo, é, através da abordagem do engenheiro, da fabricação ou da bricolagem de sequências genômicas, que se procede. No mais, os "biotijolos" não têm acesso à existência senão a partir do fato de que sejam operacionais, que façam com que algo sirva para alguma coisa no procedimento ou no dispositivo.

Os sujeitos imersos

A tecnociência muda a relação entre natureza, objeto de saber e seres humanos, sujeitos de saber. A distância estabelecida pela ciência moderna tinha sido severamente reduzida pelo darwinismo. Se Darwin fez história causando escândalo foi porque colocou o ser humano em seu lugar na natureza, porque naturalizou o ser humano e suas técnicas. Mas, as práticas das tecnociências produzem um efeito ainda mais radical, que Alfred Nordmann descreve como "supressão da distância", acentuando o contraste entre as filosofias que acompanham a ciência moderna e a que subjaz à tecnociência.[205]

Na epistemologia ainda dominante no século XX – pós-kantiana ou positivista – busca-se representar a natureza exterior admitindo plenamente que as nossas representações sejam construções que não refletem o real, que nos é inacessível. A consciência de nossos limites e a inacessibilidade são primordiais. É por isso que os modelos são sempre aproximativos e simplificadores, mas não são indiferentes ao real. Ao contrário, a tecnociência é indiferente à realidade

205 Cf. Alfred NORDMANN, *Collapse of Distance: Epistemic Strategies of Sciences and Technoscience*. Danish Yearbook of Philosophy, 2006, 41, pp. 7-34.

externa. Fabricam-se modelos que se apresentam como "substitutos animados" da natureza exterior. Sobre a tela do computador, a imagem que visualiza os resultados das medidas efetivas não se impõe com mais força e nem autoridade que a imagem resultante de uma simulação informática. A animação até mesmo em vídeo parece mais real que a verdadeira. As imagens não remetem a uma realidade (externa), a um exterior que elas representariam de um modo mais ou menos esquemático, elas são autorreferenciais. Quanto às estruturas algoritimicas que permitem construir um sistema e de evolução, elas acontecem na natureza e assim permitem compreender os fenômenos.

O modelo não é mais um espelho deformador, mas um substituto. Ele assume o lugar do real. Assim chegamos aos animais-modelos: o "rato-câncer" da Harvard, programado para "fazer" cânceres, é um artefato (e como tal candidato a ser patenteado) que não representa o câncer humano, mas mimetiza e simboliza todo o processo da progressão da doença (sofrimento, tratamento e cura). Nordmann, citanto Hataway, afirma que é uma espécie de "boneca-vudu" que encarna os poderes do câncer. Se Nordmann fala de animismo a propósito da tecnociência, é porque o objetivo não é mais o de observar nem de compreender a natureza, mas de observar os efeitos de nossa intervenção técnica sobre ela. Passou-se da postura de um expectador, exterior ao mundo, que buscava uma objetividade ideal, da uma "visão de parte alguma", para a postura do pesquisador imerso no mundo a ser decifrado. Equipado com instrumentos – visualização e manipulação – ele vai para todos os lugares, para as paisagens distantes no infinitamente grande ao infinitamente pequeno.

Os objetos individualizados

O estatuto do objeto agora é diferente. Enquanto a ciência moderna visa penetrar a ordem de um conjunto regrado por leis gerais em que cada ser particular se constitui num espécime ou amostra, a tecnociência isola as entidades individuais. A individuação dos objetos se manifesta nas nanotecnologias, onde se trabalha com uma molécula única graças ao microscópio a efeito túnel (STM). Essa abordagem da matéria se distingue menos pela escala nanométrica (bilionésimo de metro), ou mesmo pela engenharia molecular, e mais por um novo olhar voltado sobre os constituintes da matéria naquela escala.

Há séculos, os alquimistas, para o bem e para o mal, colocaram as moléculas para trabalhar, "explodindo" e controlando os processos e as operações. Porém, se voltam para "populações" de moléculas e sabem até mesmo com grande habilidade, tirar proveito de suas interações e de seus comportamentos coletivos. Mas, ao contrário disso, os pesquisadores que trabalham na eletrônica molecular buscam isolar individualmente o átomo ou a molécula suscetível de efetuar tal qual função – deslocar-se, calcular etc. – num dispositivo. O ideal é obter uma molécula única para uma função: molécula motora, molécula díodo, molécula roda etc. Interage-se com uma molécula no singular, que passa a ser caracterizada por aquilo que ela faz.

Christian Joachim, que dirige o grupo de pesquisa em nanociência do laboratório CEMES-CNRS[206] em Toulouse, descreve assim o seu trabalho:

> *Nós nos interessamos, claro, por esse monte de átomos ali, e não com este aqui ao lado. No caso em que o processo de fabricação nos apresenta milhões de átamos parecidos, nós os individualizamos. Esse átomo, essa molécula é o sujeito de nossa experiência. O díodo de Aviram é só uma molécula, não mais um elemento intercambiável no nível das experiências. Eis o que açambarca, de nosso ponto de vista, o prefixo "nano", que não podemos confundir com "micro". Louis de Broglie, em sua classificação da física dos anos 1970,*

206 *Centre d'Élaboration des Matériaux et d'Études Structurales* ligado ao *Centre National de Recherche Scientifiques*. Tem por objetivo a fabricação, a compreensão e a modelação da matéria em escala atômica [NT].

> *definia a microfísica como uma física praticada sobre uma classe de equivalência de objetos, sem acesso possível a um indivíduo da classe. O processo intelectual de esquematização fazia o resto, a saber, confundir um elemento de classe de equivalência com toda a classe. Os progressos da instrumentação permitem introduzir-se na classe de equivalência e de escolher o sujeito da experiência.*[207]

Os dispositivos técnicos como o microscópio de efeito túnel permitem, com efeito, interagir com a molécula individualizada. Entretanto, como assinala Joachim, "não é mais a amostra que se adapta a uma técnica de medida já existente, mas o inverso: o instrumento de medida se adapta à extensão do objeto sobre o qual se quer estabelecer uma medida".[208] A jovem filósofa Sacha Loeve descreve assim o processo de individuação ou de concretização das moléculas:

> *O objeto passa do modo "abstrato" – que é como uma teoria aplicada ou um caderno de anotações na qual uma função corresponde analiticamente a cada um dos componentes, e o objeto não seria mais que a soma de suas funções unitárias sem uma realidade individualizada – a um modo mais "concreto" (mas jamais totalmente concreto), onde o objeto integra os efeitos de seu funcionamento sobre o meio exterior em sua própria sistemática. O processo de concretização torna os efeitos indesejáveis e os limites externos em condições de funcionamento. É essa integração do meio nos esquemas de funcionamento que faz do objeto um indivíduo técnico.*[209]

---

207 Cf. Christian Joachim, *Sous le Microscope du Philosophe*, op. cit. pp. 71-72.

208 Cf. Christian JOACHIM – Laurence Plévert, *Nanoscience. La Revolution Invisible*. Paris: Seuil, 2008, p. 71.

209 Cf. Sacha Loeve, *Autour d'une définition des nanos. Comment articuler éthique et épistemologie?* In Bensaude-Vincent, Bernadette – Raphaël Larrère – Vanessa Nurock (Eds.), Bionano-éthique. *Perspectives Critiques Sur les Bionanotechnologies*. Paris: Vuibert, 2008, pp. 3-18. Do ponto de vista de Sacha Loeve, este trabalho de individuação justifica plenamente a designação de "nanotecnologias", ainda que as máquinas moleculares para o estudo sejam na maior parte dos casos, curiosidades de laboratórios, sem perspectiva de uso a curto prazo.

Esse trabalho de individuação-concretização passando pela mediação técnica caracteriza a tecnociência como uma abordagem singular. Cada objeto tem uma individualidade definida não por sua forma ou estrutura, mas pelas operações que realiza. A atenção às singularidades não significa que o objeto seja único. Ao contrário, o ideal seria a estandardização, permitindo fabricar indivíduos e estocá-los numa "biblioteca", para serem utilizados em projetos técnicos ou médicos. Assim, fabrica-se "de baixo para cima" milhares de moléculas prontas para serem empregadas, que passam a ser colecionadas em "bibliotecas" de moléculas para serem combinadas de diversos modos ou colocá-las em ação em dispositivos farmacêuticos. Assim, armazenam-se células-tronco em bio-bancos e fabricam-se biotijolos estandardizados para serem distribuídos como peças de reposição intercambiáveis.

Estandardizado ou não, o objeto individual muda a relação epistemológica com a natureza. Em seu jargão, os nanofísicos "apresentam-se" a uma molécula sob a "ponta de foco" do STM. Eles se dirigem a ela através de uma "conversa", onde ela obedece às leis gerais da física, podendo mostrar-se recalcitrante e recusar fazer o que se pede, como o caso da "carriola molecular" de Joachim. Porém, o trabalho de individuação não é por isso menos dialógico que entre duas outras individualidades.

Um objeto individualizado não é, portanto, separável dos dispositivos técnicos que os engendram. A molécula "contatada" pelo microscópio de efeito túnel é conhecida por nós somente como efeito induzido pela sua interação com a ponta do microscópio. Contrariamente ao que nos podem fazer crer as belas imagens produzidas por dispositivos de microscopia de "campo próximo", não são entidades da natureza que se observa na tela, mas objetos criados por um dispositivo técnico ao mesmo tempo material e computadorizado.

Loeve toma o termo tecnologia no sentido preciso que lhe dá o filósofo francês Gilbert Simondon (1924-1989): um objeto tecnológico não se define nem pela sua utilidade nem pelos seus usos, mas pelo processo de individuação que lhe dá um esquema de funcionamento coerente.

Os dispositivos técnicos que os pesquisadores apresentam como sendo instrumentos para responder às questões que eles se colocam têm na realidade o poder de modelar suas questões e seus postulados teóricos. Assim, por exemplo, os métodos automáticos e industriais de sequenciamento do genoma subverteram não somente as práticas dos biólogos, mas, também, seus objetivos de pesquisa. Trata-se, agora, de "cartografar" o genoma, obter sequências ou moléculas em grande número, constituir estoques e bancos de moléculas, de sequências, de células, de seres vivos em pedaços. Como na Casa de Salomão, sonhada por Francis Bacon, uma comunidade de pesquisadores atarefa-se em constituir coleções, mapas, atlas, herbários, bancos de informações. Revanche do ideal empirista baconiano da acumulação dos fatos sobre o ideal explicativo e dedutivo que "animava" a ciência no início do Século XX. Os instrumentos são agora menos destinados a submeter o real, as provas – para "administrar" provas – e mais envolvidos em armazenar, acumular dados.

Do mesmo modo, o horizonte teórico das neurociências foi profundamente transformado por possibilidades técnicas da imaginação ou mapeamento cerebral e implantação de eletrodos em miniatura, e, até mesmo, nanoeletrodos, no córtex. A estimulação elétrica profunda não abre novas perspectivas terapêuticas e militares: o estudo detalhado ou preciso de interfaces cérebro-máquina e a possibilidade de hibridação conduzem a novos modelos de cérebro e seu funcionamento.

Vemos, portanto, que na prática das tecnociências, a natureza não está morta, mas sim, redefinida. Perderam-se a alteridade ou a inexorabilidade, isto é, a distância em relação ao ser humano. A artificialização da natureza não é uma novidade radical. A ruptura, caso ela exista, deve ser buscada em outro lugar.

11. A natureza como horizonte de possibilidades

As declarações pós-modernistas a respeito da morte da natureza fundamentam-se sobre o postulado de sua definição consensual. Vimos como essa noção foi "confeccionada" pela cultura e pelas práticas técnicas ao longo de controvérsias. Se nos afastamos da visão de natureza como a Outra, forjada pelos fundadores da ciência moderna, isso não significa necessariamente sua morte.

Mostraremos neste capítulo que, longe de afastar-se, a natureza continua sendo uma referência que não pode ser deixada de lado. O polo da natureza não desaparece, mas sua significação muda. Antes de tudo, a natureza multiplica-se. Ela funciona como uma referência polissêmica, eminentemente plástica. Deixando de lado o domínio da nanotecnologia, a jovem pesquisadora australiana Fern Wickson elencou nove figuras diferentes na natureza.[210] Em vez de enumerar as múltiplas facetas recuperáveis no discurso e práticas das tecnociências, buscaremos aqui constituir uma linha de força, comum a todas essas figuras. A natureza não é mais um "dado" bruto e inexorável com o qual toda a ação técnica deve lidar, ela se define como um campo de possibilidades. Ainda seria necessário acrescentar que se trata menos de um quadro com contornos precisos e mais de um horizonte.

---

210 Cf. Fern WICKSON, *Narratives of Nature and Nanotechnology. Nature Nanotechnology*. 2008 (3 de junho), pp. 313-315.

Licença de agir: os nanotecnólogos adoram a natureza

Na epistemologia tradicional, a natureza apresentava-se como aquilo que resiste às aspirações da razão à unidade ou à identidade; limitando a empresa humana. Observa-se hoje em dia uma total inversão dessa oposição, em especial, quanto à articulação entre biotecnologias e nanotecnologias. "*Bio is nano*", essa fórmula se estende por baixo de toda a argumentação do livro já citado de Eric K. Drexler – *Engins de création* (1986). Seu objetivo é demonstrar a possibilidade física de uma manufatura molecular, construindo peça por peça, átomo por átomo, ou, pelo menos, molécula por molécula; formando artefatos de modo econômico e adequado, sem restos ou subprodutos. Essa tecnoutopia fundamenta-se explicitamente sobre um retorno à natureza. Uma vez que o ser vivo opera átomo por átomo e os ribossomos são capazes de alocar e "montar" os átomos, então podemos conceber algo como montadoras universais – uma espécie de nano-robôs, que organizarão os átomos como o fazem os ribossomos. Assim, pensa Drexler ter demonstrado a possibilidade física de uma manufatura procedendo de baixo para cima, arranjando átomos com a ajuda de nano-robôs, como as crianças constroem edifícios com "Lego".

Esse apelo à natureza foi o motivo que chamou a atenção de Drexler para a famosa conferência de Feynman. O raciocínio subjacente à injunção *There is plenty of room at the bottom* (há muito espaço embaixo) seria o seguinte: uma vez que a dupla hélice de DNA encerra nas moléculas uma enorme quantidade de informações, seria então fisicamente possível. Esse tipo de raciocínio repousa sobre o postulado de que o que a natureza faz , as técnicas humanas também podem fazer. O acento está colocado sobre o possível e não sobre o impossível, sobre as incríveis proezas que realiza a natureza. O argumento apresentado por Drexler suscitou "quentes" rações da parte de cientistas habituados a negociar com potencialidades e limites impostos pela natureza.

Foi assim que em 2001, o americano Richard Smalley (1943-2005), prêmio Nobel de química em 1999, criticou acerbamente o projeto de Drexler, em nome das leis da natureza que operam em escala nano.[211] Ele invocava, primeiramente, a condição do contato necessário dos reagentes para que se operasse uma reação química: para deslocar e posicionar átomos um por um, seria necessário "braços moleculares" que ocupariam todo o espaço e impediriam a aproximação dos átomos necessários à reação (argumento dos "dedos grossos"). Smalley objeta, em seguida, que é impossível manipular átomos individualmente, dada às forças que se exercem entre átomos vizinhos (argumento dos "dedos colantes"). Mesmo que ele tenha recorrido a uma metáfora antropomórfica imaginando-se que se manipulariam átomos como "dedos", é claro que Smalley invocava a natureza como uma limitação dos possíveis: ele opunha o princípio da realidade às especulações fantasiosas dos tecnoutopistas como Drexler. Smalley aderia sempre ao princípio fundamental da ciência moderna enunciado por Bacon, ao saber, "não se domina a natureza, senão obedecendo-a".

Mais precisamente no debate em torno das tecnociências, não temos mais as leis gerais regendo o Céu e a Terra que definem o que é fisicamente possível. Invoca-se, ao contrário, exemplos singulares – DNA, ribossomos etc. – que "testemunham" potencialidades escondidas. Ora, esse procedimento que vai do singular ao singular, seleciona, na maioria das vezes, elementos dos seres vivos. Aqui, observamos uma dupla redução: o natural é o biológico (com certa indiferença para com o mineral), o ser vivo é uma organização de peças isoladas ou de dispositivos geniais, mais que uma totalidade.

---

211 CF. Richard Smalley, *Of chemistry, love and nanobots. How soon will we see the nanometer-scale robots envisaged by K. Eric Drexler and other molecular nanotechnologists? The simple answer is never*. Scientific American, 2001, setembro, pp. 76-77.

A natureza aqui invocada como a que "autoriza" um projeto técnico num duplo sentido: ela torna efetivamente possível e dá a permissão de fazer; se a natureza faz, o ser humano pode replicar. Asssim, o ser vivo age como uma instância de legitimação: nos debates sobre a bionanotecnologias esse argumento é muitas vezes utilizado para calar as objeções. Ele visa dar garantias ao público e facilitar a aceitação das inovações que chegam ao mercado através da sugestão de sua inocuidade. A invocação da natureza desempenha aqui o mesmo papel da publicidade de marcas. Por exemplo, em 2004, uma brochura publicada pela *Commission européenne* proclamava que "os nanotecnólogos adoram a natureza" e que as "nanotecnologias têm por base a natureza pura".[212] A intenção é clara, mas o raciocínio repousa sobre uma premissa tácita que é, no mínimo, discutível, a saber, que o que a natureza faz é necessariamente bom para o ser humano. Esse pressuposto implícito mostra a natureza como uma potência inexorável indiferente ao ser humano, que já deixou o campo cultural "ocidental".

Drexler vai mais longe quanto aos poderes conferidos à natureza: não contente em deslocar a possibilidade física para a possibilidade moral, do fato ao direito, ele argumenta que a natureza nos impôs um dever de fazer. Depois de ter lembrado a biologia molecular para provar a viabilidade de uma manufatura molecular, ele encadeia um segundo argumento: já que uma manufatura é possível, não temos mais o direito de não colocar tudo em ação para realizá-lo, mesmo que não disponhamos, ainda, de todos os meios concretos para sua realização. Em resumo, a natureza antecipa-se sobre a técnica e dá as devidas orientações. O trabalho de antecipação, mobilizando simulações por computador e diversos algoritmos, torna-se parte integrante da caminhada tecnocientífica. É nisso que consiste, na opinião de Drexler, a dimensão científica das nanotecnologias: ele vê aqui uma "ciência teórica aplicada", que utiliza

212 Cf. EUROPEAN COMMISSION, Nanotechnology. *Innovation for Tomorrow's World*. Bruxelles: 2004.

todos os meios científicos à disposição para fazer uma concepção que já foi antecipada.[213]

Modelo ou anti-modelo?

Passemos agora dos discursos oficiais – mais ou menos promocionais – para as práticas de pesquisas. A distância entre os dois, vista na primeira parte, poderia muito bem ser um traço dominante das tecnociências, pelo menos em seu estado atual. Importa, portanto, observar a separação que acontece nos laboratórios.

As práticas chamadas de *rational design* (projeto racional) parecem confirmar a tese da morte da natureza. Nascidas da concepção assistida por computador, de algoritmos e de simulações, esses métodos são postos em ação na inovação farmacêutica, por exemplo, para inventar moleculas que apresentem funções requeridas. Elas derivam da química computacional que *projeta* as moléculas *ab initio* e permite prever a mecânica molecular. "Agora, vocês podem saber se um novo composto funcionará direito antes que ele seja feito" proclama a publicidade de uma firma britânica, a *Proteus Molecular Design.* Nesse caso, existem certas leis gerais de base e propriedades dos átomos que definem os campos das possibilidades. Mas somente a simulação por computador permite, por exemplo, prever o comportamento de moléculas individuais e a sua interação com uma proteína colocada como objetivo. Pode-se, graças a alguns modelos, simular comportamentos de grandes sistemas em escala industrial. A concepção acontece na tela do computador de tal modo que se faz economia da modorrenta e custosa "cozinha" de síntese. Trabalha-se no virtual. A realização propriamente dita das entidades materiais

213 Cf. Eric K. DREXLER, Nanosystems. *Molecular Machinery, Manufacturing and Computation.* New York: John Wiley & Sons, 1992, p. 17.

e que vão operar no meio ambiente natural torna-se facultativa. O projeto não requer um mínimo de interação entre a natureza e os seres humanos ou suas máquinas. Basta conceber um algoritmo e fazer com que ele faça uma realidade virtual, *via hardware* do computador. A natureza continua sendo, entretanto, uma referência contornável na medida em que a ambição desses "alquimistas virtuais" é corrigir e melhorar. Trata-se, a propósito, para alguns, de refazer o mundo real com modelos racionais.

Os antípodas da química computacional e do *racional design*, os outros químicos apaixonam-se pelos desafios da síntese de moléculas bizarras ou complicadas: é uma espécie de exercício virtuoso, um trabalho de artista com vocação para a heurística, uma vez que aqui se aprende técnicas, manejo as astúcias, sem ter em mente aplicações eventuais dessas criaturas de laboratório. Aborda-se, então, o verdadeiro mundo da tecnociência, no sentido preciso em que a aquisição do saber passa pelo domínio da técnica. Mas, a natureza não está nem de longe ausente dessas maravilhas artísticas.

Por exemplo, uma equipe de químicos da Universidade Louis-Pasteur de Strasbourg, coordenada por Jean-Pierre Sauvage, elaborou, nos anos 1980, moléculas complexas que resultaram da interação entre moléculas orgânicas e "metais de transição".[214] Essas moléculas chamadas de "catenanos" por causas dos anéis encadeados e "rotaxanos" para aquelas que rodavam como uma roda, eram esplêndidas curiosidades de laboratório, levantando problemas interessantes para a química de coordenação. Em 1997, os químicos souberam que os biólogos acabavam de identificar nas células de organismos vivos um "motor molecular" rotativo assemelhando-se às "rotaxanos": a ATP-sintase, um "complexo protéico enzimático" cujo papel biológico é fundamental. Tal descoberta transformou a curiosidade do laboratório num modelo heurístico. Aqui, o análogo natural revela o potencial das criaturas da arte química.

214 Entrevista com Jean-Pierre Sauvage (Laboratório de química organo-mineral de Strasbourg) feita por Xavier Guchet e Sacha Loeve, em 17 de maio de 2006.

Um caso parecido é o da manipulação genética efetuada em 1990 nas petúnias para subexpressar uma enzima responsável pela pigmentação. Esse artefato bastante banal tomou um sentido totalmente diverso quando se compreendeu que o fenômeno em ação nesse organismo geneticamente modificado existia também na natureza. Nesse caso, a fabricação de um artifício produziu um fenômeno natural, a extinção da expressão de genes (fenômeno hoje chamado de *silencing*) e de alcance bastante geral, uma vez que intervém no controle epigenético na resistência de plantas a infecções virais.

Nos dois casos citados – rotaxanos e enzima da petúnia – a atenção voltada para objetos de laboratório metamorfoseou-se, a esse respeito, pela descoberta de que eles ilustram casos naturais. Através de suas manipulações, o pesquisador descobre com surpresa – e até mesmo maravilhado – de que são capazes os dispositivos naturais.

O "biomimetismo", ou os químicos na escola da natureza

Essa forma de confirmação do artefato pela natureza é, entretanto, bastante excepcional. Mais clássica é a situação simétrica onde os químicos se inspiram na natureza para fabricar artefatos. O "biomimetismo" não é uma novidade na longa história das técnicas, mas se renovou e teve intenso ganho de interesse depois dos anos 1970.[215] Paradoxalmente, foi a pesquisa *high-tech* que conduziu novos pesquisadores a voltar seu olhar para a natureza, dentro de uma lógica e inovação tecnológica até bastante clássica: a otimização da pesquisa, de altas performances, de densificação de funções sobre pouca matéria. A tecnologia de materiais compostos,

215 Cf. Steven VOGEL, *Cat's Paw's and Catapults. Mechanical Worlds of Nature and People*. New York: Norton, 1998.

associando em uma mesma estrutura elementos heterogêneos (orgânicos e minerais, metal e cerâmica etc.) foi muito vantajosa neste sentido.

No mundo do ser vivo, a propósito, o composto é a regra e a pureza é a exceção. A natureza não reduz impurezas, falhas, misturas complicadas ou até mesmo um pouco barrocas. É por isso que a cultura de compostos subitamente aproximou a sintética do natural. Os materiais compostos concebidos, sob medida, para uma aplicação bem precisa, em um meio bem específico, via a combinação otimizadora das propriedades dos diversos componentes utilizados em vista da realização de certas funções. Como os seus antecessores, os alquimistas, os químicos modernos imitam a natureza: ele vêm ali um engenheiro sem comparação, que teria inventado soluções otimizadas para seus problemas técnicos. Uma de suas fontes de inspiração foi as conchas, com algumas soluções espetaculares, em que uma das primeiras foi a elaboração de um material inspirado por um molusco, o haliote. Ainda que formado por componentes ruins, tais conchas apresentam um efeito extraordinário de resistência à ruptura: a microestrutura laminada, onde se alternam conchas ou camadas de carbonato de cálcio e conchas ou camadas de proteínas, como tijolo e argamassa, explicada pelos biólogos marinhos, inspirou engenheiros químicos.[216]

A pesquisa de materiais "multifuncionais" parece ter funcionado como um sinal desse "retorno à natureza" no próprio coração de uma cultura do artifício. Como a pele, os ossos e a madeira, os biomateriais se distinguem menos pelas suas performances recordes e mais pela sua polivalência: eles aliam funções que aparentemente são antagônicas,

---

216 O químico Ilhen Aksay, da Universidade de Princeton, que havia patenteado escudos com compostos de cerêmica e metal para ao Exército dos Estados Unidos, teve a ideia de criar um material mais resistente inspirando-se na estrutura do haliote. Cf. Mehmet, SArikaya – Ilhan A., Aksay (Eds.), Biomimetics. *Design and Processing of Materials. Woodbury*: AIP Press, 1995. Os biominerais não são a única fonte de inspiração:as folhas do nanúfer cuja superfície apresenta muitos pequenos relevos que impedem que fique molhada, inspiraram os vidros chamados de auto-limpantes; estão igualmente em estudo o tecido iridescente das asas das borboletas e a estrutura hexagonal de seus olhos. Cf. Clément SANCHEZ (Ed.), *Biomimétisme*. Paris: *Observatoire français des techniques avancées*, 2001, nº 25.

como ser barreira e ser condutor, isolamento e permeabilidade. Nossa visão contemporânea da natureza inverte totalmente a de Aristóteles, que falava da vantagem da natureza sobre a arte da cutelaria de Delphos, tendo por motivo que a natureza propunha uma estrutura para cada função, enquanto os artesãos não sabiam fabricar senão instrumentos polivalentes. Em todo o debate na era dos plásticos, permanece, ainda, essa imagem de rigidez e permanência que daria superioridade à madeira, à escama, ao marfim e à soja sobre as substâncias sintéticas. Mas, tais substitutos souberam conquistar um lugar na "cultura" a tal ponto que suas propriedades materiais – leveza, flexibilidade, plasticidade e transitoriedade – tornaram-se altamente valorizadas. Esses valores associados aos artífices acabam de ser redescobertos na natureza. Assim, num movimento de vai e vem como o de uma bola de tênis, a arte e a natureza se reconfiguram sem cessar e mutuamente.

Quando o *rational design* sustenta que a natureza seria um *bricoleur* (trabalhador manual) pouco confiável, para os químicos biomiméticos, a natureza é um "engenheiro" mais ou menos "faz tudo" que, na evolução, acabou por otimizar estruturas multifuncionais. De um modo mais exato, essas estruturas podem não ser otimizadas para manufaturas em grande escala, mas são *smart* (adequadas, inteligentes) porque são robustas. Os químicos americanos Stephen Mann e Robert Williams, coautores de um livro clássico sobre a biomineralização, chamam a atenção para o fato de que as estruturas são elaboradas como resposta a sinais exteriores, além de equipadas para resistir ao estresse gerado pelo meio ambiente.[217]

A atenção voltada para o vínculo estrutura e meio ambiente onde ela opera foi uma das maiores lições de tecnologia aprendida na biomimética contemporânea. Apresenta-se, às vezes, o biomimetismo como uma "transferência de tecnologia", isto é, da manufatura da natureza para a dos seres humanos. Essa "transferência" ancora-se me-

---

217 Cf. Stephen Mann – John WERBB – Robert J. P. WILLIAMS (Eds.), *Biomineralization, Chemical and Biological Perspectives*. Weinheim: VCH, 1989, p. 30.

nos sobre uma identificação da natureza com a técnica e mais sobre a sua distância. De início, o ser vivo não pode *funcionar* como modelo direto de estrutura senão quando a relação entre estrutura e propriedade tenha sido bem elucidada. Porém, não podemos simplesmente transpor as estruturas inventadas pelo ser vivo, mesmo quando elas nos parecem otimizadas, acabam por responder a limites ou exigências bem distantes dos limites tecnológicos. Tudo se opõe: a relação com o tempo, as matérias de base, "os cadernos de tarefas". Uma vez que elas são muito mais complexas e mesmo caprichosas para a produção industrial, não podemos verdadeiramente "emprestar" do ser vivo uma solução para um problema técnico. O mimetismo das estruturas naturais não deveria, portanto, ser pensado em termos de implantação direta de estruturas naturais nos artefatos, ele seria uma inspiração no sentido poético, isto é, a invenção de fórmulas originais a partir de um motivo que entra em ressonância com o pensamento.

Na fonte dessa inspiração, domina, hoje em dia, uma visão plástica da natureza. As estruturas rígidas altamente especializadas que são colocadas juntas ao longo de uma imensa cadeia de montagem pertencem à técnica dominada pela mecânica. A natureza, por seu turno, opera num ritmo lento, flexível, na agitação do movimento browniano, com poucos meios e à temperatura ambiente. Com os mesmos componentes de base, ela chega a criar estruturas com performances variáveis, estruturas multifuncionais e capazes de adaptar suas performances a um meio ambiente cambiante e, além do mais, de se autoconsertar.

Soft machines foi o título escolhido, em 2004, pelo físico britânico Richard Jones para descrever o funcionamento do ser vivo realçando o quanto ele está distanciado da manufatura molecular sonhada por Drexler.[218] Jones recupera três contrastes principais entre as máquinas humanas e as "máquinas delicadas" que operam no interior das células vivas: a) ao invés de canalizar a circulação de matéria por meios de tubos e dutos, os seres vivos lançam mão da agitação

218 Cf. Richard A. L. Jones, Richard, *Soft Machines. Nanotechnology and Life*. Oxford: Oxford University Press. 2004.

desordenada das moléculas devido ao movimento browniano; b) os sistemas vivos não utilizam estruturas moleculares rígidas como os químicos sintéticos, as proteínas são capazes de mudar de forma e de conformação; c) os limites em escala molecular diferem dos limites em escala macroscópica: a inércia é um parâmetro negligenciável no momento de interação de superfície – especialmente a viscosidade – torna-se parâmetro determinante.

Tão profundas são as diferenças entre a manufatura de Drexler e o organismo que temos o direito de nos espantar diante da manutenção da palavra "máquina" – mesmo associada ao adjetivo *soft*, *douce* ou delicada, para descrever o ser vivo em nível molecular. O termo parece claramente desapropriado se nos referimos à noção tradicional de máquina retomada por Georges Canguilhem: "Podemos definir máquina como uma construção artificial, obra do ser humano, cuja função essencial depende de mecanismos. Um mecanismo é uma configuração de sólidos em movimento tal que o movimento não desfaz a configuração".[219] As tecnociências se desenraizam do universo bergsoniano: não se opõe mais o flexível ao rígido, o fluido ao sólido, o vivo ao mecânico; nesse momento, repensa-se a máquina. A associação entre a máquina e o mecânico não funcionou, vemos que a associação entre máquina e programa (o modelo informático que emergiu da cibernética) está também em declínio. Um novo conceito de máquina está para surgir da interface da biotecnologia e da nanotecnologia e se definirá como um simples esquema funcional.[220]

---

219 Cf. Georges CANGUILHEM, *Machine et organisme*, op. cit., p. 102.

220 De repente, a filosofia de Simondon torna-se extremamente pertinente para pensar a nanotecnologia, como o demonstram Sacha Loeve e Xavier Gucher. Cf. Sacha, Loeve, Autour *d'une definition des nanos. Comment articuler éthique et épistemologie?* In Bensaude-Vincent, Bernadette – Raphaël Larrère – Vanessa Nurock (Eds.), Bionano-éthique. *Perspectives critiques sur les bionanotechnologies*. Paris: Vuibert, 2008, p. 3-17; Xavier Guchet, *Nature et artifice dans les nanotechnologies*. In Bensaude-Vincent, Bernadette – Raphaël Larrère – Vanessa Nurock (Eds.), *Bionano-éthique. Perspectives critiques sur les bionanotechnologies*. Paris: Vuibert, 2008, pp. 19-32.

É impressionante que neste vai e vem entre a arte e a natureza descobre sempre novas possibilidades. Na escola da natureza, a química faz-se "delicada" e descobre uma gama de potencialidades até agora negligenciadas: as interações fracas (ligações hidrogenadas, forças de Van Der Waals) tornam-se instrumentos privilegiados para formar super-moléculas interessantes. Na escola da natureza, os químicos descobrem um processo maravilhoso de construção que procede dos próprios elementos sem a intervenção externa, a automontagem. Nos seres vivos, as moléculas se reúnem por si mesmas em estruturas que apresentam propriedades diferentes de seus componentes graças ao arsenal das forças fracas. Os ribossomos e os vírus se formam espontaneamente no meio que contenha os elementos apropriados. Se chegarmos a compreender as forças em ação nos processos espontâneos em escala molecular, então, podemos, como o ser vivo, obter arranjos espontâneos em estruturas ordenadas e funcionais.

O percurso onde ciência e técnica caminham unidas, desfaz-se o papel tradicional do *designer* ou do que concebe um dispositivo ou uma máquina. Claro, todo artifício é uma construção de arte e de natureza, como já assinalava Descartes, mas o seu modelo "máquina" exigia a presença de um "espírito" exterior à natureza que seria capaz de conceber o mecanismo da máquina antes da execução. No ser vivo, ao contrário, não há projeto algum que seja impresso sobre a matéria. É debaixo da dinâmica interna das moléculas e de suas interações que emerge uma estrutura funcional. O químico de automontagem não faz outra coisa que deslanchar um processo espontâneo pela reunião das condições favoráveis. Ele não "concebeu" e depois fabricou uma máquina ou um dispositivo peça por peça, seu papel não é o de fabricante, mas o de um maestro de orquestra que se aproveita das interações entre os instrumentos, o de um piloto que guia o navio empurrado por forças naturais.

A natureza torna-se uma caixa de ferramentas

Ao lado oposto do biomimetismo, temos outra prática corrente hoje em dia, coroada de sucesso, que consiste em desviar os dispositivos que foram colocados ao longo da evolução biológica para fins técnicos a fim de fabricar dispositivos híbridos. A abordagem molecular do ser vivo tendo revelado "máquinas" ou dispositivos moleculares muito performativos, por que cansou-se em reinventá-los, por que não colocá-los a serviço como mediadores das manipulações genéticas para adaptá-las a nossos projetos? Em especial, uma vez que a dupla hélice de DNA é formada por dois fios capazes de se automontar, por que não utilizar esses "fios" para reunir peças de nanodispostivos? Eis, de algum modo, o nano-robô que sonhava Drexler. É especialmente pela concepção de nanocircuitos eletrônicos que o DNA parece promissor. Depois que em 2003, Erez Braun, biofísico na *Technion* em Haifa, utilizou a complementaridade de dois fios de DNA para fabricar um nanotransistor, um tipo de prática se vulgarizou e estendeu-se a outros tipos de dispositivos moleculares.

Estamos, aparentemente, dentro do mesmo paradigma da natureza-engenheira que subjaz às práticas biomiméticas, mas a relação é bem diferente. Nessa abordagem, os dispositivos astuciosos "inventados" pela evolução biológica são diretamente integrados aos dispositivos técnicos, desprezando-se a relação entre a estrutura e o meio. Steven Boxer, químico da universidade de Stanford que trabalha com proteínas transistores, resume assim a sua estratégia em 1991: "Uma vez que não podemos derrotá-los (os sistemas biomoleculares), decidimos associar-nos a eles".[221] Mas, trata-se realmente de uma associação na natureza com pro-

221 Citado no editorial *Exploiting the nanotechnology of life. Science*, 254, 1991 (29 de novembro), pp. 1308-1309.

jetos técnicos? Antes de uma parceria, essa proposta mais parece um estrangulamento da natureza.

Há muito tempo associa-se a natureza viva a nossos projetos técnicos. Aristóteles já considerava os "instrumentos animados" como fazendo parte integrante da "célula familiar". Domesticamos o cavalo para nosso trabalho e transporte, criamos e selecionamos vacas para nossa alimentação, exploramos florestas para estacas de minas e dormentes dos caminhos das estradas de ferro. Em todos os casos, abstraímos os sistemas viventes de seu meio natural e os desviamos de seus próprios fins para colocá-los a nosso serviço. No caso presente, a situação é, entretanto, profundamente diferente: não somente os sistemas vivos precisaram ser decompostos numa diversidade de estruturas funcionais isoladas de seu meio natural, mas, ainda mais, esses dispositivos moleculares tiveram que ser retrabalhados e transformados para se tornarem operacionais nos projetos técnicos.

O organismo ou o tecido é decomposto em unidades operacionais que são abstraídas de tudo que fazia um só corpo para serem reconfiguradas em um novo meio. Esse olhar "engenheiro" sobre o ser vivo é inseparável do desenvolvimento da biologia molecular e da biologia celular, isto é, de um longo trabalho de pesquisa experimental para observar as "máquinas" em funcionamento. Como assinala Canguilhem a propósito dos modelos máquina do ser vivo: "Não podemos concluir pelo uso, de uma forma e de uma estrutura do aparelho, senão depois de conhecermos o uso da máquina ou de máquinas análogas. É necessário, por isso, de início, ver funcionar a máquina para poder, depois, deduzir a função da estrutura".[222] A natureza torna-se, assim, uma caixa de ferramentas, uma loja de peças de reposição.

Isso não é uma simples metáfora, a biologia sintética ilustra bem esse novo olhar sobre a natureza pelo seu objetivo de modelar biotijolos independentes e estandardizados. A inspiração mecanicista desse modelo de organismo salta aos olhos no *site* do *Registry of Standard Biological Parts*, ilustrado com peças de

---

222 Cf. Georges CANGUILHEM, *Machine et organisme*, op. cit., p. 116.

"Lego" e rodas dentadas.[223] Mas, a inspiração "mecanicista" conjuga-se igualmente com o modelo informático, uma vez que a cada parte é atribuída uma função abstrata: detectar sinais, amplificação, filtro sonoro, etc. A biologia sintética fundamenta-se sobre o postulado segundo o qual se pode compor um organismo/módulo por vez , de maneiras estrutural e funcionalmente independentes, portanto, isoláveis. Ela rejuvenesce o velho modelo do organismo máquina em que cada parte estaria finalizada, mas fazendo a *economia* do relojoeiro, do *designer*, que concebeu a máquina em seu conjunto e finaliza as partes. A evolução cega "inventou" um arsenal de módulos ou esquemas funcionais que estão sendo disponibilizados graças aos biólogos sintéticos.

Ver a natureza como uma caixa de ferramentas não é somente uma construção mental destinada a permanecer abstrata e sem consequências: isso abre possibilidade de uma apropriação de seres naturais e patentes sobre seres vivos. Desde o momento em que as sequências genômicas são vistas como moléculas sintéticas – ou pelo menos manipuladas – e que lhe atribua uma função em particular, elas satisfazem os critérios fundamentais do direito de patente: invenção (e não descoberta) que útil.[224] Não nos admiramos, a partir disso, que a perspectiva de produzir unidades intercambiáveis para consertar tecidos ou organismos artificiais para cumprir diversas tarefas chame a atenção de investidores.[225] A *Microsoft*, a *Foundation Bill* e a *Melinda Gates* sustentam generosamente a *jovem biologia*. Em 2004, com dois colegas biólogos da Harvard, George Church fundou a empresa *Codon Devices* dotada de um capital de 20 milhões de dólares se tornando detentora de mais de cinquenta patentes. Do mesmo modo, Craig Venter, biólogo americano que já tinha tentado comercializar

---

223 Cf. <http://partsregistry.org/Main_Page>

224 Sobre os critérios de patenteamento e sua liberação, veja-se supra, o Capítulo 3.

225 Cf. Andrew Balmer – *Martin, Paul, Synthetic Biology. Social and Ethical Challenges*. Notthingham, 2008 (Relatório para *Biotechnology and Biological Sciences Research Council – BBSRC).*

as sequências do genoma humano, afirmava, em 2005, querer comercializar uma bactéria artificial para reduzir a dependência dos combustíveis fósseis: com o seu colega Hamilton Smith (prêmio Nobel de medicina em 1978) ele criou neste ano a empresa *Synthetic Genomics* para desenvolver o genoma mínimo para servir de base a muitas aplicações destinadas a responder aos desafios energéticos e ambientais.

As novas pedras filosofais

Como vimos a propósito do NBIC, Capítulo 5, a aposta das tecnociências repousa sobre o acesso aos "tijolos elementares". É porque se manipula as sequências dos genes que se pode ter como meta fabricar bactérias para compreender como elas se comportam para despoluir lugares contaminados. As tecnociências favoritas das políticas científicas, as que chamam mais a atenção e os investimentos com boas promessas, se propõem a acessar a isso que é último, para dispor de novas possibilidades. A natureza abre o reservatório de possibilidade com a condição de sua decomposição até suas últimas unidades: átomos, genes, neurônios etc. Não podemos falar a respeito de "reducionismo metodológico", isto é, de uma postura estratégica, heurística para avançar na pesquisa, o que não implicaria numa adesão metafísica. O reducionismo em ação nas tecnociências traz em si a convicção de que o acesso ao último abre o caminho a todas as possibilidades.

O último remete ao primitivo: as células-tronco embrionárias contém todos os futuros possíveis. Encontramos aqui uma intuição dos alquimistas que justificariam esperança de fabricar ouro em laboratório operando *per mínima*.[226] Do mesmo modo como os alquimistas pensavam em transformar chumbo em prata ou em ouro reduzindo

226 Em latim, no original: pelas menores partes [NT].

as misturas em *minima naturalia*,[227] os alquimistas modernos refazem o ser vivo depois de terem obtido as unidades mínimas. É necessário retomar o que o médico alemão Daniel Sennert (1572-1637) chamava de *reductio ad pristinum statum* – a redução ao estado primitivo – para recuperar o máximo das potencialidades. Os tijolos elementares, o estado primitivo autoriza todos os futuros.

Assim, as pesquisas sobre as células-tronco embrionárias são um pouco o paradigma de uma busca que fascina as tecnociências. As células são raras na maior parte dos tecidos, difíceis de serem isoladas e de serem purificadas. Mas, sua raridade contrasta com suas potencialidades. Elas têm o poder de se perpetuar pela autorrenovação e de gerar células maduras pela diferenciação.[228] Essas "células milagrosas" são o objeto de estudos intensivos, tanto na medicina curativa quanto na medicina regenerativa. Elas reanimam a esperança da cura do câncer, da reconstrução de tecidos, da regeneração do corpo humano. Elas são o coração da medicina curativa e regenerativa. Alguns vêm nisso a possibilidade de alongar a vida indefinidamente, uma promessa de imortalidade.

Disso decorre a importância crescente dos biobancos que estocam tecidos disponíveis para todo tipo de transplante ou regeneração em caso de danos. Em especial, depois dos anos 1990, florescem os bancos privados (estoque) de células de cordões umbilicais. As famílias que estão razoavelmente bem financeiramente depositam o cordão umbilical de seus neonatos em um tipo de seguro: trata-se de uma espécie de aposta no futuro, uma vez que as terapias de autotransplante ainda não estão maduras. Mas, o sucesso desse novo comércio revela como é forte a fé nas células milagrosas, a panaceia que garantirá a cada indivíduo a autorreparação, a autossuficiência e, aos que crêem nisso verdadeiramente, a imortalidade.

---

227 Em latim, no original: redução aos compontentes elementares naturais [NT].

228 Estas células, de início indiferenciadas e caracterizadas na hematopoiese nos ratos e nos seres humanos, são utilizadas para transplantes de medula óssea a fim de regenerar o tecido sanguíneo. O estudo de seu papel na gênese de cânceres deixa entrever a promessa de se dispor das mesmas para o objetivo de ações terapêuticas.

O sonho que anima as tecnociências é o de colocar a mão sobre o que é primitivo, anterior à diferenciação, à realização, aquilo repleto de possibilidades para poder regenerar os organismos, escapar dos estragos do tempo. Longe de afastar a natureza, essa busca visa controlar o estado nascente dela. Não se trata mais de simplesmente atacar as matérias primeiras (que têm a desagradável tendência de se esgotar), mas sim os processos naturais. É a *natura naturans*[229] – o processo, e não o resultado (*natura naturata*)[230] que os estudiosos se esforçam para colocar em ação. Como o demonstra Xavier Guchet em sua análise das relações entre a natureza e o artifício nas nanotecnologias, a focalização sobre o processo aplica-se tanto aos seres naturais quanto aos artefatos que se tornam dispositivos ou máquinas.[231]

A natureza parceira das aventuras tecnocientíficas torna-se plástica, no sentido que Roland Barthes dava a esse termo, como qualquer coisa quase imaterial, quase virtual, *concentrada* de todas as possibilidades. Tal é o objetivo para o qual convergem as tecnociências, o polo atrator da convergência é um sonho: a pura plasticidade, o horizonte indefinido de possibilidades.

---

229 Em latim, no original: a natureza criação de si mesma [NT].

230 Em latim, no original: a natureza constituída enquanto tal [NT].

231 Cf. Xavier Guchet, *Nature et artifice dans les nanotechnologies*. In Bensaude-Vincent, Bernadette – Raphaël Larrère – Vanessa Nurock (Eds.), *Bionano-éthique. Perspectives critiques sur les bionanotechnologies*. Paris: Vuibert, 2008, pp. 19-32. Guchet mostra que as nanotecnologias como o ser vivo questionam a dicotomia metafísica que subjaz ao kantismo entre ser e operação, as estruturas e os processos; ele lembra que, para Simondon, o primado do processo caracteriza a tecnologia.

12. Um mundo plano

Publicado em 2005, o *best-seller* do jornalista americano Thomas L. Friedman – *The World is Flat* – apresenta uma visão do século XXI embasada sobre uma análise econômica: ele descreve uma nova fase no processo de globalização liderada inicialmente por estados e, depois, por empresas, onde tudo acontece com indivíduos interconectados numa rede global de distribuidores e de consumidores sem fronteiras.[232] Ele realça as convergências entre a economia e suas bolhas especulativas, as tecnologias da informação e eventos políticos como, por exemplo, a queda do muro de Berlim.

Emprestamos o título deste capítulo de Friedman, e pretendemos fazer outra leitura – mais literal – sobre fenômeno do achatamento. Ao invés de remeter ao efeito da globalização produzida por redes, essa teoria estaria fundamentada sobre a erosão dos relevos e das barreiras que instauraram grandes dicotomias: ciência-técnica, conhecimento-mercaroria, natureza-artifício, homem-máquina, ser vivo-inerte, sujeito-objeto, matéria-informação, virtual-real. E a lista, claro, não está completa. Esse fenômeno de nivelamento sistemático produz um duplo efeito: de um lado, o de afastar as fronteiras, abolir as barreiras sendo um gesto de libertação e de emancipação como testemunha Haraway. Com uma ironia suprema, seu "Manifesto ciborgue" volta-se conta a cultura machista – que presidiu a aventura das tecnologias e os discursos sobre a dominação da natureza (o "falocentrismo") – e a figura do ciborgue, rebento desta cultura. O "mundo plano" nos libera de preconceitos essencialistas,

232 Cf. Thomas L. Friedman, *The World is Flat. A Brief History of the Twenty-First Century*. New York: Farrar, Straus & Giroux, 2005 (tradução francesa: *La Terre est plate. Une brève histoire du XXI e siècle*. Paris: Saint-Simon, 2006).

de determinismos biológicos, tecnológicos, políticos sempre invocados para entravar a liberdade de ação. Melhor, ele desfaz as fronteiras do sujeito, do "eu" individual, que poupa ou limita um espaço aberto para alteridades, para identidades múltiplas. Com efeito, o mundo plano é um mundo que liquidou a biologia das do mesmo modo como a psicologia das profundezas que prevaleceu no século XX. É um mundo em que a ciência e a tecnologia descobrem as virtudes das superfícies e das interfaces, onde a cultura do superficial, do relacional está repleta de encontros e de redes ricas de sentido.

De outro lado, devendo misturar todas essas dicotomias e abolir sistematicamente toda a diferença, de confundir o ser vivo, o inerte, a máquina, o ser humano e o não humano, isso tudo não convida a vivermos em um mundo terno, uniforme, sem tensões, conflitos e sem vida?

Os pesadelos da razão tecnocientífica

No início do século XX, nos bons tempos da física atomista, o filósofo francês Émile Meyerson concentrava toda sua reflexão sobre a tendência implacável da razão humana de querer remeter tudo ao idêntico, ao invariante. Ele realçava um excelente paradoxo: se a razão humana chegasse aos seus fins, isto é, a satisfazer aquilo que se tentou chamar de sua "pulsão" de identificação, ela chegaria a eliminar toda a diferença, eliminar toda diversidade e alteridade. A razão deixada por sua própria conta conduz à esfera imóvel de Parmênides, ao acosmismo, à própria negação da ideia de mundo.[233] A razão requer obstáculos e resistências, contraposições de todo tipo: "O pensamento do ser humano não é nunca completamente lógico, inteiramente racional. Se assim fosse, não

233 Cf. Émile MEYERSON, *Identité et réalité*, op. cit., pp. 278-279, na segunda edição (1912).

seria pensamento, uma vez que pensamento significa caminho, progresso e não rigorosamente racional – que não pode ser senão o idêntico – progresso algum poderia acontecer".[234]

Quase um século mais tarde, em um contexto bem diferente, face a promessas de convergência das tecnologias, o filósofo Jean-Pierre Dupuy insistiu, por sua vez, sobre o paradoxo da razão: ele lembra a ambivalência que espicaça numa das gravuras mais célebres da série *Caprichios* de Francisco Goya, intitulada *El sueño de la razón produce monstruos*.[235] A forma que se traduz geralmente de um modo mais "confortável" é "o sono da razão produz monstros", pode também ser entendida, segundo Dupuy como "o sonho da razão produz monstros". A racionalidade, quando lhe damos livre curso, conduz a consequências monstruosas.

Abramos os olhos: a utopia da convergência que nos promete seremos mais porformáticos, viveremos mais tempo, termos um futuro imortal não seria, antes de qualquer coisa, uma aspiração à morte e à destruição do mundo, ao apocalipse e ao caos? O pesadelo não é de ontem, ele é recorrente. Pensemos nas nuvens de DDT que destruiram tudo em sua passagem e reduziram o mundo ao silêncio na fábula do famoso ensaio da bióloga americana Rachel Carson, *Silent Spring* (1962). Pensemos no pesadelo do inverno nuclear, mundo vitrificado após a explosão atômica. Pensemos no famoso cenário do *grey goo*, um mundo reduzido a uma geleia cinzenta pela proliferação de nanorobôs que se autorreproduzem. É sempre a mesma visão, a mesma angústia de uma destruição do mundo pela abolição das diferenças e a redução ao caos.

Ao invés de evoluir de uma paisagem "clivada" entre um pólo universo e um pólo humano, nós imergimos hoje em dia em um âmbito semiescuro de "objetos híbridos", segundo Bruno Latour, de

---

234 Cf. Émile MEYERSON, Essais. Paris: Alcan, 1936, pp. 125-126. A citação aqui é da reedição da Paris: Fayard, 2008.

235 Cf. Jean-Pierre Dupuy, *Some pitfalls in the philosophical foundations of nanoethics. Journal of Medicine and Philosophy*, 2007, 32(3), pp. 237-261.

"nanoesculturas emergentes" e multiplicantes, nem naturais e nem inteiramente artificiais, segundo a expressão de Donna Haraway, e de "máquinas naturais", conceitos retomado por Jean-Pierre Dupuy.[236] Todos esses seres híbridos circulam, como a informação, em redes sem fio disponíveis a qualquer captura, ignorando barreiras de espécies bem como barreiras nacionais. Claro, dir-se-á, esses híbridos de natureza e de artifícios – fragmentos de DNA recombinados, vírus sintéticos, bactérias artificiais, OGM e nanorobôs – são antes de tudo criaturas de laboratórios. Seria somente na ficção científica que escapariam, como ilustra, por exemplo, o romance de Michel Crichton, *La proie* [A presa] (2002), para entrar no ciclo natural da reprodução e na competição entre espécies.

Mas, justamente, a experiência mostra que toda a dificuldade está em confinar essas "máquinas naturais" num espaço hermético, fechado e protegido. Paradoxalmente, é mais fácil fabricá-las do que trancafiá-las. Os desafios tecnológicos se invertem, ou, pelo menos, se redobram. Ao longo do século XIX, com a ativação da ciência pura e aplicada, a dificuldade maior foi passar do laboratório aos ensaios *a la grande*. Por isso, existiram diversas experiências cruciais de inventores geniais que acreditavam ter encontrado uma solução milagrosa, mas que culminou em total um fiasco quando eram colocadas em ação em campo ou no plano de produção industrial.[237] Hoje em dia, seria mais fácil enfrentar esse desafio, porém, a ele acrescenta-se outro bem mais sério: como isolar ou confinar as "máquinas naturais" produzidas em laboratórios? Vírus, bactérias, fragmentos de DNA recombinados, nanorobôs biológicos, dentre outros, são sempre suscetíveis de se "tornarem selvagens". Em razão de seu tamanho, eles se infiltram

---

236 Cf. Donna HARAWAY, *Manifeste cyborg et autres essais*, op. cit.; Bruno LATOUR, *Politiques de la nature*, op. cit.; Jean-Pierre Dupuy, *Fabriquer de l'auto-organisation. Nanorêves et theories de la complexité*. Paris. 2008 (Conferência no Instituto de pesquisa e de inovação do Centro Georges Pompidou, em 20 de maio de 2008).

237 Veja-se por exemplo, as experiências do esterco para a agricultura experimental na Inglaterra, levada adiante por Von Liebig (1803-1873), ou as numerosas tentativas de síntese direta do amoníaco a partir do azoto atmosférico que precedera e sucederam Haber-Bosch.

por tudo e atravessam os países e as barreiras biológicas; em razão de seu estatuto de "máquinas naturais", são destinados a entrar em simbiose com todos os seres vivos de seu ambiente e pode desenvolver novas formas de vida.[238]

Paradoxo: a tecnociência que provocou uma mutação radical no esforço tecnológico transformando a negociação com nossos limites numa exploração sem limites de possibilidades (veja o Capítulo 11) enfrenta outro limite: a impossibilidade de confinar e de controlar; assim decorre a amplitude dos riscos, de onde brotam os pesadelos e os problemas de governança que retomaremos mais adiante.

---

238 Cf. Thierry Hoquet, *Création ensauvagées: les productions humaines dans les dynamiques de l'évolution*. In Bensaude-Vincent, Bernadette – Raphaël Larrère – Vanessa Nurock (Eds.), *Bionano-éthique. Perspectives critiques sur les bionanotechnologies.* Paris: Vuibert, 2008, pp. 157-170.

Em vista de um mundo subtenso

Com o objetivo de ser tomar certa distância, – sem tomarmos necessariamente uma correspondente altura – um pequeno desvio da análise conceitual relativa às grandes categorias antropológicas ameaçadas pela tecnociência pode ajudar a sairmos desse pesadelo.

Se for verdade que o pensamento moderno se estruturou em torno de bipolaridades e funciona por dicotomias, a crítica pós-moderna não conseguiu acabar com as "partilhas" que a modernidade havia instaurado, e, depois, pacientemente estabilizado. Parece, então, estar em uma armadilha em termos de alternativa: ou tenta manter, custe que custar, as distinções que vão se diluindo pela rejeição das tecnociências, ou proclamar a transgressão das fronteiras e aprender a viver em uma espécie de mundo de neblinas. Trata-se, na realidade, de um caos (no sentido primitivo de estado anterior das separações feitas por demiurgo, que constituirá o cosmos pela separação através da ordem).

Um olhar para a Grécia antiga pode clarear a situação das tecnociências no início do século XXI. A invenção do conceito *physis* (natureza) foi feita, como vimos, através da distinção entre natureza e artifício: a natureza é o lugar da geração, do crescimento e da corrupção em função de um princípio interno em contraste com a arte humana. Mas, o significado de *physis* determina-se pela distinção entre *physis*, domínio da necessidade, e *nomos*, norma, convenção que se inscreve na ordem do signo e do simbólico.[239] O *nomos* é elaborado através do *mytos* (mito), das crenças compartilhadas, ou através do *logos* o intercâmbio, do diálogo. Do mesmo modo como a distinção

239 Entre as obras recentes sobre a cidade antiga temos Jean-François Balaudé, *La Justice dans la cité antique*. Paris: Nathan, 2007.

entre *physis* e *technê*, a distinção entre *physis* e *nomos* foi fator de controvérsias dentre as quais a mais conhecida é a que opôs Platão aos sofistas, os quais exacerbavam o conflito entre as convenções sociais e a natureza: a sociedade propõe uma justiça distributiva que respeita as justas proporções, enquanto na natureza reina a lei do mais forte. A ideia de que a natureza possa ser normativa é, precisamente, uma herança dos sofistas gregos.

A normatização fina das relações entre esses três pólos – *physis, technê* e *nomos* – condiciona o pensamento sobre o cosmos em uma ordem bem organizada. Tal é a lição que gostaríamos de manter da Grécia antiga, tendo, claramente, a consciência, de que se trata de uma construção sem pretensão de dizer a verdade sobre a cidade grega daquela época. Essa normatização produziu um equilíbrio instável, sempre a ser restabelecido, uma vez que não havia um texto sagrado que seria a verdade sobre a ordem humana. Ou mais precisamente, não havia um especialista titulado ou diplomado, um *expert* em política que detivesse o saber da ordem política ou o monopólio de sua organização. O *logos* não sendo propriedade exclusiva de ninguém, é então, pelo diálogo, que se negocia e se reajusta a ordem do cosmos, sem delimitações exteriores.

Um triângulo de outro: natureza, artifício e cultura

Nenhum desses três termos – natureza, artifício e cultura – tem um sentido definido *a priori*, é a sua relação que os define. E, se eles se constituem em polos de referência, é por um processo contínuo, sempre renovado, de relações recíprocas. Pois, tomado isoladamente, distinção alguma de natureza e artifício, natureza e sociedade, técnica e sociedade é suficientemente robusta para "sustentar a direção".

O conceito de natureza não é absoluto, uma essência intangível que comandaria o sentido dos outros dois. Encontramos facilmente milhares de exemplos para relativizar a distinção natureza-artifício. Nada é puramente natural e nada é puramente artificial. A natureza em geral é artificializada, as paisagens atuais foram remodeladas pelos trabalhos humanos já milenares. Um material não é chamado de natural senão em relação a outro que o é menos. A lã, dita natural, foi colhida, fiada, alvejada, colorida; ela foi objeto de muitas operações complexas que remetem à arte humana. Reciprocamente, o que chamamos de sintético, químico ou artificial é feito a partir de matéria-prima extraída da natureza. Todos os produtos da arte humana são fabricados com procedimentos naturais e seu funcionamento obedece às leis da natureza. É por isso que Descartes tinha base para afirmar: "Não reconheço diferença alguma entre as máquinas que são feitas pelos artesãos e os diversos corpos compostos simplesmente pela natureza".[240] Não somente a diferença entre o natural e o artificial é uma diferença de grau e não uma diferença essencial, mas, ela é relativa ao ponto de vista em que ela se coloca. Referimo-nos seja à origem (extraído da natureza ou sintético), do processo de produção (para os produtos *bio*, por exemplo), ou pela compatibilidade do objeto com a vida. A distinção não é, portanto, racionalmente, sustentável.

Do mesmo modo, as fronteiras entre o natural e o cultural são logicamente difíceis de serem fixadas. Tudo o que for humano é produto da natureza, da cultura ou dos artifícios. Cada indivíduo mistura intimamente as ordens e as temporalidades: enquanto amostra de uma espécie, ele é um simples elo na evolução biológica (bilhões de anos); enquanto membro de uma sociedade ele é um agente na história (milhares de anos); enquanto criança e, depois, adulto e idoso, ele se inscreve no tempo individual do nascimento até a morte, eventualmente prolongada por artifícios.

A distinção entre natureza e cultura é em resumo, uma invenção histórica recente e limitada ao Ocidente, como lembra o

240 Cf. René Descartes, *Les Principes de la philosophie*, IV parte, § 203.

antropólogo francês Philippe Descola: "A oposição entre natureza e cultura não tem características de universalidade que possamos emprestar, não somente porque ela é desprovida de sentido para todos os outros além dos modernos, mas também pelo fato de que ela aparece tardiamente ao longo do desenvolvimento do pensamento ocidental".[241] A distinção entre um mundo de coisas factuais e um mundo dos seres humanos regido pelo arbitrário do sentido resulta em um "empilhamento" de estágios, de heranças de diversas noções produzidas ao longo de gerações: a distinção natureza-cultura não pode ser superposta à distinção antiga *physis-nomos*, ela a recobre como uma colcha sedimentar. A ideia do caráter convencional das leis na cidade grega veio, com a ideia de um contrato entre indivíduos anônimos e sem outras qualidades que a de serem seres humanos, o emblema de uma ordem humana separada da natureza. A distinção passa por dispositivos de objetivação do mundo pela técnica e pela ciência mecanicista, para chegar à grande "dicotomia" no fim do século XVIII, "encercamento" dos conceitos de natureza e de cultura em seus respectivos domínios, com programas próprios.

Por fim, até nas críticas atuais dessa grande dicotomia, a distinção entre artifício e cultura é, ainda e sempre, "murro em ponta de faca". As críticas da modernidade as confundem invariavelmente. Haraway, por exemplo, fala de "naturescultures" para designar os híbridos produzidos pelas técnicas da cultura. Descola, Serres e Latour superpõem constantemente artifício e cultura, justificando com o fato de que a invenção de técnicas instrumentais de objetivação, a revolução industrial e a autonomia política reforçam-se mutuamente.

Portanto, na história da ciência ocidental, a política funcionou no sentido inverso da indústria: a distinção natureza-sociedade colocou o sujeito humano em uma posição de exterioridade, a de cavaleiro em relação à natureza, o que lhe teria conferido um direito de domínio. Ao contrário, a distinção aristotélica entre natureza e artifício foi apresentada pelos escolásticos como um meio para limitar

---

241 Cf. Philippe DESCOLA, *Par-delà nature et culture*. Paris: Gallimard, 2005, p. 113.

os direitos e os privilégios dos seres humanos (a arte e a imitação da natureza sendo desvalorizadas como se fossem contravenções) e para colocá-los em seu lugar na criação. Assim, a dicotomia natureza e sociedade opõe-se ao um pensamento mágico ou religioso pela delimitação de um espaço submisso às leis e um espaço relacionado ao arbitrário do ser humano. Chegou-se a um ponto em que a distinção entre natureza e artifício foi historicamente o baluarte de um pensamento religioso que condenava a máquina como uma tentativa de se igualar a Deus e a rivalizar com o Criador. Em resumo, se a distinção entre natureza-sociedade condiciona a modernidade, a distinção entre natureza e técnica é geralmente reconhecida como um obstáculo à modernidade.

Natureza, artifício e cultura não são dados factuais, isoláveis e recuperáveis aos quais podemos nos referir sem maiores problemas para se estabelecer um consenso. Ao contrário, existem os desafios ou contextos das controvérsias recorrentes. Eles são referenciais construídos para pensar a nossa condição e ação no mundo sendo reconfigurados incessantemente. Eles não têm um valor senão o relativo ao sentido onde é, pela sua relação, que cada termo se define. Mas em sua definição é isto que constitui um cosmos, um mundo ordenado e harmonioso.

Por isso é importante requalificar esses três polos para manter o mundo harmonioso, isto é, diverso e em tensão. A estrutura bipolar que domina o pensamento moderno volta sempre, na realidade, para instalar uma relação de dominação abafando um terceiro, que acaba sendo reduzido ao silêncio.[242] Foi preciso ridicularizar a distinção entre natureza e artifício para poder colocar o ser humano como "mestre e dono da natureza". Descartes afastou, assim, a distinção entre o natural e o artificial, mas demarcou claramente a diferença entre sujeito e objeto, transformando a natureza em objeto à disposição do sujeito, da qual ele não faria mais parte: o dualismo cartesiano entre sujeito pensante e matéria passiva permitia dominar a natureza.

---

242 Cf. Michel SERRES, *La Parasite*. Paris: Grasset, 1980, pp. 77-78.

Georges Canguilhem sublinhou essa solidariedade entre a teoria dos "animais máquinas" e o *"Je pense donc je suis"* (penso, logo existo): "O mecanismo da vida, do ponto de vista teórico e a utilização técnica do animal são inseparáveis. O ser humano não pode vir a ser senhor e dono da natureza a não ser que ele negue toda a finalidade natural".[243] Confundir natureza e artifício e assimilar os animais às máquinas é outorgar-se do direito de domesticá-los.

Pensar o mundo com três polos, em triângulo, permite, ao contrário, evitar o esfumaçamento ou o achatamento de um polo sobre outro. Claro, podemos modificar o aspecto do triângulo deslocando o curso (a fronteira) sobre o eixo entre natureza e artifício ou sobre o eixo entre natureza e sociedade, ou ainda, sobre o eixo entre artifício e sociedade. Porém, cada um nos três pontos mantém o ângulo e a distância. Essa figura do triângulo permite construir um mundo plano, claro, contanto que não se invoque nenhum valor sagrado ou transcendente. Um mundo horizontal onde tudo é relativo, uma vez que os valores de referência são construídos pelas suas relações, sem cessar, redefinidas.

Esse longo "desvio" pela análise dos conceitos fundamentais da antropologia ocidental conduz, portanto, a desfazer a associação bastante superficial entre a tecnociência e a pós-modernidade. Pois, de uma parte, os críticos da modernidade que cismam contra as "grandes dicotomias" tendem a aumentar retrospectivamente sua importância no evento da modernidade para, assim, melhor demarcá-los. Por outro lado, para libertar-se da tirania das dicotomias, não é suficiente afastá-las: é necessário ultrapassar o pensamento dualista através da proposta de uma nova configuração. Ao invés de repetir que as tecnociências afastam as dicotomias, invertendo as categorias, veremos se é possível construir um mundo comum, habitável e durável. Reconhecer que as categorias de natureza, artifício e cultura são relativas, frágeis e pouco robustas não conduz necessariamente a que nos afastemos delas, mas simplesmente a requalificar uma pela outra.

243 Cf. Georges Canguilhem, *Machine et organisme*, op. cit., p. 111.

III. QUESTÕES DE GOVERNABILIDADE

13.
Armadilhas e debates

Se a tecnociência desestabiliza crenças bem ancoradas e muda profundamente a paisagem cultural, é compreensível que tal noção promova debates, uma vez que não é assim tão evidente na prática. O questionamento da tecnociência, a propósito, se confronta sem cessar com o já famoso conceito: "Não podemos parar o progresso". Essa crença é também comum e apoiada ainda que o seu estatuto seja problemático. Os discursos dos promotores das inovações tecnológicas alimentam, com efeito, a crença de um determinismo tecnológico orientado num sentido único, a "flecha do progresso", à qual nada pode se subtrair. Assim, desde os anos 1970, a "lei de Moore" enunciada em 1965 (veja detalhes no Capítulo 5) foi amplamente interpretada como a ordem de seguir miniaturização das tecnologias: a natureza nos cobraria, de algum modo, uma espécie de obrigação de construir os nanorobôs, como pretende Drexler. À crença de um processo inelutável da artificialização da natureza junta-se uma naturalização das tecnologias.

Os ludditas e os antiludditas

Essa vigorosa fé muitas vezes vem ilustrada pela evocação dos "ludditas". Ludditas seriam os trabalhadores que nas fábricas têxteis inglesas no início do século XIX protestaram contra a mecanização das profissões ligadas à tecelagem chegando até a quebrarem as máquinas invocando um precedente mais ou menos imaginário de um rapaz chamado John Ludd, operário que teria destruído duas tecelagens em 1780. O fracasso desse movimento de insurreição serviu de *standard* para condenar *a priori* todos os que duvidam ou se rebelam contra as escolhas feitas por eles ou sem eles, sendo estigmatizados como reacionários ou nostálgicos de um passado mítico. Classifica-se assim, muitas vezes, hoje em dia, de "neoludditas" aqueles que se revolta contra os empreendimentos crescentes das tecnologias da informação (Internet, microchip RFID etc); e de "bioludditas" os que lutam contra as biotecnologias, como os *destruidores* de plantações de OGM na França.[244]

Essas expressões não se justificam senão aos olhos dos "crentes" que fazem da técnica um destino ou uma sina. A analogia entre os destruidores de máquinas de ontem e os contemporâneos destruidores de plantações de OGM, fundamenta-se, certamente, sobre o caráter político da revolta contra um sistema de produção, encarnado hoje em dia pelo quase monopólio da empresa americana Monsanto quanto às sementes transgênicas.[245] Entretanto, não podemos associar as duas situações, na medida em que a revolta contra os OGM, bem como aquela contra o império das tecnologias da informação, expressa a recusa de alguns produtos do mundo comum que eles programam. A expressão "neoludditas" traduz, de fato, uma condenação moral: os autores destas violências seriam arruaceiros, cidadãos irresponsáveis, e, até mesmo, terroristas.[246]

Face tais condutas "irresponsáveis", os promotores das tecnociências se apresentam como sábios. A referência de Drexler à natureza como permissão e obrigação de instaurar uma "manufatura" molecular exemplifica com alguma refinação essa fé no progresso

---

244 Fauchers de OGM, expressão um tanto jornalística do meio francês, que se refere às pessoas que voluntariamente se dispõem a destruir plantação de transgênicos [NT].

245 Alguns observadores críticos assimilam assim o caso dos destruidores de plantas OGM ao de Theodore Kaczinski, esse matemático contestador californiano cognominado de *una bomber* que, entre 1978 e 1985, causou diversas mortes com cartas-bomba contra empresas de novas tecnologias.

246 Cf. Marie-Monoque Robin, *Le Monde selon Monsanto. Da la dioxine aux OGM, une multinationale que vous veut du bien*. Paris: La Découverte/Arte Éditions, 2008.

(Capítulo 11). A propósito, contrariamente aos otimistas cegos que sustentam com convicção que as novas tecnologias não devem ser discutidas – uma vez que elas trariam a solução para todos os problemas, para a alimentação, para a energia, para o meio ambiente, etc. – os promotores das nanotecnologias (como os mais matreiros dos OGM) admitem que o progresso tecnocientífico suscita problemas ao mesmo tempo que oferece soluções. Eles assumem o dever de enfrentar esses novos problemas de maneiras "aberta e responsável". Toda inovação tecnológica deve ser acompanhada, dizem eles, por uma pesquisa profunda sobre seus impactos.

A "concepção antecipada" das nanotecnologias que propagandeia Drexler, torna-se, assim, o nome de um centro de pesquisa especializada, o *Foresight Institute*, criado em 1986, em Palo Alto (Califórnia), por Drexler e seus discípulos a fim de promover as nanotecnologias sobre uma base de pesquisa prospectiva. A pesquisa não enfoca somente os dispositivos a serem inventados, mas também seus impactos sociais ou ambientais, benefícios e riscos, em um procedimento que seus idealizadores chamam de "responsável". Assim, o *Center for Responsible Nanotechnology*, criado em 2002, fundamenta-se sobre cenários de antecipação para prever as consequências das nanotecnologias e avaliar com toda a racionalidade os benefícios e os perigos, segundo o mátodo clássico de gestão de riscos. Voltaremos a isso adiante.

A crença compatilhada na "flecha do progresso"

De um lado, os tecnofóbicos bagunceiros e do outro os progressistas responsáveis: essa é a única maneira de descrever o estado das *posições* já há bastante tempo em que se instrumentaliza a noção de progresso para angariar fundos para uma direção pretendida, como um bólido sobre trilhos. E pensar que a tentativa histórica de Augusto Comte para reconciliar a ordem e o progresso tenha sido um grande sucesso... O progresso passou a ser um pilar na ordem social e a menor dúvida sobre a direção do progresso é fator de perturbação, de desvio social. Como compreender que os dois irmãos inimigos – ordem e progresso – tenham se tornado, a tal ponto, "siameses"? As controvérsias sobre a tecnologia colocam em perigo a noção de progresso, coextensiva ao nascimento das ciências modernas, transformando a caminhada numa flecha (a flecha do progresso) que impõe uma direção, um roteiro. Em resumo, conseguimos "fazer rimar a noção de progresso com a da permissão de não pensar". E a rima se estende aos dois campos antagonistas.[247]

Voltemos, por exemplo, à empresa drexleriana de desenvolvimento responsável das nanotecnologias. O método da antecipação posto em prática não deixa lugar algum para a incerteza ou para a escolha. As nanotecnologias advertem: a manufatura molecular com defeito zero será feita e devemos estar prontos para isso. Como acentua a crítica ao *Center for Reponsible Nanotechnology*, ampliada pelos filósofos Alfred Nordmann e Matthew Kearnes, a tarefa não consiste em dizer "se fabricamos nanorobôs... então, podemos..." mas, "quando tivermos um "exército" de nanorobôs... então, isso será necessário".[248] O método de cenários consiste, na realidade, em excluir toda alternativa, a impor um roteiro e aplainar o caminho para "preparar" a opinião pública.

Não temos escolha: tal é a mensagem quando se apela para a natureza como horizonte de possibilidades que se realizará. Por isso, os apelos à responsabilidade consistem simplesmente em focalizar as consequências para se eliminar os obstáculos e "alisar" a trajetória tecnológica. O argumento "se é possível, será necessariamente feito

247 Cf. Isabelle Stengers – Bernadette Bensaude-Vincent, *Cent mots pour commencer à penser les sciences*, op. cit., p. 299.

248 Cf. Alfred NORDMANN – Matthew Kaernes, *Commentary on the scenario strategy of the Centre for Responsible Nanotechnology. Nanotechnology Perceptions,* 2008, 4, pp. 65-71.

por alguém em algum lugar" é normalmente invocado nos debates sobre as novas tecnologias para calar os apelos à ética e para lamentar contra as medidas de interdição da pesquisa sobre as células-tronco, clonagem e outros. O esforço de regulação ética na inovação tecnológica é nulo e não bem-vindo, uma vez que o que não será feito aqui será feito em outro lugar naquilo que já se começa a chamar de "paraíso ético".[249]

O argumento poderia, *a priori*, se justificar. Ele repousa sobre a ideia clássica segundo a qual a ética e o direito dependem ou ancoram-se na cultura e são relativos ("a verdade vista deste lado dos Pirineus"), mas, o que depende da natureza e das ciências da natureza seria universal, acessível a todos. Porém, como vimos no Capítulo 6, tal premissa teoricamente evidente é falseada pelos programas de convergência que assumem sua identidade cultural. O fato de, com a convergência, as tecnociências renunciarem à ambição de universalidade da ciência moderna que seria vivido como expressão de uma república de sábios sem fronteiras, impede a separação de gêneros.

No campo adversário, os "neoludditas" retomam paradoxalmente os mesmos refrãos da flecha do progresso. Alguns grupos ativistas introduzem o processo de progresso postulando uma necessidade transcendente que se impõe em uma única direção: neomutantes, megamáquinas etc. Assim, apresenta-se esta declaração de militantes da *Pièce et Main d'Œuvre*, uma associação de Grenoble que luta contra as nanotecnologias, os celulares e outras engenhocas:

> *A crítica ao progresso é feita – já há alguns milênios – à da economia de produção e do liberalismo mais recentemente, mas, nenhuma delas, nem mesmo as mais pertinentes das recentes teorias críticas sociais, pôde desviar a direção da evolução social, o que confirma que o que está em ação na evolução não é certamente uma vontade ou uma razão humana. Não se tem mais tempo para se perguntar se*

249 Em correlação semântica com "paraíso fiscal" [NT].

as revoluções tecnológicas são boas ou más, se a ciência poderia ser útil ao ser humano; cada progresso técnico é devastador, a maré das técnicas erradica tudo o que a evolução biológica engendrou. O que aceita colaborar com esses projetos deve aceitar o futuro de um homem novo que renuncia para si, seus contemporâneos e seus filhos, tudo o que foi essencial à vida de seus predecessores. Para lutar pela causa do progresso, não é mais possível dizer que ele trouxe conforto para a situação demográfica do ser humano de um modo extraordinário uma vez que o sucesso transformou-se em pesadelo e que os mutantes começam a caça aos seres humanos.[250]

Essa crítica radical ao progresso reforça a crença em uma flecha do progresso que agiria como uma espécie de mão invisível e transformaria necessariamente os seres humanos em pós-humanos. É dizer que os tecnófobos levam ao pé da letra as especulações de Drexler, de Kurzweil e de Morave sobre a iminência de eventos pós-humanos e sobre máquinas que governariam os seres humanos como a um rebanho. Longe de abrandar os pressupostos metafísicos dos defensores do "não podemos parar o progresso", eles reforçam esta crença.

Podemos compreender facilmente a negativa de Bill Joy (um dos fundadores do *Sun Microsystems*), que tinha construído toda sua carreira e seu futuro sobre tecnologias da comunicação quando descobre, de repente, que não estaria disposto a aderir ao mundo que estava contribuindo para construir. É claramente a revelação de alguém que abre os olhos e começa a pensar no futuro. Mas, seu grito famoso *Why the future does not need us* (Por que o futuro não precisa de nós), lançado em 2006, se constitui num reconhecimento implícito de que a flecha do progresso nos transcende.[251] Bill Joy termina seu artigo sobre um processo em que a ciência em seu todo como von-

---

250 Cf. <www.piecesetmaindeoevre.com>.

251 Joy, Bill, *Why the future doesn't need us?* Wired 2.0 (abril de 2000); tradução francesa: *Pourquoi le futur n'a pas besoin de nous* <www.ogmdangers.org>

tade verdadeira que conduz à catástrofe através de uma leitura superficial de *Gai Savoir* (Gaia ciência) de Nietzsche:

> *Nietzsche, no final do século XIX, não somente nos adverte de que "Deus morreu", mas ainda que "a fé na ciência é incontestável", não podendo ter extraído sua origem de um cálculo de utilidade, mas, ao contrário, formou-se, apesar da demonstração constante da inutilidade e do perigo que residem na "vontade de verdade", na "verdade a qualquer custo". É precisamente esse perigo – as consequências de nossa busca pela verdade – que nos ameaça hoje com todo o seu peso. A verdade da pesquisa da ciência pode, incontestavelmente, passar por um perigoso substituto de Deus se ela for suscetível de nos conduzir à extinção.*

Bill Joy toma consciência, de repente, de que os argumentos utilitaristas são apenas uma fachada e não o "motor" da tecnociência. Mas, o arrependimento que acompanha sua desilusão não questiona a fé na ciência como potência animada de uma vontade oculta. Do mesmo modo, de certa maneira, o recurso à violência dos destruidores dos campos de OGM constitui, paradoxalmente, um reconhecimento de impotência diante de uma vontade cega de poder que seria exercida por poderes ocultos invisíveis [sic].

Amálgamas fáceis demais

Tais crenças reforçam amálgamas fáceis. Toda a pessoa que se opõe aos OGM é tratada como um "prosélito de um retorno ao passado", suspeito de ser tecnófobo, anticiência e acusado de querer voltar à idade das cavernas. É de deplorar os prejuízos causados por um crescimento do obscurantismo, do irracionalismo, do fundamentalismo... de todos os "ismos" que permitem seccionar o mundo em dois campos inimigos. Fechemos a fenda: a crise na fé do progresso que perpassa inegavelmente as sociedades ocidentais não foi causada pelo aumento do irracionalismo de uma opinião pública crédula, ninguém realmente nega os benefícios que a ciência e a técnica trouxeram para a condição humana. Cessemos de manter um sentimento de amargura em relação às comunidades científicas pela falta de conhecimento pelos serviços prestados à sociedade. A ciência sempre criou problemas ao mesmo tempo em que trazia soluções. Sabemos muito bem que ela não tem a solução de todos esses problemas e nem mesmo é indispensável para tentar resolver tudo.

O ceticismo atual em relação ao progresso não está voltado nem para a ciência nem para a técnica em si, mas para a convergência, a determinação de uma direção única, como a miniaturização, a melhoria da performance etc. Reconheçamos que se trata de um questionamento sobre o sentido feito por cidadãos informados que têm o direito de formar uma opinião sobre questões muitas vezes reservadas aos *experts*. É necessário romper de uma vez com o pensamento de "racionalidade científica *versus* público infantil", reconhecendo que existe interesses divergentes em jogo e que a tecnociência não é um mundo branco e preto.

Entre os defensores dos OGM, dos clones, dos nanomateriais ou da vida artificial, encontramos pessoas de todas as convicções e motivações mais variadas. Eles fazem uma defesa passional de um instrumento de trabalho desde os pesquisadores da biologia até uma defesa menos passional do interesse econômico das multinacionais e das *venture capitalists*, passando por defesas até amorosas da técnica e das invenções. Do mesmo modo, encontramos, entre os destruidores de plantações de OGM, pessoas com sensibilidades diversas: partidários da ecologia profunda que pensam que a natureza tem um valor sagrado, que está sendo ameaçada e que a desobediência civil é um dever; militantes alteromundistas em guerra contra o monopólio e as intimidações apresentadas pela Monsanto; militantes em rebelião contra o poder e favorável à autogestão; e políticos defensores do princípio da precaução.

Para se fazer crer que o mundo se divide em duas facções opostas, com os bons de um lado (usuários, consumidores ou "simples cidadãos") e abomináveis do outro (industriais, banqueiros...) deve-se ignorar que os interesses dos partidários em questão são sempre ambivalentes. Os papéis sociais não são distribuídos em ambos os lados de uma linha divisória que definem os interesses antagonistas. Assim, por exemplo, no caso da nocividade devida à poluição química, a história mostra que ao longo do século XIX, muitos alertas contra a poluição não deram em nada porque as vítimas (ribeirinhos) dependiam da usina ou da fábrica poluidora para receber algum salário e, assim, a sobrevivência de toda a família.[252]

Se os interesses são sempre mais ambíguos do que imaginam os opositores da técnica em geral, é porque ele é outra coisa e não um bólido que se descola cegamente escapando do nosso controle. A visão se inspira claramente na tese famosa de Jacques Ellul sobre a autonomia da técnica, que se tornaria uma potência independente a partir do momento em que ela deixa de ser um meio a serviço de fins práticos para buscar o fim em si.[253] Ora, nesse caso trata-se de uma noção bastante abstrata de técnica que se vincula ao meio social a que ela está intrinsecamente ligada. Essa concepção continua a fascinar desde que, depois de uma geração, os estudos da técnica feitos por filósofos, sociólogos e economistas colocaram às claras as redes complexas nas quais se espalham as inovações técnicas que se concretizavam em sistemas e "macrossistemas".[254]

Os dispositivos técnicos não se desenvolvem em um universo regido somente pelo imperativo da eficácia, eles incorporam normas e

---

252 Cf. Ernst Homburg – Anthony TRAVIS – Harm Schröter (Eds.), *The Chemical Industry in Europe*, 1850-1914. *Industrial Growth, Pollution and professionalization. Dordrecht: Kluwer Academic Publishers*, 1998.

253 Cf. Jacques ELLUL, *La Technique ou l'enjeu du siècle*. Paris: Armand Colin, 1954.

254 Cf. Gilbert Simondon, *Du mode d'existence des objets techniques*. Paris: Aubier-Montaigne, 1989; Bruno LATOUR, *Aramis ou l'amour des techniques*. Paris: *La Découverte*,1992; *Alain Gras, Grandeur et dépendence. Sociologie des macrosystèmes techniques*. Paris: Presses universitaires de France, 1993.

valores do meio social que delimita e condiciona seu sucesso. Como lembra o filósofo tcheco Andrew Feenberg, os objetos técnicos não são coisas abstratas, eles são aprisionados no meio social e não dependem exclusivamente de uma racionalidade instrumental.[255] Muitos exemplos históricos mostram que o sucesso de uma técnica não depende sempre de sua performance intrínseca, mas de diversos fatores. Especialmente, o que chamamos de "dependência de trajetória" que faz com que certas soluções premiadas nem sempre sejam mais otimizadas. As escolhas tecnológicas procedem, a propósito, a partir de interesses diversos que implicam não somente as considerações da eficácia, do lucro e da utilidade, mas também do imaginário e da aceitação social.

Renunciar à flecha do progresso, reconhecer que existe uma pluralidade de desafios ou apostas e de convicções nas controvérsias sobre as tecnologias e, enfim, que os protagonistas trazem em si conflitos de interesses são três precondições para escapar da armadilha da confrontação estéril que encoraja o "pensamento em círculos".[256]

---

255 Cf. Andrew Feenberg, *Questioning Technology*. London: Routledge, 1999 (Tradução francesa: *(Re)penser la technique, vers une technologie démocratique*. Paris: La Découverte, 2004).

256 Expressão usada pela autora está relacionada a uma casa editorial de Paris. A ideia é propor a mobilização de estudiosos contra um pensamento-mesmice e com um estilo de patrulhamento ideológico [NT].

14.
A ética socorre as tecnociências

Sair da armadilha do enfrentamento entre tecnófilos e tecnófobos, de uma visão *cowboy* de mundo compartimentado em dois campos, é uma condição necessária para se colocar as tecnociências no debate. Porém, isso está longe de ser suficiente para se viver num mundo em que a criatividade da técnica consiste em deslocar os limites e multiplicar os possíveis. Todas as possibilidades que brotam das tecnociências são aceitáveis e desejáveis? Encontrar soluções, invocar valores, princípios, normas: eis que a moral, eclipsada pela ciência moderna que impunha uma espécie de amoralismo, indifere perante do bem e do mal, apresentando-se no cenário.

Uma nova aliança?

Para termos o pulso da renovação atual da ética, é necessário voltar aos anos 1970. Já recordamos, no Capítulo 2, os movimentos de protesto e mudança buscada por alguns responsáveis pela política científica. A década foi também marcada por alguns percursos reflexivos da parte dos cientistas. Lembremos a fórmula célebre que fecha o *Le Hasard et la Nécessité* (O acaso e a necessidade) do biólogo francês Jacques Monod:

> *A antiga aliança foi rompida: o ser humano sabe, por fim, que está só na imensidade indiferente do universo de onde emergiu por acaso. Tanto seu destino como seu dever não estão escritos em parte alguma. Deve ele mesmo escolher entre o Reino e as Trevas.*[257]

257 Cf. Jacques MONOD, *Le Hasard et la Nécessité.* Paris: Seuil, 1970, pp. 194-195.

Artesão da biologia molecular, Monod proclama o "credo" de Galileu: a natureza é inexorável, indiferente ao ser humano. A ciência é amoral, ela rompeu com a velha aliança animista do homem com a natureza e impôs uma separação entre as questões de vida relativas ao ser humano e a busca da verdade:

> *Se ele acolhe essa mensagem em toda sua significação, é bom que o ser humano, por fim, desperte de seu sono milenar para descobrir sua total solidão e sua estranheza radical. Ele sabe agora que, como um cigano, ele está a bordo do universo onde ele deve viver, um universo surdo à sua música, indiferente a suas esperanças e e sofrimentos ou crimes.*[258]

O estudioso não deve se questionar a respeito das consequências de suas pesquisas. Ele não comete um crime contra a natureza, mas somente contra a humanidade que detém o privilégio normativo.[259] E, entretanto, Monod retomou a ética e a ciência escolhendo livremente erigir o conhecimento como um valor. O postulado da objetividade é sua escolha ética. É responsabilidade do cientista fazer essa escolha axiomática em favor da verdade objetiva, sendo responsabilidade da sociedade enriquecer o "reino das ideias" nas instituições voltadas ao conhecimento:

> *As sociedades modernas tecidas pela ciência vivem de seus produtos, e se tornaram dependentes, devendo seu poderio material à ética fundadora do conhecimento e sua fraqueza moral aos sistemas de valores, arruinados pelo próprio conhecimento, aos quais elas ainda tentam se referir. Essa contradição é mortal, construindo um abismo que vemos se abrir sob nossos pés. A ética do conhecimento, criadora do mundo moderno, é a única compatível com ele, a única capaz, uma vez compreendida e aceita, de guiar a nossa evolução.*[260]

---

258 Cf. Jacques MONOD, *Le Hasard et la Nécessité*, op. cit., pp. 187-188.

259 Cf. Catherine Larrère – Raphaël Larrère, *Du bon usage de la nature*. Paris: Aubier, 1997.

260 Cf. Jacques MONOD, *Le Hasard et la Nécessité*, op. cit., pp. 191-192.

Em resumo, a única escolha possível, desde Monod, é a ética que legitima o fato realizado. Isto é, dizer sim à ciência que nos "droga", à nossa dependência, e adeus aos valores humanistas ou religiosos. É a esse gênero da ética do conhecimento que recorrem os programas de convergência? Ou, antes, a tecnociência e sua aura de pós-modernidade teriam razão do *credo* da ciência moderna em seu amoralismo?

A questão assume importância se imaginamos que o tema da convergência foi esquematizado nos anos 1970, precisamente como reação a Monod. *La Nouvelle Alliance* (A nova aliança), ensaio de Ilya Proigogine e Isabelle Stengers, publicado em 1979, respondendo à frase final de Monod ousando esclarecer o sentido humano, social e cultural dos programas de pesquisa altamente especializados. A ciência não é mais aquela descrita por Monod: "A nossa ciência, já há muito tempo definida pela pesquisa de um ponto de vista de sobrevoo absoluto, descobre-se finalmente uma ciência 'centrada', as descrições que ela produz são situadas, traduzindo nossa situação no seio do mundo físico".[261] O tempo irreversível, esvaziado pela ciência clássica como preço a ser pago para a construção de um universo, está voltando. A física e a química "inventaram" não somente uma flecha do tempo (flecha do pregresso), mas, também, uma multiplicidade de tempos, reconciliando o ser humano com a natureza. A partir de um ponto singular, – a termodinâmica dos processos que estão longe de estar em equilíbrio – o livro esquematiza uma nova paisagem enciclopédica onde convergem a física, a química, a biologia e, até mesmo, as ciências humanas. Ele deixava entrever uma reconfiguração global das ciências entorno do fenômeno da complexidade.

Buscando responder a Monod, Prigogine e Stengers não abordam diretamente a questão da ética como fez Monod no último capítulo de seu livro, nem mesmo, *La Nouvelle Alliance* pressupõe um vínculo entre a atitude epistemológica e o comportamento ético entre certo

261 CF. Ilya PRIGOGINE – Isabelle STENGERS, *La Nouvelle Alliance. Métamorphose de la science.* Paris: Gallimard, 1979.

tratamento da natureza e uma atitude moral. A natureza concebida sobre a ciência galileana ou laplaceana caminhava lado a lado com os projetos de manipulação e de domínio da natureza, estranha e passiva. Em contraste com tudo isso, a ciência recente às voltas com as instabilidades, a não linearidade e a complexidade abre as portas para a reconciliação entre os interesses humanos para além do divórcio que Monod desejava manter.

La Nouvelle Alliance convidava-nos a uma verdadeira conversão moral da parte dos cientistas: passar do ideal de domínio à atenção às singularidades, da busca de uma chave universal de interpretação da natureza a uma atitude respeitosa da complexidade, aberta aos problemas ao invés do esconderijo das soluções. E os autores, instruídos densamente pela história das ciências, sublinham que tanto a esse respeito quanto à natureza, trata-se menos de um novo paradigma e mais de uma tradição recorrente e sistematicamente desfavorecida face às performances da ciência moderna.

Trinta anos mais tarde, em vista do programa NBIC, é necessário reconhecer que o partido da aliança foi de novo um perdedor? A convergência não se voltou para a farsa malvada ou de mau gosto? Visando fornecer soluções para tudo ao invés de abrir horizontes para os problemas, a convergência atual "tecida" de tecnociência desaponta esperança de uma bifurcação radical trazida por Prigogine e Stengers em 1979. Mas ela não dá, por enquanto, realmente, razão a Monod, no sentido em que a ética não pode mais se contentar em proclamar o valor da ciência.

As esperanças da autorregulação

A convivência entre escolha epistemológica e ética é tão intuitiva e sedutora como problemática. O divórcio instaurado por Monod entre a moral humana e a busca pelo conhecimento não teve seguidores ou fez escola na comunidade dos biólogos nos anos 1970.

Ao contrário, a inquietude crescente diante das pressões científicas e técnicas, seu impacto no meio ambiente e seu futuro suscitaram uma geração de biólogos engajados. Da bióloga Rachel Carson e seu famoso *SilentSpring* (1962), já lembrado anteriormente, ao bioquímico Barry Commoner (*Science and Survival,* 1966), os pesquisadores militantes, e até mesmo dissidentes, tinham, por outro lado, começado a se fazer ouvir. Tudo se passa como se a proliferação dos produtos híbridos de natureza artificial suscitasse a existência de sujeitos (também) híbridos no mundo acadêmico, questionando a clivagem que Monod quisera manter.

A conferência de Asilomar (Califórnia), organizada em 1975 por iniciativa de Paul Berg, um dos pioneiros da engenharia genética, prêmio Nobel de química em 1980, é um exemplo de tentativa de autorregulação das comunidades científicas. Depois de ter buscado inserir um gene cancerígeno na bactéria *Escherichia coli,* Berg perguntava-se sobre as consequências possíveis desse tipo de manipulação. A *Escherichia coli* é bastante comum, além de conhecida pela sua capacidade de transferência de genes. Em vista dos riscos potenciais, Berg decidiu interromper seu programa de pesquisa e alertou seus colegas. A conferência, que reuniu a portas fechadas cento e cinquenta estudiosos de todas as nacionalidades em Asilomar, não chegou a nenhuma decisão clara. A perspectiva de uma moratória foi adiada em vista de medidas redobradas de proteção e confinamento.

No início dos anos 1970, foi, igualmente, inventado o conceito de *Technology Assessment*, uma avaliação tecnológica não limitada aos especialistas do domínio e confiada à sociedade, uma espécie de "tribunal das tecnologias".[262] Surgido devido ao movimento de dúvida entre as políticas científicas que havia 1968 (Capítulo 2), um *Office for Technology Assessment* foi criado nos Estados Unidos em 1972. Trata-se de um comitê interdisciplinar que reúne cientistas, engenheiros e

---

262 Cf. Kristen Shrader-Frechette, *Science Policy, Ethics and Economic Methodology. Some problems of technology assessment and Environmental Analysis.* Dordrecht/Boston: Reidel, 1985.

também juristas, com a missão de identificar as consequências econômicas, sociais e políticas nas inovações tecnológicas.

Mesmo esse *Office* tendo fechado em 1995, o *conceito* não morreu, ao contrário, renasceu em diversos países e até mesmo em escala internacional nos anos 1990. Depois de uma consulta em diversos *sites* onde esse conceito está *em ação*, pode-se, muito bem, pensar que ele procede de duas convicções. De um lado, as ciências e as tecnologias não são neutras em relação à sociedade, ao meio ambiente, à ética: elas têm um impacto que precisa ser avaliado. De outro, não se pode mais viver sem as inovações científicas e técnicas que fazem parte da civilização atual, não se pode mais "voltar à idade da pedra". Trata-se, portanto, de um movimento de regulação e não de contestação. Globalmente, o objetivo é um desenvolvimento harmonioso e equilibrado das técnicas, da sociedade e do meio ambiente que maximize os benefícios e reduza os aspectos negativos.

Isso não quer dizer a ausência de uma distância crítica. Arie Rip, coordenador do programa *Constructive Technology Assessment* na Holanda – o qual se atribui a missão de avaliar as inovações antecipadamente numa caminhada prospectiva – trata da importância de haver um olhar crítico sobre os estudos da ciência e da tecnologia (STS) do mesmo modo como sobre a necessidade da participação a fim de permitir uma coconstrução por múltiplos atores.[263] O *International Center for Technology Assessment* ancorado nos Estados Unidos tem uma missão mais pragmática: essa organização sem fins lucrativos se propõe informar o público bem como aos que tomam decisões, apresentando análises de impacto econômicos, éticos, ambientais e políticos das inovações. É um trabalho bastante técnico que recorre a métodos racionais bem estabelecidos,[264] animados por uma vontade

---

263 Cf. Arie RIP, *Assessing the impacts of innovation: new developments in technology assessments. Social Sciences and Innovation* – OCDE, Paris: 2000.

264 Por exemplo, os métodos de cenários que visam descartar os cenários de possíveis catástrofes; as medidas do estado de preparação (*technology readiness*) que visam reduzir a inserção de uma inovação no campo de produção graças a uma fase de projeto piloto.

militante uma vez que o *Center* visa combater as "megatecnologias e tecnocracias", limitar a engenharia genética e terminar com os patenteamentos de seres vivos.[265]

O acompanhamento ético

É ainda a biologia que não dá razão a Monod, uma vez que o ideal de um acompanhamento ético das ciências se impôs, no início, na pesquisa biomédica. Historicamente, a necessidade de um código que regulasse as práticas de pesquisa em medicina e biologia brotou dos Processos de Nuremberg, onde os médicos nazistas foram julgados, fazendo surgir um princípio fundamental: a interdição de se levar adiante experiências sem o consentimento do paciente. A ética que acompanha as experiências clínicas depois acrescentou "o consentimento esclarecido" do paciente. No final do século XX, vimos comitês de ética sendo formados em hospitais, institutos de pesquisa privados ou públicos, organizações nacionais ou internacionais, fazendo, agora parte da paisagem internacional.

Eles se constituem, no geral, baseados em dois princípios: o pluralismo e a independência. Os comitês de ética reúnem especialistas de horizontes diversos, incluindo as tradições filosóficas e religiosas, que não devem representar grupos de interesses ou de pressão. Trata-se de "todas as instituições que reúnem, de um modo permanente ou temporário, estudiosos, encarregados dos aspectos práticos e, às vezes, pessoas que possuem outras competências tidas por úteis, a fim de examinar a admissibilidade ética dos trabalhos científicos e terapêuticos relativos às ciências da vida e à experimentação sobre o ser humano".[266] Essa definição fornecida pela

---

265 Cf. <htp://www.icta.org>

266 Segundo a definição de Christiane Faure, *Comité d'éthique biomédicale. In Encyclopedia Universalis.*

Encyclopedia universalis valoriza a aspiração da autorregulação que presidiria a criação desses comitês de ética: a questão que eles respondem diz respeito não à validade das pesquisas conduzidas, mas à sua legitimidade. Se for necessário para cada experimento julgar o que é bom e o que é ruim, é porque alguns entram em conflito com valores compartilhados na sociedade. Por exemplo, o tratamento dos sujeitos em experimentos, pacientes submetidos a testes clínicos ou animais de laboratório pode chocar-se com os fundamentos da moralidade civil ou religiosa. A partir disso, vê-se a necessidade de um juízo e um ajuste caso a caso.

Ao lado dos comitês locais, os comitês nacionais de ética têm uma vocação um pouco diferente. Na França, o *Comité Consultif National d'Éthique* (Comitê Consultivo Nacional de Ética) para as ciências da vida e da saúde – pioneiro no gênero e criado em 1983 – apresenta sugestões ou relatórios sobre assuntos que lhe são solicitados. O objetivo explícito é "permitir a cada um elaborar uma opinião" ou "suscitar reflexão da parte da sociedade sobre os avanços do conhecimento no domínio do ser vivo". Os comitês de agências de pesquisa têm uma missão análoga: formular questões a propósito de pesquisa, seu funcionamento e suas finalidades, porém, não tendo por função nem elaborar regulamentos nem códigos de conduta.[267]

Essa postura puramente consultiva não corresponde mais, entretanto, às demandas dos responsáveis pelos autores das tecnociências. Como vimos no Capítulo 6, nas iniciativas em matéria de nanotecnologias, o acompanhamento ético está integrado antecipadamente nos programas de pesquisa. A palavra de ordem "pesquisa responsável" foi adotada em muitos países pelos seus promotores. Lembramos o *Fo-*

---

267 Veja-se, por exemplo, na França, a representação do COMETS – comitê de ética do CRNS: "O comitê de ética do CNRS é uma instância consultiva, independente vinculado ao conselho de administração. Ele desenvolve uma reflexão sobre os aspectos éticos e uma reflexão suscitada pela prática de pesquisa tendo em conta as suas finalidades e suas consequências; ele propõe princípios éticos que estão relacionados com as atividades de pesquisa, os comportamentos individuais, as atitudes coletivas e o funcionamento das instâncias do organismo".

resight Institute dos discípulos de Drexler, que promovem um desenvolvimento responsável das nanotecnologias. Em 2005, George Church, um dos fundadores da biologia sintética, manifestou sua inquietação a perigos potenciais suscitados pelas formas de vida artificial: "um código de ética e de normas deveria emergir para a engenharia genética como foi feito para as demais disciplinas da engenharia".[268] Em 2006, em Berkeley, no Segundo Congresso Internacional de Biologia Sintética, acolheu essa necessidade e lançou um apelo explícito para que se instaurassem medidas visando garantia a segurança das práticas da biologia sintética.[269]

Se uma exigência de ética torna-se manifesta tanto aos pesquisadores como aos industriais, "oferta" de comitês de ética, então, não se torna completamente segura. Sua reflexão sobre a conduta, as orientações e os valores na pesquisa podem clarear as questões, mas não leva a uma resposta concreta. A tecnociência, como vimos no Capítulo 10, distingue-se pelo primado do operacional. Até mesmo dentro da ética, um procedimento mais operacional parece ser exigido. Os pesquisadores que detêm o poder de decidir e os industriais sonham com medidas mais operacionais sob a forma de normas, regulamentos e códigos de conduta.

As éticas aplicadas e o princípio da precaução

Na realidade, as novas especialidades – ditas "éticas aplicadas" – já estão na "boca do povo": ética aplicada à biomedicina, ao meio ambiente, às nanotecnologias, etc. Como seu nome o sugere, as éticas aplicadas são convocadas para, ao apoiar-se na ética teórica, determinar o que é correto ou não ser feito em determinados domínios.

268 Cf. George CHURCH, *Let us GO forth and safely multiply nature*. Nature, 2005, 438, p. 423.

269 Cf. <http://pdb.lbl.gov/sbconf>

Esse procedimento "descendente", paradoxalmente retoma o modelo linear para a constituição de campos de estudos adequados ao novo regime de conhecimento que rejeita – em princípio – o modelo linear.

A ética aplicada renova as antigas teorias e, às vezes, constrói algumas novas.[270] Por exemplo, o "pluralismo" desenvolvido no campo da bioética tende resgatar um pequeno número de princípios simples para fornecer regras de ação e superar as clivagens religiosas e culturais: os quatro princípios propostos como universalmente aceitos – autonomia, benefício, não prejuízo, justiça – permitiram estabelecer regras comuns, muitas vezes formalizadas em códigos deontológicos. Difundidos em 1979 pelos bioéticos americanos Tom L. Beauchamp e James F. Childress,[271] esses princípios foram discutidos e reelaborados, mas a referência a princípios continua sendo uma postura possível de "acompanhamento" das tecnociências.[272]

Invoquemos a vida ou a dignidade humana, nos dois casos, o objetivo é colocar limites à ação técnica ou decretar espaços interditados, protegidos, fora do alcance. O problema é que tais valores associados a uma religião ou uma cultura em particular têm pouca chance de chegar a um consenso, sendo fácil contestar que essas proibições são, transgredidas pela ação técnica ou médica.

O modelo de acompanhamento ético antecipado da R&D que tenta se impor desde as iniciativas da nanotecnologia favorece mais outra teoria ética, sendo muitas vezes associada ao utilitarismo e ao que chamamos de consequencialismo. Grosso modo, ela

270 Essa revisão da ética aplicada é tributária em grande parte daquela que foi proposta por Catherine Larrère em nossas reuniões de trabalho e também pela de Vanessa Nurock. Cf. Vanessa NUROCK, *Avons-nous vraiment besoin d'une nano-éthique: In* Bensaude-Vincent, Bernadette – Raphaël Larrère – Vanessa Nurock (Eds.), Bionano-éthique. Perspectives critiques sur les bionanotechnologies. Paris: Vuibert, 2008, pp. 127-141.

271 Cf. Tom L. Beauchamp – *Childress*, James F. *Principles of Biomedical Ethics.* Oxford: Oxford University Press, 1979.

272 Jacob Rendtorff e Peter Kemp reelaboraram a doutrina através da proposição dos princípios seguintes: autonomia, dignidade, integridade e vulnerabilidade.

consiste em avaliar uma ação a partir de suas consequências, boas ou ruins: o objetivo é promover o melhor estado de coisas possível para um grande número de indivíduos. A aplicação do consequencialismo no caso específico das nanotecnologias traduz-se por estudos prospectivos de impactos ambientais, sanitários, éticos, legais e sociais. Diversos métodos e cenários postos em ação pelas estratégias da *Rand Corporation* durante a Guerra Fria podem ser utilizados para se avaliar as consequências. Entretanto, a aplicação da teoria moral consequencial não acontece sem algumas distorções.

De um lado, dado ao fraco avanço das tecnologias emergentes, os estudos de impacto fundamentam-se em promessas ou cenários muito especulativos, levando à legitimização das escolhas tecnológicas ao invés de submetê-las à aprovação de uma avaliação moral. É assim que o *Center for Responsible Nanotechnology* (CRN), coordenado por Chris Phoenix, apresenta uma precária caricatura do que poderia ser a ética nas tecnociências. Tudo já é tendencioso na primeira frase da apresentação do *centro*: "A revolução industrial que se aproxima caminha em, dois 'ritmos' ".[273] A manufatura de moléculas sonhada por Drexler é apresentada como uma realidade iminente, inevitável, que vai transformar o mundo. Ela não estaria então, submetida a controvérsias. O debate propõe-se para a questão clássica dos usos - bons ou maus - que se fará das nanotecnologias, supondo-se, por consequência, que eles seriam neutros axiologicamente. "Essa transformação seria pacífica e benéfica ou horrivelmente destruidora? É uma incógnita". A missão da CRN é de trabalhar pelo estabelecimento de limites aos riscos e maximizar os benefícios. Em sua análise crítica já citada do CRN, Alfred Nordmann e Matthew Kearnes sublinham o deslizamento sistemático do raciocínio hipotético-dedutivo "se...então", para um "quando... então". Quando tivermos a manufatura molecular, certas escolhas serão necessárias. "O objetivo do CRN não é predizer, mas preparar: não determinar exatamente quando e como a nanotecnologia

273 Cf. <www.crnano.org>.

permitirá a subversão da manufatura molecular, mas estimular sua efetiva preparação".[274] Ser responsáveis, segundo os promotores das nanotecnologias é preparar a opinião pública para aceitá-las.

De outro lado, mesmo quando o consequencialismo não se traveste assim, ele é vazio de dimensões morais. Como denunciou muitas vezes Jean-Pierre Dupuy, o que se passou a chamar "ética das nanotecnologias", que se reduz, na maioria dos casos, a uma avaliação dos riscos segundo um cálculo tipo custo/benefício.[275] Esse método, já bastante conhecido no campo da gestão, elimina toda questão moral. Uma vez que podemos ser prudentes, conscientes, mas bastantes imorais - os heróis do crime ou mesmo a máfia sabem muita coisa a respeito - para introduzir os valores morais nesse cálculo de riscos, podemos argumentar que é moral evitar os riscos para um grande número: as nanotecnologias que não são nocivas para um grande número de pessoas seriam moralmente aceitáveis.[276]

Porém, isso não impede uma outra crítica que limita a eficácia da abordagem da gestão de riscos: o método de avaliação não pode levar em conta as zonas de incerteza, uma vez que elas escapam do cálculo das probabilidades, pois essas zonas cegas podem atingir a consequências inesperadas, que são um problema de responsabilidades dos agentes, deduzindo-se, então, que será necessário um novo recurso aos princípios: o "princípio de precaução" (que se tornou uma norma jurídica na França depois de sua inscrição na *Charte de L'environnement* na Constituição de 2005) visando precisamente implicar a responsabilidade nos casos de incerteza.

274 Cf. Alfred NORDMANN – Matthew Kaernes, *Commentary on the scenario strategy of the Centre for Responsible Nanotechnology. Nanotechnology Perceptions*, 2008, 4, pp. 65-71.

275 Cf. Jean-Pierre Dupuy, *Complexity and uncertainty. In high-level expert group, Foresighting the New Technology*. Bruxelles: *Comission européenne*, 2004.

276 Tal é a posição do filósofo americano Michael Sandel. Catherine Larrère mostra que ele se apoiaria em duas exigências mínimas – segurança e igualdade – inspiradas no liberalismo político. Cf. Catherine Larrère, *La question du perfectionnisme*. In Bensaude-Vincent, Bernadette – Raphaël Larrère – Vanessa Nurock (Eds.), *Bionano-éthique. Perspectives critiques sur les bionanotechnologies.* Paris: Vuibert, 2008, pp. 127-141.

Todas as versões desse princípio prescrevem banir as pesquisas ou as inovações suscetíveis de engendrar danos sérios e irreversíveis e a prova de inocuidade seria de responsabilidade de quem propusesse a inovação, e não de quem se opusesse a ela.[277] Na formulação oficial inscrita na Constituição da França, a noção de dano é tomada em seu sentido relativo e pressupõe sempre a possibilidade de uma avaliação racional da relação custo/benefício.[278] Como chama a atenção Dupuy, o princípio não tem em vista uma concepção objetiva da incerteza relativa ao estado atual do saber ou de nossa ignorância. Não sabemos quais seriam as consequências do aquecimento climático, elas seriam imprevisíveis no sentido estrito; porém, são rigorosamente determinadas, mesmo quando se tratade fenômenos bastantes tendenciosos nas condições iniciais, remetendo ao que chamamos de caos determinista. O princípio não leva em conta as incertezas objetivas ligadas aos sistemas complexos, por definição, imprevisíveis mesmo por um Deus onisciente, como imaginava Laplace.

O pensamento crítico dissolvido pelas tecnociências?

Por fim, os desafios à ética que caracterizam a tecnociência testemunham uma "nova aliança" que teria posto fim aodivórcio – instaurado pela ciência moderna e ferozmente defendido por

277 Cf. Catherine Larrère, *Principe de precaution*. In Canto-Sperber, Monique (Ed.), *Dictionnaire d'éthique et de philosophie morale*. Paris: PUF, 2001.

278 "Por ocasião do acontecimento de um dano, ainda que incerto quanto ao seu conhecimento pelos estudos científicos, que poderia afetar de um modo grave e irreversível o meio ambiente, as autoridades públicas velarão, pela aplicação do princípio da precaução, e em seus domínios de atribuição, pela aplicação de procedimentos de avaliação dos riscos e pela adoção de medidas provisórias e proporcionais a fim de suspender a realização do dano." *Charte de l'environnement*, art. 5).

Monod em 1970 – entre a busca do conhecimento e os valores humanos compartilhados?

Claro que a dinâmica da convergência favorece uma abertura de mentalidade: enquanto o movimento de especialização associado ao regime acadêmico "levantava viseiras", como já havia sublinhado Max Weber em 1917, a desterritorialização ligada à tecnociência encoraja a uma atitude mais reflexiva nos meios de pesquisa.[279] Forçoso é reconhecer, entretanto, que as aberturas para a ética continuam sendo limitadas e pouco eficazes. Ainda que corajosas e louváveis, as iniciativas de autorregulação da parte dos cientistas não desembocaram nunca em medidas concretas.

Os comitês de ética e o *Technology Assessment* têm o imenso mérito de confiar a responsabilidade da avaliação e do juízo moral a um grupo de especialistas, que inclui ciências humanas, religiões e diversas tendências filosóficas. Eles favorecem, inegavelmente, a tomada de consciência e uma atitude reflexiva entre os agentes da tecnociência, mas, também, da sociedade em geral. Entretanto, seu papel sendo puramente consultivo não existe poder algum de ação para prevenir riscos ou de frear os ritmos de desabaladas para frente. A ética parece condenada a correr atrás das possibilidades que se multiplicam para avaliar o que tem de bom e de ruim a ser considerado, quando tais possibilidades estão prontas para serem efetivadas.[280] Em um mundo onde tudo é avaliado à luz da eficácia, sua contribuição parece ser negligenciável.

Quanto à floração de éticas aplicadas, encorajadas pelas medidas de acompanhamento sistemático dos programas de R&D, ela

---

279 Cf. Max WEBER, *Le Savant el le Politique*. Paris: Plon, 1959,p. 61-62. Tal parece ser a convicção de Arie Rip, fundador do movimento *Constructive Technology Assessment*, que insiste sobre o fato de que a tecnociência é hoje mais reflexiva. Cf. Arie RIP, *Assessing the impacts of innovation: new developments in technology assessments. Social Sciences and Innovation* – OCDE, Paris: 2000.

280 Em 1986, em seu livro *Société du Risque* (Sociedade de Risco) Ulrich Beck exemplificava até com certo humor os limites de seu poder de ação com a seguinte comparação: é como querer parar um Boing com freios de bicicleta. Cf. Beck, Ulrich, Risikogesellschaft. Frankfurt am Main: Surkamp, 1986 (Tradução francesa *La Société du Risque. Sur la voie d'une autre modernité*. Paris: Aubier, 2001.

permite, como parece ser óbvio, identificar lugares de conflito ou de fricção com os valores sociais ou religiosos. Mas de um lado a ética é muitas vezes confundida com a aceitação social. Ora, isso que agrada um grande número de pessoas, o que for aceitável pela opinião pública não é necessariamente bom do ponto de vista moral. Essa separação tem cada vez mais a chance de se configurar na medida em que as novas tecnologias – como já o assinalava Monod – nos seduzem e drogam: elas suscitam mais adicção que reflexão. De outro lado, a ética, muitas vezes encurralada na gestão de riscos, é cada vez mais "aculturada" pela racionalidade tecnocientífica. Ela contribui pouco para reconciliar as tecnociências com os valores compartilhados e mais para reforçar segurança e o bem-estar individual, inspirando e subjazem aos programas da tecnociência.

A "nova aliança" não tem, realmente, muitas chances de vir a ser algo consistente, quando nos damos por meta "aplicar" as teorias e as soluções éticas a inovações das tecnociências. Como o sublinha Jean-Pierre Dupuy: "As respostas éticas não existem antes das questões que suscitam. As normas e as regras devem emergir dos problemas aos quais elas se aplicam".[281] Um procedimento ascendente, *bottom-up*, faz emergir nos laboratórios de R&D questões que devem ser submetidas em seguida ao debate público, e, com isso, o procedimento tem muito mais chances de ser eficaz.

Resta ainda saber que o próprio mecanismo de regulação ética das tecnociências tem um duplo efeito. Em primeiro lugar, a exigência de uma avaliação ética antecipada da R&D traduz-se pela integração dos pesquisadores nas ciências humanas e nos grandes programas onde reina a lógica da avaliação custo/benefício, que convém ao estilo atual de administração da pesquisa. Mas, em segundo lugar, essa participação, claramente necessária para a construção social e cultural

281 Cf. Jean-Pierre Dupuy, *Ethics beyond prudence, towards a normative assessment of nanotechnology*. Bruxelles: Comission européenne, 2004, pp. 29-31 (Grupo de trabalho europeu para assuntos econômicos e sociais da nanotecnologia e nanociências).

das novas tecnologias, tem por efeito absorver as ciências humanas na construção da convergência. Seu modo de pensar caracterizado pelo seu olhar externo e crítico, corre, por esse mesmo fato, o risco de desaparecer. Levar a sério o projeto da convergência é, portanto, admitir que, a curto ou médio prazo, não deva mais existir exterior, nem mesmo debaixo ou de fora. Devemos todos, *volens nolens*,[282] ser partes participantes.

282 Em latim no original, queiramos ou não [NT].

15. Tecnociência e governança

Como "tecnociência", a palavra "governança" teve uma irresistível ascensão ao longo dos últimos decênios.[283] Essa expressão surgiu nos anos 1960 no mundo empresarial para designar o estilo de administração ou de gestão. Nos anos 1980, ela aplicou-se, também, ao meio financeiro, ao qual é aplicada a exigência de transparência. Nos anos 1990, ela passa a fazer parte do vocabulário político, ao qual se acrescentam duas novas exigências, a inclusão e a participação. Com a globalização, a ideia de uma "governança global" requer a definição de valores comuns para construir um mundo comum. Diversamente do termo tecnociência, o termo governança tem uma conotação positiva: longe de suscitar polêmicas, ela parece levar ao consenso e trazer a esperança de revigorar o funcionamento das democracias.

Esse termo funciona tipicamente como um *boundry object* (objeto fronteiriço), um conceito suficientemente vago e polissêmico para relacionar diversos atores em torno de uma ideia bastante fluida de gestão democrática, onde o Estado desempenha um papel mínimo e onde as "boas práticas" são de praxe. Na dinâmica da União Europeia, onde ele ocupa um lugar central, o termo "governança" designa "as regras, os processos e os comportamentos que influem no exercício dos poderes em nível europeu, especialmente, do ponto de vista da abertura, participação, responsabilidade, eficácia e coerência".[284] Os destinos paralelos dos conceitos emergentes de governança de tecnociência assinala alguma conivência entre eles? A tecnociência serve para a governança?

283 Ainda que se pudesse utilizar o termo "governabilidade", preferimos o termo "governança" que tem a um tempo a conotação de "governo" e elementos de sua processualidade além de ligar-se à história precípua do seu uso atual [NT].

284 *"Qu'est-ce que la gouvernance"* – <http://ec.europa.eu/governance/index_fr.htm>.

Cumplicidade ou contradição?

A tecnociência apresenta problemas éticos e sociais, como liberdades individuais, segurança, políticas de saúde... A complexidade das questões técnicas e os impactos sociais parecem conduzir a conferência sempre maior de poderes aos especialistas, e, com isso, encorajar a tecnocracia.

A governança e a tecnociência seriam duas tendências antagônicas que estariam lutando em nossas sociedades? Tal é a perspectiva sugerida pelo historiador das ciências, o francês Dominique Pestre, em seu artigo de 2008 dedicado à governança das ciências.[285] Em nossas sociedades liberais e com economia de mercado, a tecnociência e seus produtos resistem à construção de novas formas de governança, de democracia dialógica ou participativa. As tecnociências são regidas por instituições e poderes que escapam da arena pública. Pestre conclui, pela existência de uma tensão extrema entre os dois processos de modernização que procedem, uma racionalidade científica, orientada para a eficácia, e a outra de uma racionalidade política orientada para o diálogo. Vemos uma contradição entre os dois processos: de um lado um processo de democratização centrado sobre a política, favorecendo o diálogo, a conquista dos direitos individuais e as deliberações coletivas quanto ao futuro; de outro, um processo de progresso tecnológico aliado a um mundo da empresa livre e do mercado para promover as inovações e fazer negócios. Os dois processos são tidos como fundamentais, tanto um como o outro nas sociedades modernas e pós-modernas, então, o choque entre as duas culturas parece inevitável e o conflito é algo tido por certo.

---

285 Cf. Dominique Pestre, *Challenges for the democratic management of technoscience. Governance, participation and the political today*. Science as Culture, 2008, 17(2), pp. 101-119.

Portanto, a partir das reflexões sobre as novas formas de governabilidade inspiradas em Michel Foucault, descobrem-se com transparência lúcida, os vínculos de cumplicidade que tendem a reforçar-se.

Desde 1980, Langdom Winner já colocava a questão: *Do artifacts have politics*.[286] Esse professor de ciências políticas de Nova Iorque apresentava a hipótese de que as tecnologias encarnam relações de poder, acontecendo tanto nas produções tecnológicas, a nuclear, por exemplo, implicando certo tipo de relações políticas (centralização, polícia, alta vigilância...), como elas servem de mecanismo ou de "dispositivos" para administrar os afazeres de interesse comum.

O conceito de biopoder desenvolvido por Michel Foucault nos anos 1970 pertence a esta segunda categoria. Ele designa isso com técnicas específicas de poder que se exerce sobre o corpo individual e as populações, independente de mecanismos jurídicos ou políticos do poder soberano.[287] O que descreve Foucault é a governança pelas tecnociências. Sua análise é uma preciosidade, sob um duplo aspecto, para quem vai promover a governança das tecnociências.

Do biopoder ao biocapital

De um lado, as técnicas de poder, claramente distintas do poder soberano ou do poder das leis, não é algo recente. A biopolítica é um fenômeno que Foucault remonta no final do século XVIII, quando a medicina deixa de ser uma arte exercida em resposta a uma solicitação individual de um doente, para tornar-se um instrumento de

286 Cf. Landom WINNER, *Do artifacts have politics*. Daedalus, 1980, 109, pp. 121-136.

287 Cf. Michel Foucault, Cours du 17 mar 1976. In Foucault, Michel, *Il faut défendre la société*. Cours au Collège de France, 1976. Paris: Gallimard/Seuil, 1997, pp. 213-235.

controle social. Graças a um conjunto de dispositivos (vacinação, controle do ar, da água...), o olhar médico impôs-se a todas as pessoas, doentes ou sadias. Esse processo de enquadramento do espaço e do tempo, iniciado no século XVIII, encontra-se hoje em dia reforçado pelo uso das tecnologias da informação e pelas nanotecnologias para supervisão, proteção e segurança. As tecnociências inscrevem-se na continuidade de uma política que atravessa suas clivagens. Em todas as tendências, tanto da direita quanto da esquerda, essa técnicas de micro-poder neutralizam o jogo político tradicional.

Por outro lado, como assinala Foucault, as técnicas do poder não estão relacionadas somente às populações, mas também aos indivíduos. Elas inspiram normas de comportamento e de vida. Longe de serem vividas sob a modalidade da obrigação (como as leis), elas são tão interiorizadas que se inscrevem na ordem do desejo. Através das populações e dos indivíduos, a vida é domesticada e submetida a normas políticas que podem se afastar das normas do ser vivo.

Desde os anos 1990, a noção foucaultiana de biopoder teve algumas inflexões: a partir do poder da especialidade biomédica, passa a ocorrer um afastamento da medicina escondida atrás das bio-tecnologias; por outro lado, as forças econômicas modificam profundamente a medicina e, em consequência, a política como percepção da vida humana.

A medicina como arte terapêutica estendida ao corpo social afasta-se por trás da bioengenharia que "modela" os corpos (desde antes do nascimento pelos diagnósticos pré-natais) ou os remodela ao longo da vida por uma luta desenfreada contra o envelhecimento. Em 2007, o sociólogo das ciências, o britânico Nikolas Rose lembra dessa inflexão em sua publicação chamada *The Politics of Life Itself* (As políticas da própria vida).[288] Sublinha o impacto da molecularização da vida, que libera as normas vitais vinculadas ao orga-

288 Cf. Nikolas ROSE, *The Politics of Life Itself. Biomedicine, Power and Subjectivity in the Twenty-First Century.* Princeton: Princeton University Press, 2007.

nismo como um todo. Além do mais, uma nova norma ética parece começar a funcionar nos países mais avançados: cada indivíduo tem agora a responsabilidade de se manter em boa saúde e de otimizar suas performances. O biopoder do século XXI está preocupado com "a vida em si". Trata-se de um novo modo de se conceber a vida, como um conjunto de mecanismos que podem ser controlados ou reprojetados à vontade. Isso quer dizer que ele influencia não somente sobre a esfera política, mas também sobre esfera da própria natureza: "A biologia não é um destino, mas uma oportunidade de intervenção tecnológica".[289]

Do mesmo modo como o conhecimento torna-se um bem-mercadoria, a vida se torna um patrimônio a ser administrado e que deve ser posto para frutificar. Cada um passa a ter responsabilidade sobre seu corpo, sua aparência, sua saúde e suas performances. Não é mais uma questão de cuidar de si, mas de otimizar suas chances, prolongar a duração de sua vida e assegurar o melhor futuro possível. De repente, a saúde torna-se o maior desafio político (seguro saúde, proteção social), ao mesmo tempo em que uma fonte de lucros atrai as *venture capitalists*. O retorno sobre os investimentos da R&D, os *start-up* (investimentos iniciais) que esperam comercializar as partes separadas do ser vivo (células-tronco ou módulos fabricados pela biologia sintética) podem parecer ainda hipotéticos. Mas suas estratégias prolongam a da indústria farmacêutica, a qual havia investido pesadamente em pesquisas sobre os psicotrópicos e os antidepressivos.

Toda a psicopatologia, nesse sentido, foi embaralhada: hoje, as perturbações psíquicas não são mais explicadas, essencialmente, senão como disfunções de receptores, neurotransmissores ou descargas iônicas... Nossos estados de espírito são remetidos ao funcionamento do cérebro. Foi destronada a psicologia das profundezas[290] que nos havia "moldado" no século XX: chegou o "homem neuronal".

---

289 Cf. Nikolas ROSE, *The Politics of Life Itself*, op. cit., p. 51.

290 Termo genérico para as psicanálises [NT].

O "eu" é agora um corpo, e o próprio corpo se reduz ao genético e ao neuronal. Aqui se entrecruzam não somente as escolhas epistemológicas com os interesses econômicos, mas também escolhas éticas (no sentido de condutas de vida) e as orientações políticas.

Biologização do político: estamos indo para uma "cidadania biológica"?

A convergência das nanotecnologias, das biotecnologias, das tecnologias da informação e das ciências cognitivas está resolutamente orientada para o controle, o aumento da performance ou a otimização do biocapital. Na luta contra o envelhecimento nas técnicas de diagnóstico pré-natal e no aumento das performances, estamos lidando especialmente com os indivíduos. É por isso que a questão é, muitas vezes, confiada aos comitês de bioética?[291] Mas, ela é mais política do que ética na medida em que os indivíduos que devem "aumentar" são definidos como corpos a serem cuidados e otimizados e não são tanto membros de uma sociedade. Ou melhor, a questão do *aumento* é o signo manifesto de uma tendência de remeter o político para o ético.

A noção de "cidadania biológica", forjada por Rose para sublinhar o quanto às representações dos caracteres vitais próprios dos seres humanos determinam o perfil dos cidadãos, é especialmente adequada para discutir a questão da governança das tecnociências. Rose considera a fusão da ética com a política uma das características de nossa sociedade no que tange às formas de biopoder descritas por Foucault: "Se a *disciplina* individualiza e normaliza a *biopolítica* coletiviza e socializa e a *eto-política* ocupa-se das técnicas

291 Cf. Leo KASS, *Beyond Therapy. Biotechnology and the Persuit of Happiness. A report from the President's Council of Bioethics*. Washington, 2003.

do *eu* pelas quais os seres humanos devem julgar e agir sobre eles mesmos para melhorarem".[292]

A biologização da política conduz, assim, a uma redefinição dos cidadãos: a sua dimensão social passa a ser ignorada em vista de sua identidade somática e de culto à performance individual. Todas as técnicas de aumento da duração da vida, de performances sexuais ou intelectuais dizem respeito aos indivíduos independentemente do bem público ou do progresso social. Cada indivíduo deve gerar seu biocapital em vez de trabalhar para a emancipação política que foi o ideal da sociedade no Século das Luzes. É assim que a educação, tradicionalmente considerada como um instrumento de emancipação dos povos, é hoje redefinida como uma técnica entre outras, de aumento das performances individuais. Os partidários da capacitação dos seres humanos utilizam de bom grado esse argumento para legitimar e fundamentar solidamente um aumento das performances intelectuais através de fármacos ou estimulantes elétricos no córtex cerebral.[293] Melhor ainda, alguns professores promovem tais métodos para aumentar as capacidades dos estudantes esgotados pela dura competição que reina em grandes universidades.[294]

Um outro caso onde as tecnociências atuais apresentam-se com um afastamento do político em proveito de escolhas da vida individual, está no que concerne aos diagnósticos pré-natais para a prevenção de riscos com base genética. Trata-se de uma nova forma de eugenismo não diretivo que se volta para os indivíduos e não mais para as populações. Esse poder não é exercido pelo Estado e nem pela lei, mas por um conjunto de códigos que brotaram dos comitês de ética, das associações de profissionais ou de pacientes e, às vezes, até das companhias de seguro. A questão está nas mãos dos conselheiros genéticos e familiares que ajudam os pais a tomar as suas decisões pela instauração de um diálogo.

---

292 Cf. Nikolas ROSE,*The Politics of Life Itself. Biomedicine, Power and Subjectivity in the Twenty-First Century*. Princeton: Princeton University Press, 2007, p. 25.

293 Cf. John Harris, *Enhancing Evolution. The Ethical Case for Making Better People*. Princeton: Princeton University Press, 2007.

294 Cf. John Greely, – Barbra Sahakian – John Harris et al, *Towards responsible use of cognitive enhancing drugs by the healthy*. Nature, 2008, 456, pp. 702-705 (11 de dezembro de 2008).

Rose vê nesses intercâmbios entre os pais e os profissionais que são consultados uma nova forma de poder que ele chama de "poder pastoral", uma vez que se trata de uma orientação ou guia.[295] Mas, ao invés de guiar a população no seu foco, estabelece relações interindividuais substituindo-se à limitação do consentimento.

A socióloga austríaca Karin Knorr-Cetina levanta outros sintomas da biologização da política tanto na conduta dos estados, que se "livram" da solidariedade entre as classes sociais como no procedimento dos mesmos na condução dos indivíduos para que construam as suas vidas como um projeto e uma realização pessoal. A "cultura da vida" não diminui somente a governança sobre o indivíduo, pela negação de sua dimensão social, mas também se esquiva, paradoxalmente, da dimensão biológica dos seres humanos, negando-lhes os limites impostos pela natureza à vida humana. É a condição humana que está sendo negada, abafada, no sentido em que ela é um "tecido" da natureza, da sociedade e dos artefatos técnicos.

O biocapital reforça o biopoder, e parece que a governança e a tecnociência são claramente dois processos associados que se combinam mutuamente. O estilo *de manager* de um encontra um terreno favorável no reducionismo do outro. As técnicas biomédicas – como as tecnologias da informação e da comunicação, que não tocamos aqui – transformam as próprias identidades dos cidadãos. A sociedade civil não pode ser considerada como uma instância imutável que garante a democracia diante de uma racionalidade técnica que lhe é estranha. A própria noção de cidadania acha-se aqui redefinida pelas normas tecnológicas que ultrapassam o corpo, o espírito e as aspirações dos indivíduos, e não há mais a necessidade de se impor autoritariamente as normas. Assim, tecnociência autoriza e favorece um processo de reajuste permanente das normas em concerto com os agentes. E o fato é que, desde os anos 1980, a gestão das tecnociências deu oportunidade a diversos ensaios de governança, os quais precisam ser avaliados quanto ao seu impacto.

---

295 Cf. Nikolas ROSE,*The Politics of Life Itself. Biomedicine, Power and Subjectivity in the Twenty-First Century.* Princeton: Princeton University Press, 2007, pp. 73-74.

16. A experimentação social

A tecnociência – como vimos no Capítulo 2 – acaba com o modelo linear (ciência e depois inovação técnica e depois disso, novos usos ou costumes sociais).[296] Ela leva, paralelamente, e enterra o modelo linear da difusão das ciências – segundo o qual um fluxo de informações com um sentido único transita de uma "fonte pura" do saber (as comunidades científicas) para o público, supostamente ignorante. Esse esquema, muitas vezes designado de "modelo do déficit", uma vez que identifica o público como carente de saber (e não positivamente como um conjunto de pessoas com os seus saberes, habilidades, experiências e opiniões), está claramente contestado hoje em dia em muitos países.[297] O deslizamento da noção de público para a de cidadãos assinala um abandono do paradigma de vulgarização.

Os cidadãos recrutados

O abismo entre a ciência e o público que caracterizaria a ciência do século XX, que oportunizou habilmente a vulgarização científica tendo o cuidado de propagar certa confiança do público na ciência, não está mais na moda. As tecnociências, diversamente das "ciências

---

296 Notemos, entretanto, que o sucesso da problemática atual dos "impactos" sociais, deixa entrever uma persistência do modelo linear.

297 Cf. Steven Hilgartner, *The Dominant view of popularization: conceptual problems, political issues. Socials Studies of Science*, 1990, 20, pp. 519-539; Michel Callon – Pierre Lascomes – Yannick Barthes, *Agir dans un monde incertain. Essai sur la décmocratie technique*. Paris: Seuil, 2001; Bernadette Bensaude-Vincent, Science et opinion. *Histoire d'un divorce*. Paris: Seuil, 2003.

puras", parece que estão diretamente *aprisionadas* com as necessidades e os interesses dos cidadãos. Ao abismo, advém um curto-circuito que suprime as distâncias à custa de promessas de grandes investimentos e receitas. As tecnociências despertam um imaginário segundo o qual a "polícia epistemológica" que seria a guardiã "do espírito científico" faria o melhor que ela pudesse para refrear ou abrir às vezes os mesmos caminhos, tal como os grandes mitos de nossa cultura ou o homem genial que pode rivalizar com o Criador.[298] O envolvimento do público passou a ser uma palavra de ordem no início do século XXI, uma vez que as tecnociências, diversamente da física atômica do século XX, apela ao público para se legitimar.

As biotecnologias e as nanotecnologias já deram espaço para experiências múltiplas de "júris cidadãos", conferências de consenso ou de *focus groups.* Qualquer uma dessas formas de debates deve seguir um protocolo bem controlado, que envolve as partes interessadas e promove a livre expressão das diferentes opiniões. A cultura do debate público envolve pesquisadores, industriais, associações de consumidores, organizações não governamentais (por exemplo, o *ETC Group*, *Greenpeace* ou os *Amis de la Terre*) e susceita até mesmo a criação de associação voltadas para o debate das ciências e das tecnologias, como, na França, as seguintes: *Sciences Citoyennes* (Ciências Cidadãs), *Vivagora,* a *FING,*[299] etc. Não raro, ela envolve os poderes públicos, em especial, no programa *Public Involvement in Science* da Inglaterra.

O engajamento do público está há um passo de vir a ser um ritual, e até bastante politicamente correto. Mas se, do simples debate, se passa a implicação real dos cidadãos no processo de inovação e de decisão quanto às escolhas científicas e tecnológicas, a democracia técnica poderia entrar em concorrência com o esquema tecnocrático que preside os desenvolvimentos do campo nuclear, por exemplo.

---

298 Cf. Marina MAESTRUTTI, *Les Imaginaires des nanotechnologies*, op.cit.

299 Provavelmente a autora tenha em mente a *Fondation Internet Nouvelle Génération* [NT].

As práticas boas (e menos boas)

Seria temerário elaborar um balanço das formas de participação em ação desde os anos 1980. É claro, entretanto, que essas diferentes fórmulas podem responder a objetivos que não garantem necessariamente uma governança democrática das tecnociências.

O primeiro objetivo é a aceitação social, via um processo de educação popular. A consulta e mesmo o debate público podem ser estratégias para fazer frente à falta de confiança – para não falar de desconfiança e mesmo de hostilidade – do público ante as ciências e as técnicas. Pela integração dos valores dos usuários e dos consumidores no desenvolvimento dos produtos, aumenta-se a chance de que sejam aceitos. É um método já comprovado de marketing, que trata o público de um modo mais ou menos direto, como uma massa a ser convencida ou educada. Na mentalidade dos promotores das nanotecnologias, não há dúvida alguma de que os cidadãos devem ser convocados para acompanhar o movimento, para facilitar a aceitação social das inovações e evitar reações de rejeição; em resumo, o desperdício. A propósito, a sociedade é percebida como um parâmetro importante mas opaco e imprevisível, como um fator de incerteza a ser administrado o mais racionalmente possível. Os cidadãos fazem parte de uma gestão de riscos ao estilo *manager*.

Desde as experiências recentes na Grã-Bretanha, parece que os cidadãos têm atitudes "paroquialmente" ambivalentes em relação às biotecnologias e às nanotecnologias, mas que a desconfiança aumenta com o sentimento de um certo determinismo tecnológico que os ultrapassa e transforma a consulta pública numa enganação.[300] Na realidade, o objetivo da aceitação social ou da legitimação pelo público é facilmente frustrado. As conferências de cidadãos ou os *focus group*

---

300 Cf. Matthew KEARNES – Brian WYNNE, *On nanotechnology and ambivalence: the politics of enthusiasm*. NanoEthics, 2007, 10, pp. 1-12.

podem muitas vezes funcionar como instrumentos impressionantes de aprendizagem e de reflexão, graças à assunção de um tema. O diálogo – e até mesmo a confrontação – entre as muitas culturas que coabitam numa população de um bairro, de uma cidade, de um país pode transformar a tentativa de uma "formatação" do público em formação de um tecido social, solidário e criativo. Entretanto, o que se quer no mais das vezes é um painel restrito de cidadãos supostamente representativos. E mais, os encontros para debates de cidadãos sobre assuntos controversos (OGM, pesticidas) continuam sendo nada mais que "momentos de expressão cívica". As recomendações elaboradas nessas conferências não são lá muito seguidas efetivamente. A articulação entre debates públicos e a decisão política não entrou ainda na vida democrática.

O objetivo mais ambicioso da participação é a coconstrução das ciências e das técnicas unindo os dois processos dos quais Dominique Pestre realça o antagonismo. O "forum híbrido" é assim um lugar aberto, onde diversos cenários de desenvolvimento são colocados em concorrência para serem explorados, avaliados e discutidos. A ideia de que esses "fóruns", reunindo especialistas de diversos horizontes, funcionem como um "viveiro de inovações" pode parecer utópica, mas as condições são ótimas para isso.

Com efeito, nos anos 1970, enquanto Foucault descrevia em detalhes a construção tecnocientífica do poder político, a corrente dos *social studies of science and technology* (estudos sociais da ciência e da tecnologia, sigla em francês: STS) descrevia a construção social da ciência e das tecnologias. Vimos no Capítulo 4 que esse trabalho de construção do mito da pureza das ciências desempenhou um papel importante na difusão do conceito de tecnociência. Ora, as ciências humanas, que até então tinham, sabidamente, descortinado o sistema das alianças, forneceram esplêndidas análises dos regimes do saber, da sociedade pós-moderna, do paradigma da informática e da mercantilização do conhecimento, são convidadas a adotar uma atitude mais construtiva, quando são convidadas antecipadamente, a participar da pesquisa e do desenvolvimento das tecnociências.

Do mesmo modo como os biólogos sintéticos gostam de dizer que depois de terem lido ou decifrado o genoma, foi necessário agora escrever e reescrever, os pesquisadores das ciências sociais que exploraram as engrenagens da cocontrução das ciências e da sociedade, devem passar à ação e disponibilizar o seu conhecimento das engrenagens para ajudar a coconstruir.

Com dois exemplos, nos permitirão ilustrar as duas posições de cocontrução e de aceitação da regulação.

Uma tendência de cocontrusção: o programa europeu de tecnologias convergentes

O programa europeu de tecnologias convergentes (CTEKS), apresentado no Capítulo 6, oferece um bom exemplo de utopia. Os especialistas que se reuniram em Bruxelas para elaborar o relatório publicado em 2004, estavam, em sua maioria, familiarizados com o paradigma da coconstrução ciência e sociedade. Quatro anos após a elaboração desse programa, num artigo bem reflexivo, o relator do projeto Alfred Nordmann assinala que a empresa visava menos colocar as tecnologias convergentes a serviço das sociedades que construir a sociedade europeia. O programa CTEKS, concebido num contexto atormentado da história da União Europeia – depois da Cúpula de Lisboa que planejava a economia fundada sobre o conhecimento e a recusa de uma Europa política por um voto contra a Constituição – se apresenta como uma oportunidade para construir a União Europeia via as tecnologias em vez de se usar o caminho de um voto cidadão:

> *De um lado, não há convergência sem um objetivo europeu sobre o qual convergir. E, inversamente, não há sociedade europeia do conhecimento enquanto não chegarmos a um processo público que fixe uma*

agenda integrando a pesquisa nas estratégias para a solução de problemas societários reconhecidos. Essa construção repousa sobre uma hipótese não provada; entretanto, diante do projeto CTEKS, ser europeu é apostar nessa hipótese para entrar numa experiência em grande escala que pode muito bem se verificar.[301]

A Europa não pré-existe ao projeto CTEKS, ela deve inventar-se através das tecnologias que afetam a vida de cada um bem como o futuro do Planeta. É uma aposta que visa o conhecimento-construção das ciências, das tecnologias e da sociedade europeia. A influência da corrente sócioconstrutivista que predominou nos estudos sobre a ciência ao longo das últimas duas décadas, é reconhecida e detalhadamente analisada por Nordmann.[302] Em especial, ele apresenta o projeto como uma espécie de concretização de teses apresentadas por uma das figuras mais em vista da corrente STS, a socióloga americana Sheila Jasanoff, que confronta dois estilos sociotécnicos: as "tecnologias da *hybris*", caracterizada pela sua recorrência a dados objetivos para minimizar a parte da incerteza e as "tecnologias da humildade" que se esforça por integrar as incertezas e a pluralidade dos pontos de vista nas escolhas científicas e tecnológicas. Assim, Nordmann argumenta que a Europa deveria escolher a humildade enquanto que os promotores do projeto de convergência NBIC teriam optado pelo *hybris*. Num e noutro caso, o projeto de convergência de tecnologias se apresenta como uma experiência destinada a validar o sócioconstrutivismo.[303]

Os diversos países da União Europeia confrontados com as tecnologias convergentes tornam-se um "teatro" para experimentar-se

301 Cf. Alfred NORDMANN, *The European Experiments*. In HARRISON, Carol E. – Ann Johnson (Eds.), *National Identity. The Role of Science and Technology*. Osiris, 24. (a ser editado em 2009).

302 Cf. Alfred NORDMANN, *The European Experiments*, op. cit.

303 O envolvimento das ciências humanas que para os promotores do programa NBIC, respondem pelo cuidado da gestão "responsável", oferece aos promotores do programa europeu uma oportunidade de obter créditos e um terreno para validar as suas hipóteses. Existem, de um lado e de outro, muitas ilusões na base desse jogo apresentado como "ganhar-ou-ganhar". Mas, nos dois casos, estamos dentro de uma situação experimental.

as novas formas de governança e de construção da sociedade europeia. A cena experimental não é um espaço fechado e confinado como se fosse um laboratório, mas a sociedade em seu todo e o Planeta ao qual ela está associada. À custa de protocolos, experiências e erros, tenta-se verificar ou negar as hipóteses, mas esses ensaios clínicos são ensaios *a la grande*, em escala mundial.

Um ensaio piloto à vista: o projeto Minatec em Grenoble

O projeto Minatec em Grenoble exemplifica quanto a ele mesmo, uma tentativa de regulação visando à aceitação social.[304] A montagem desse projeto foi seguida, analisada e assistida por equipes de sociólogos.[305] A primeira equipe encarregada, de imediato descreve o projeto como enraizado numa tradição local de cultura científica e industrial. Com o sociólogo Dominique Vicnk, Minatec inicia-se por uma operação essencialmente política de mobilização das autoridades municipais, regionais bem como de recursos científicos e industriais.[306] A iniciativa da parte das elites científicas locais, de uma pequena rede bem "costurada" pelos vínculos profissionais e extraprofissionais que soube acolher um chefe carismático,

---

304 A MINATEC – micro-nano-technologies – é hoje um centro de pesquisas com 2400 pesquisadores, 1200 estudantes e 600 industriais e especialistas que dispõe de uma infraestrutura com mais de 10 mil metros quadrados de salas. É um campus de inovação no domínio da micro e nanotecnologia. Para mais dados <www.minatec.com> [NT].

305 O acompanhamento está assegurado pela equipe PACTE Politique-Organisations de l'Université de Grenoble (Dominique Vinck) e Vincent Mangematin, economista da Universidade de Grenoble I. A missão do conselho de governança foi assegurada pela equipe INRA/TSV e pelo departamento Sciences/société de Universidade de Lausanne.

306 Cf. Dominique Vinck, *Le passage au nano. Comment un laboratoire s'arrange avec des incertitudes majeures*. In Chalas, Yves – Claude Gilbert – Diminique Vinck (Eds.), *Comment les acteurs s'arrangent avec l'incertitude*. Paris: Éditions Archives contemporaines, 2009.

foi capaz de convencer diversos agentes para fazer com que convergissem numa grande aventura. O projeto se articula em torno de uma visão grandiosa: um grande complexo *high-tech* compreendendo em si instituições públicas como o *Commissariat à l'energie atomique*, a Universidade Joseph-Fourier e parceiros industriais (STMicroeletronics, Philips e Motorola).

Os promotores da Minatec inscrevem seu projeto numa verdadeira epopeia, fazendo de Grenoble uma cidade cujo destino seria a tecnologia: depois de ter apostado na eletricidade no início do século XX, depois na eletrônica, ela deveria "naturalmente" apostar nas nanotecnologias. Pela mobilização da "história e da geografia", a rede fundadora pôde obter o consenso necessário para as tomadas de decisão, *seduzir* a convicção dos gestores de fundos, mas não pôde, apesar de tudo, evitar dissensões. Antes do lançamento da MINATEC em 2006, surgiram oposições: do lado do grupo dos militantes (*Piéces et main-d'œuvre,* um grupo de "simples cidadãos" que atacavam o projeto), mas também os industriais mais tradicionais da região, que se sentiam abandonados. As autoridades locais (a *Métro*) começam então a duvidar e se preocupar com a aceitação social.

Em 2005, a *Métro*[307] fez um apelo aos conselhos de um grupo de trabalho, com sociólogos, e alguns representantes da associação (*Science citoyenne*) para organizar um debate público com o objetivo de promover localmente a "democracia técnica". Marcado para setembro de 2005, seu relatório apoiava claramente a organização dos debates públicos e uma forma de participação dos cidadãos que ultrapassava as fórmulas convencionadas do tipo "fórum" e mesmo de assembleia de cidadãos.[308] Um ciclo de debates organizado por Vivagora, intitulado *Nano Viv* reuniu, de setembro a dezembro de

---

307 *Communauté d'Agglomération Grenoble-Alpes-Métropole, Ville de Grenoble (Métro)* Trata-se da administração pública da região metropolitana de Grenoble e adjacências [NT].

308 Cf. Pierre-Benoît JOLY, *Démocratie locale et maîtrise sociale des nanotechnologies. Les publics grenoblois peuvent-ils participer aux choix scientifiques et technologiques?* Grenoble, 2005.

2006 quase setecentos participantes que apresentaram solicitações aos diferentes setores locais: aos pesquisadores acadêmicos, convidando-os a uma abertura, ao diálogo, à transparência quanto aos contratos industriais e militares e à vigilância; aos industriais, para que tivessem mais responsabilidade, transparência e fizessem mais esforços em vista de estabelecer normas de segurança sanitária; às associações, convidando-as a cooperar para exercer uma vigilância e permitir uma coconstrução.

Depois da retirada de dois parceiros industriais (em três), a *Métro* saiu em campanha para convencer novos investidores negociando tudo com os cidadãos desejosos de "pilotar" um processo decidido por eles. Durante esse tempo, os "especialistas" em ciências humanas, convocados para participar apresentaram algumas questões. Passar da postura crítica a uma postura construtiva sem trair e nem fingir que estão acreditando no projeto; é um desafio muito difícil de sustentar. Adotando uma postura reflexiva, eles tomam essa experiência como sendo um terreno onde as condições de envolvimento devem ser definidas, antecipadamente, pelas ciências sociais e humanas.[309]

A *sucess history* sonhada pelos promotores da Minatec assume cada vez mais os traços de uma cena experimental onde são efetuadas grandes operações cujos resultados não são certos. Entre os agentes, alguns têm mais autoridade, mais visão e liberdade de manobra para orientar o futuro, mas não há ninguém efetivamente "no comando".

Desse exemplo – coconstrução ou simples regulação – pode-se inferir duas considerações gerais sobre as condições de governança das tecnologias. De início, elas supõem o abandono de um tratamento universalista das tecnociências. Elas não são obra da humanidade ou de um "sujeito conhecedor"; elas não visam satisfazer as necessidades desde os tempos imemoriais da humanidade (nutrir-se, vestir-se, pro-

---

309 Cf. Pierre-Benoît Joly – Alain Kaufmann, *Lost in translation? The need for 'upstream engagement' with nanotechnology on trial. Science and Culture*. 2008, 17(3), pp. 225-247.

teger-se). O "nós" sujeito das tecnociências não é nem o *homo faber* e nem o *homo sapiens*, mas as coletividades múltiplas histórica e geograficamente situadas, com partidarismos e interesses muitas vezes divergentes. É uma empresa – no sentido etimológico – na qual as associações se "projetam" ao embarcar.

Por outro lado, nos dois casos, estamos dentro de uma situação experimental, porém, nunca em uma situação de laboratório, onde se poderia controlar e fazer variar os parâmetros a nosso bel prazer. A cena experimental mobiliza não somente os especialistas das ciências da natureza, das ciências sociais do homem e da sociedade, mas a todos os cidadãos. Como sublinha Ulrike Felt, relator do grupo *Science et gouvernance* criado pela divisão de pesquisa da Comissão Europeia, tendo todos embarcado na experiência, enseja o desaparecimento da postura de autoridade, do observador objetivo: "Se agora a sociedade torna-se um laboratório da experiência sem muros, e consequentemente, os sujeitos sociais tornam-se sujeitos (cobaias) de experiências tecnocientífico-ambientais sem fim, é necessário começar a discutir as implicações para a governança, a ciência, os públicos e para a tecnologia. O que significa a experiência nesse caso? E se cada um é em princípio cobaia, então quem participa da concepção da experiência, de sua interpretação e que tem o direito de veto?"[310]

A palavra "experimentação" não deve mais ser tomada no sentido estreito de relação entre um sujeito que conhece e um objeto, colocados ambos numa relação de exterioridade, mas antes, entendida como um jogo de interações entre múltiplos agentes – sociedade, seres humanos, animais, meio ambiente... – cujas regras não são mais dadas, mas devendo ser permanentemente inventadas. De onde a prevalência de uma atitude reflexiva, de um retorno contínuo sobre as experiências para extrair novas regras e reajustar o padrão. A esse res-

310 Cf. EUROPEAN COMMISION – GROUPE D'EXPERTS SUR SCIENCE ET GOUVERNANCE (Relator: Ulrike FELT), *Taking European Knowledge Seriously*. Bruxelles: Directorate General for Research, 2007.

peito, a tecnociência nos insere num registro da pragmática, uma vez que inventa uma"experiência", no sentido amplo que o pragmatismo, em especial em John Dewey, dá a esse termo descrevendo o universo como um jogo de ações recíprocas entre centros de experiência.[311] Todos os que embarcamos na experiência somos dela partícipes.

311 Quanto à experiência em John Dewey, veja-se Didier DEBAISE (Ed.), *Vie et expérimentation*. Pierce, James, Dewey. Paris: Vrin, 2007.

Conclusão

Civilizar as tecnociências

Se o que entendemos por governança consiste menos num jogo político e mais numa gestão experimental da sociedade, se existe mais de um meio verdadeiro de "governar" a tecnociência, devemos resignar-nos, desistir e abandonar a tecnociência ao seu destino? No final desse percurso, lembramos, de início o que compreendemos por tecnociência, uma vez que a noção mudou consideravelmente desde o seu aparecimento nos anos 1970.

Uma sina?

A tecnociência, tal como ela se apresenta hoje, se distingue menos pela inversão das prioridades entre a ciência e a técnica e mais pela entrada em cena de políticas mais de mercado no mundo da pesquisa científica e tecnológica. Mas, especialmente, não se trata na realidade de um novo "paradigma", de uma "era nova" de reaproximação da ciência com a sociedade, que seguiria um processo de autonomização da pesquisa na longa duração da história das ciências e das técnicas ocidentais. É preciso parar de invocar em todas as situações, "revoluções" e "novos paradigmas" para se impor uma direção à história. A tecnociência não é tanto um momento histórico, mas, sim um processo que enovela diversas histórias. É por isso que podemos encontrar traços de um passado longínquo – bem anterior à aparição do termo. No momento atual, podemos caracterizar esse processo através de três traços principais:

O Primeiro traço é um processo de "engrenagem" em que se solidariza diversos setores de atividades – como a ciência, a indústria, a agricultura, a economia, a política – desconsiderando as suas reivindicações de autonomia. Não existe mais de uma atividade de pesquisa "livre" no sentido de uma atividade individual independente tendo um fim em si mesmo. A imagem da engrenagem evoca compromisso mútuo, uma espécie de interdependência. Somente um olhar superficial pode levar a crer que se trata de uma subordinação da ciência a fins produtivos ou da ciência e da técnica às leis do mercado. As relações de hierarquia supõem elementos bem diferentes, com contornos bem claros que tendem, ao contrário, afastar-se em vista de um tecido de relações uniformes entre elementos mais ou menos "confundidos". Pede-se à ciência que "produza" conhecimentos e ela passa cada vez mais a parecer uma atividade de administração, enquanto a gestão das empresas ou da saúde pública tornam-se cada vez mais um assunto científico.

O segundo traço mostra que esse processo tende a transformar todas as coisas, indistintamente, em dispositivos. Nos anos 1970, Michel Foucault descreveu o processo histórico do poder atuados por dispositivos técnicos que desafiam a cisão entre a zona do político e a zona do privado, do "livre". Esses dispositivos ou normas que passam para o interior do corpo fazem com que o político esteja por toda a parte e em lugar algum ao mesmo tempo. Hoje, os "tijolos" elementares da matéria e do ser vivo são transformados em dispositivos que devem supervisionar a bioquímica dos corpos dos indivíduos do mesmo modo como o corpo social. Tudo está potencialmente "à disposição" de um sujeito cada vez mais acorrentado a essas engrenagens deslocalizadas.

Finalmente, o terceiro traço é um processo globalizante, que envolve tudo e não deixa espaço para a exterioridade. A tecnociência tende a constituir um sistema denso de interações. As humanidades, que poderiam ainda pretender constituir um contraponto a essa empresa cada vez mais homogênea do tecnocientífico, não estão no exterior disso tudo. As próprias ciências humanas estão "enroladas" no processo de experimentação social, chamadas a apresentar dispositivos de avaliação tecnológica, de participação.

Se a tecnociência se define como um processo globalizante, deve-se concluir disso que ela seria a nossa sina? A partir do momento em que não há mais um "fora", parece que não há mais lugar para resistir. As únicas formas de resistência possíveis seriam, portanto, a negação, a recusa que assume a forma do religioso, do xamanismo, das medicinas exóticas ou da tecnofobia ativa?

Não, a tecnociência não é um destino inexorável. Longe de ser um sistema rígido que suprimiria toda a liberdade ou margem de manobra, é um fenômeno histórico, contingente, sobre o qual é necessário ter-se o controle. Mas onde encontrar o controle? Na ética, nas normas e regulamentos, nos debates públicos? Toda a tentativa nesse sentido é experimental, sem sucesso garantido. Uma única coisa é certa: não há como controlar a partir de fora, de um ponto fixo que possa mover.

Uma grande utopia

Por seu caráter totalizante, a tecnociência é uma utopia, uma grande utopia que concentra e condensa diversas utopias precedentes. A ambição de refabricar os seres humanos apresenta, de início, uma tecno-utopia que retoma o tema do desmedido, do *hybris*. Pela vontade de dominar uma instância última para dispor de um leque indefinido de possíveis, é uma utopia científica que lembra a da pedra filosofal. Por fim, é uma utopia social ancorada em mecanismos ideais de coconstrução ou de autorregulação.

Falar de utopia não é minimizar a realidade dos fenômenos da tecnociência. Além do mais, a ciência tem a necessidade de visionários, de pessoas que veem longe e sonham acordadas como os "sonâmbulos" de Arthur Koestler. As utopias devem ser levadas a sério, uma vez que têm o papel de motores e exercem uma função de "empreitada" na história. É por isso que não devemos lidar com a tecnociência senão tendo em mente todos os registros ao mesmo tempo. As "vertigens" da tecnociência não estão tanto nas visões e fantasmas que orientam os programas de pesquisas, mas, com mais ênfase nos efeitos de tais pesquisas sobre o mundo que habitamos. A vertigem – no sentido estrito de girar como um pião – advém do fato de que a tecnociência construiu um mundo plano, sem relevo, sem marcas ou demarcações, um mundo liso habitado por autômatos performativos que podem pensar.

Trata-se, portanto, de reconstruir a paisagem com relevos para constituir de novo um mundo habitável. É isto que chamo de "civilizar" as tecnociências. Trata-se de criar um mundo sob tensão para resistir ao processo de uniformização. Civilizar este mundo quer dizer, em primeiro lugar, envolver a sociedade civil, levar os cidadãos a participarem. Mas, esse objetivo não pode ser obtido senão com duas condições: requalificar o polo da natureza, parceiro obrigatório das aventuras tecnocientíficas e revalorizar as ciências e as técnicas elas mesmas favorecendo a diversidade e não tanto a convergência. Esse projeto é tão ambicioso quanto da governança, podendo até ser mais, sendo que ele não visa outra coisa que construir num único movimento a sociedade, as técnicas e também a natureza. Como vimos no Capítulo 12, cada um desses polos definem-se em relação aos demais, e é necessário, sem cessar, reprogramar o triângulo formado pelos três pontos mais importantes.

Requalificar a política

Com a mesma intensidade com que os programas tecnocientíficos atuais encorajam o individualismo e a atomização do tecido social, deve-se requalificar a *polis*, a cidade, como associação de indivíduos livres e independentes. Se a ideia de uma coconstrução das técnicas e do social tem sucesso, mas, seduz precariamente os responsáveis políticos, é porque ela se anuncia como uma espécie de "fonte da juventude" para um sistema democrático um pouco sufocado, e até mesmo corrompido e um tecido social em vias de desmantelamento. As palavras de ordem "envolvimento público" nas escolhas científicas e tecnológicas ou de "inovação aberta" têm, ainda, todas as chances e permanecer como "letras mortas" se não estivermos conscientes dos limites da empreitada e do trabalho necessário para que as iniciativas postas em ação não degenerem em simples rituais de aclamação.

Primeiro, o diálogo entre os *experts* e os "profanos" supõe que as questões sobre as quais se envolvem no debate não seja as dos pesquisadores, mas, aquelas mesmas que se apresentem aos cidadãos. Até o presente, consultam-se, em geral, os cidadãos a propósito de assuntos visados sobre os quais se solicita que seja formada uma opinião. Ao invés de uma atitude reativa, é uma atitude positiva de proposição (ação propositiva) que emanam da sociedade civil que permitirá uma inovação compartilhada.

Uma segunda exigência é a aprendizagem mútua através de processos de diálogo e de deliberação: isso não acontece pelo simples fato de "colocar-se no nível", uma equalização de discursos, mas por levar em conta e a sério os diversos pontos de vista e os valores "profanos". Esse processo de aprendizagem mútuo é uma espécie de "mola propulsora" essencial para a produção de saber: graças e ela, pistas de pesquisa novas e de soluções alternativas (não necessariamente tecnocientíficas) podem emergir.

Uma terceira exigência diz respeito ao envolvimento de um grande número de cidadãos e de grupos que não têm, normalmente, voz ativa em matéria de escolhas políticas. Com efeito, a participação do público no tratamento de questões tecnocientíficas é também uma forma de vulgarização do campo da ciência que é um processo de educação cívica. Além de um conhecimento profundo sobre o assunto, os cidadãos que se envolvem em painéis ou *focus groups* têm poder de agir (*empowerment*) e exercer seus direitos. Por fim, é essencial que essa cultura do debate participativo leve a consequências, ou seja, que leve a uma diferença no nível das tomadas de decisão, que ela desemboque num processo de admissão ou rejeição de inovações compartilhadas.

Objetivar as técnicas

Objetivar as técnicas pode parecer inoportuno, tanto que temos a impressão de sermos invadidos, dominados e subjugados por elas até o ponto de que alguns entreveem aqui uma ultrapassagem da humanidade. Que os objetos invadam e dominem a cena pela sua onipresença não significa necessariamente que a técnica seja reconhecida como um polo objetivo tendo seus próprios nomes. As tecnociências produzem artefatos – cada vez menos visíveis e mais invasivos – que devem a sua existência ao fato de que eles permitem ganhar ou conquistar parte do mercado ou de "inflar" as bolhas econômicas. Além do mais, como sublinha Sophie Poirot-Delpech e Xavier Guchet, esses objetos têm o dom de fazerem-se esquecer, quando são bem apropriados a uma função e bem dominados por um usuário.[312] É somente em caso de pane que descobrimos a rede de infraestruturas invisíveis sem as quais objeto algum dos gerados pelas novas tecnologias poderia funcionar. Por fim, os objetos técnicos em miniatura, frutos do trabalho e da inteligência de milhares de agentes anônimos, são produzidos em massa para serem descartados, sem piedade, depois de alguns anos de uso. Assim, paradoxalmente, a tecnociência faz uma afronta à técnica.

Para chegar a existir, tanto os objetos técnicos como os seres humanos, precisam de um pouco de amor. Em sua análise do fracasso do Projeto Aramis de metrô sem condutor, Bruno Latour assinalava que o pensamento racional não é a única condição de acesso à existência de objetos técnicos.[313] Esses chegam à existência num processo de individualização, finamente descrito por Gilbert Simondon.[314] Transformando

---

312 Cf. Xavier Guchet, *Les Sens de l'évolution technique.* Paris: Léo Scheer, 2005, pp. 9-13; Sophie, POIROT-DELPECH, Biographie du CAUTRA. *Naissance et développment d'un système d'information pour circulation aérienne.* Paris: L'Harmattan, 2008.

313 Cf. Bruno LATOUR, *Aramis ou l'amour des techniques*, op. cit.

314 Cf. Gilbert SIMONDON, Du monde d'existence des objects techniques, op. cit.

as limitações do meio em condições de funcionamento, integrando o meio nos esquemas operacionais, tal processo não é redutível nem aos princípios científicos que presidem o seu funcionamento de objeto e nem aos seus usos sociais, mas é de uma concretização compatível com alguns procedimentos atuais de invenção da nanotecnologia.[315] Porém, ainda seria necessário acompanhar essas tecnologias com uma ética atenta aos objetos.

Apesar de muito discutir deontologia, responsabilidade, fica-se ainda muito concentrado nos sujeitos das tecnociências. Claro, a ética descentrou-se um pouco preconizando medidas para os animais em experimentos ou exigindo um consentimento explícito dos sujeitos humanos. Mas, limitando-se à consideração dos seres vivos suscetíveis de sofrimentos "como nós", permanecemos ainda profundamente antropocêntricos. Já chegou a hora se nos interessarmos pelo objeto da técnica como uma coisa inscrita no mundo, que interage de diversas maneiras. As células-tronco, os nanotubos de carbono, os bio-chips etc., exigem de um modo bem particular, que nos interessemos pelo seu estatuto quanto ao seu futuro de "fora-de-uso" que possamos vir a fazer deles. Conferir a esses objetos técnicos um estatuto de direito que nos envolve ou engaja com obrigações é um engajamento político que está se tornando urgente.

Cultivar a natureza

A construção mútua da objetividade técnica e do polo social passa enfim a receber uma atenção renovada no polo da natureza. Aqui, ainda, a situação não é ruim, se julgamos pelo sucesso do *slogan* "desenvolvimento durável" lançado nos anos 1980. Pela possibilidade

315 Cf. Sacha Loeve, *Le Concept de technologie à l'échelle des molécules-machines. Philosophie des techniques à l'usage des citoyens du nanomonde.* 2009 (Tese defendida na Universidade Paris-Oeste).

que oferece, pode até chegar a um consenso. Determinado *slogan* é facilmente apropriável pelas comunidades científicas e industriais para retomar o dinamismo e estimular uma nova vaga de inovações. Para os políticos e para os movimentos sociais, ele oferece um novo objetivo que permite ultrapassar as clivagens políticas nacionais e buscar uma política de escala planetária.

Melhor ainda, o polo da natureza suscitou um caso exemplar de aliança entre os políticos e os pesquisadores das ciências naturais: o *Groupe intergouvernamental sur l'évolution du climat* (GIEC), criado em 1998, é uma dupla iniciativa da *Oraganisation Météorologique Mondial* (OMM) e das Nações Unidas (*Programme Pour L'environnement*). A esse painel de especialistas atribuiu-se a missão de coletar e avaliar, com toda a objetividade possível, os dados relativos à evolução do clima (medidas físicas, dados técnicos ou econômicos). Graças a essas relações, ele funciona como um "lançador" de alerta sensibilizando os cidadãos com programas governamentais. Do mesmo modo como a coconstrução da sociedade europeia e das tecnologias convergentes, tal projeto acabou facilitado pelo sentimento de que a construção da Europa estaria em perigo; o caso exemplar do GIEC comprova que a natureza em perigo motiva os esforços de cooperação.

Em outros termos, a coconstrução dos três polos – natureza, técnica e sociedade – apoia-se sobre um modelo médico de ação: é pelo cuidado da natureza e das sociedades que experimentamos novas formas de pesquisa e de desenvolvimento. Mas isso não é um novo modo de lidar com os processos de "medicalização indefinida" que descrevia Foucault? Não poderíamos ultrapassar este "modelo médico" para cultivar a natureza sem termos de invocar uma situação de crise ou de catástrofe anunciada?

Por exemplo, em vez de dar-nos por objetivo o aumento das perfomances humanas, podemos (seguindo a sugestão de Alfred Nordmann) dar-nos por objetivo o "aumento" da natureza, reforçar e dinamizar a matéria e não visar a desmaterialização. Podemos requalificar os três pólos numa relação de contrato entre parceiros: os genes, os átomos, as moléculas são nossos associados, do mesmo modo como os objetos fabricados a partir deles e "embarcados" conosco nas aventuras tecnocientíficas. Claro, não se trata de sacralizar a natureza nem a técnica em seu estado atual, banindo todos os avanços, pois isso seria transformar um simples estado de fato como se fosse um estado de direito. Mas é da responsabilidade de cientistas, industriais, políticos e cidadãos favorecerem pesquisas que contribuam para valorizar um pelo outro, os três polos, diferenciando-se a natureza, a política e a técnica.

Favorecer a diversidade epistêmica

Essa "cultura" da diferença deve, por fim, aplicar-se no âmbito interno do campo das tecnociências. A diversidade das abordagens da natureza e das técnicas constitui-se numa riqueza, com o mesmo direito que a diversidade biológica e por razões bastantes semelhantes: uma população homogênea é menos robusta, tem menos chances de crescer e sobreviver.

O programa de convergência, como vimos, ancora-se sobre as vantagens da multidisciplinaridade; mas, pela atribuição de um objetivo para as pesquisas, orientam-se numa direção bem precisa. A convergência corre o risco sério de danificar a criatividade científica. Podemos, claro, esperar que a focalização sobre fenômenos sociais em escala molecular e atômica deslanche daqui a algumas décadas uma revolução na compreensão global dos fenômenos da natureza. Mas, de onde poderia vir uma ideia qualquer de revolução se a convergência for bem sucedida, se ela não tem o ponto de vista do outro, do estranho?

Concretamente, do ponto de vista das políticas da pesquisa, a convergência que concentra os recursos alocados a ela em um ou dois objetivos planeja o curso dos avanços em função de um roteiro, prejudicando outros campos de pesquisa, deixados em cultivo. Em uma geração ou duas, estarão perdidos os saberes e as habilidades ligados aos terrenos abandonados. Quanto um risco anunciado ou uma catástrofe súbita requerem a mobilização de especialistas de uma técnica ou ciência que foi abandonada, onde encontraremos recursos urgentes?

De modo mais fundamental, a diversidade oferece uma garantia de mais rigor na avaliação de riscos que fundamentam os regulamentos. É por isso que o cuidado e a manutenção da "diversidade epistêmica" deveria ser uma prioridade das políticas científicas e não priorizar a convergência para objetivos em curto prazo.

Bibliografia

ALIX, Jean-Pierre – ANCORI, Bernard – PETIT, Pierre (Eds.), *Sciences en Société au XXI*[e] *Siècle.* Paris: CNRS *éditions*, 2008.

AMABILE, Bruno – ASKENAZY, Philippe, *Intoduction à L'Économie de la Connaissance.* Paris: UNESCO, 2000 (Contribuição para o relatório da UNESCO "construir as sociedades do saber").

ANDERS, Günther, *Die Antiquiertheit des Menschen. Über die Seele im Zeitalter der Zweiten Industriellen Revolution.* Munich: C. H. Beck, 1956 (tradução francesa: *L'Obsolescence de L'Homme.* Paris: Ivréa, 2001).

ARENDT, Hanna, *La Conquête de L'Espace et la Dimension de L'Homme* [1954]. In ARENDT, Hanna, *La Crise de la Culture*. Paris: Gallimard, 1972, pp. 337-355, (Coleção *Folio essais*).

ARENDT, Hanna, *Condition de L'Homme Moderne. Huit Exercices de Pensée Politique* [1961], Paris: Calmann-Lévy, 1983. (*)

ARISTÓTELES, *Éthique à Nicomaque*.

ARISTÓTELES, *Physique*, II.

AZAM, Geneviève, *La Connaissance, une Marchandise Fictive*. *Revue M.A.U.S.S.* 2007, 29, pp. 110-121.

BALAUDÉ, Jean-François, *La Justice dans la Cité Antique.* Paris: Nathan, 2007.

BAIRD, Davis – NORDMANN, Alfred – SCHUMMER, Joachim (Eds.), *Discovering the Nanoscale.* Amsterdam: IOS, 2004.

BALL, Philip, *Natural Strategies for the Molecular Engineer. Nanotechnology*, 2002, 13, pp. 15-28.

BALL, Philip, *Starting from Scratch. Nature*, 2004, 431, pp. 624-626.

BALMER, Andrew – MARTIN, Paul, *Synthetic Biology. Social and Ethical Challenges*. Notthingham, 2008 (Relatório para *Biotechnology and Biological Sciences Research Council – BBSRC*).

BARTHES, Roland, *Mythologies*. Paris: Nenoël-Gonthier, 1971. (*)

BEAUCHAMP, Tom L. – CHILDRESS, James F. *Principles of Biomedical Ethics.* Oxford: Oxford University Press, 1979.

BECK, Ulrich, *Risikogesellschaft.* Frankfurt am Main: Surkamp, 1986 (Tradução francesa *La Société du Risque. Sur la Voie d'une Autre Modernité.* Paris: Aubier, 2001.

BEN DAVID, Joseph, *La Recherche Fondamentale et les Universités. Réflexions sur les Disparités Nationales.* Paris: OCDE, 1968.

BENSAUDE-VINCENT, Bernadette, *Éloge du Mixte. Matériaux Nouveaux et Philosophie Ancienne.* Paris: Hachette Littérature, 1997.

BENSAUDE-VINCENT, Bernadette, *The Construction of a Discipline: Material Science in the USA. Historical Studies in the Physical and Biological Sciences,* 2001, 31, pp. 223-248.

BENSAUDE-VINCENT, Bernadette, *Science et Opinion. Histoire d'un Divorce.* Paris: Seuil, 2003.

BENSAUDE-VINCENT, Bernadette, *Se Libérer de la Matière? Fantasmes Autour des Nouvelles Technologies.* Paris: INRA, 2004.

BENSAUDE-VINCENT, Bernadette, *Faut-il Avoir Peur de la Chimie?* Paris: *Les Empêcheurs de penser en rond,* 2005.

BENSAUDE-VINCENT, Bernadette, *Paul Langevin. Propos d'un Physicien Engagé.* Paris: Vuibert, 2007.

BENSAUDE-VINCENT, Bernadette – Hervé ARRIBART – Yves BOULIGAND – Clément SANCHEZ, *Des Chimistes à L'École du Vivant*. In SANCHEZ, Clément (Ed.), *Biomimetisme*. Paris: *Observatoire français des technologies avancées*. 2001 (n. 25, pp. 33-46).

BENSAUDE-VINCENT, Bernadette – William R. NEWMAN (Eds.), *The Artificial and the Natural. An Evolving Polarity.* Cambridge: MIT Press, 2007.

BENSAUDE-VINCENT, Bernadette – Xavier GUCHET, *Nanomachine. One Word for Three Different Paradigms*. *Technê, Research in Philosophy and Technology*, 2007, 11(1).

BENSAUDE-VINCENT, Bernadette – Raphaël LARRÈRE – Vanessa NUROCK (Eds.), *Bionano-éthique. Perspectives Critiques sur les Bionanotechnologies*. Paris: Vuibert, 2008.

BERGSON, Henri, *L'Évolution Créatrice.* Paris: Félix Alcan, 1907. (*)

BERGSON, Henri, *La Pensée et le Mouvant*. Paris: Félix Alcan, 1934.

BESNIER, Jean-Michel, *Des Identités en Question*. *Cahiers du Murs*, 2008, 55, pp. 6-20.

BINNIG, Gerd – Hans ROHER, *Scanning Tunneling Microscopy*. IBM Journal of Research and Development, 1986, 30, pp. 355-369.

BRETON, Philippe, *L'Utopie de la Communication*. Paris: La Découverte, 1990.

BRUNO, Isabelle, *À Vos Marques, Prêts, Cherchez! La Stratégie Européenne de Lisbonne: Vers un Marché de la Recherche.* Bellecombe-en-Bauges: Éditions Croquant, 2008.

CAHN, Robert W., *The Coming Materials Science*. London: Pergamon, 2001.

CALLON, Michel, *Society in the Making: the Study of Technology as a Tool for Sociological Analysis*. In BUKER, Wiebe E. – Thomas E. HUGHES – Trevor H. PINCH (Eds.), *The Social Construction of Technological Systems. New Directions in the Sociology and History of Technology*. Cambridge: MIT Press, 1987, pp. 83-103.

CALLON, Michel – Dominique FORAY, *Nouvelle Économie de la Science ou Socioéconomie de la Recherche Scientifique? Revue D'Economie Industrielle*, 1997, 179, pp. 13-35.

CALLON, Michel – Pierre LASCOMES – Yannick BARTHES, *Agir dans un Monde Incertain. Essai sur la Démocratie Technique.* Paris: Seuil, 2001.

CALVERT, Jane, *What's Special About Basic Research? Science, Technology and Human Values*, 2006, 31(2), pp. 199-220.

CANGUILHEM, Georges, *Machine et Organisme*. [1947]. In CANGUILHEM, Georges, *La Connaissance de la Vie.* Pais: Vrin, 1971.

CERQUI, Daniella, *The Future of Human Kind in the Era of Human and Computer Hybridisation* (sic). *An Anthropological Analysis. Ethics and Information Technology*, 2002, 4(2), pp. 1-8.

CHURCH, George, *Let us go Forth and Safely Multiply. Nature*, 2005, 438, pp. 423.

CLAIN, Olivier, *L'Idéal-type de la Technoscience*. 1995 (série de programas do canal France 5).

DAHAN, Amy – Dominique PESTRE (Eds.), *Les Sciences pour la Guerre*. Paris: Pressed de l'EHESS, 2004.

DANCHIN, Antoine, *Saurons-nous Construire une Bactérie Synthétique? Médicine/Sciences*, 2008, 24, pp. 533-540.

DASTON, Lorraine, *Objectivity and the Escape from Perspective. Social Studies of Science*, 1992, 22, pp. 597-618.

DASTON, Lorraine – Peter GALISON, *Objectivity.* New York: Zone Books, 2007.

DEBAISE, Didier (Ed.), *Vie et Experimentation.* Pierce, James, Dewey. Paris: Vrin, 2007.

DE ROSNAY, Joël, *Biologie de Synthèse, Expériences et Défis pour L'Humanité. Transversales Sciences & Culture*, 2004 (13 de dezembro).

DESCOLA, Philippe, *Par-delà Nature et Culture*: Paris: Gallimard, 2005.

DESCARTES, René, *Principes de la Philosophie.* Paris: Éditions de Charles Adam et Paul Tannery, Léopold Cerf, 1896-1909, 4ª parte. Reedição: Paris: Vrin, 1995, vol. 9.

DE SOLLA PRICE, Derek, *Little Science, Big Science.* New York: Columbia University Press, 1964 (reedição em 1986).

DOLZA, Luisa – HELENE, Vérin, *Figurer la Mécanique. L'Énigme des Théâtres de Machines. Revue D'Histoire Moderne et Contemporaine,* 2004, 51, pp. 7-37.

DREXLER, Eric K., *Engines of Creation. The Coming Era of Nanotechnology.* New York: Anchor Book, 1986 (tradução francesa: *Engins de Création. L'Avènement des Nanotechnologies.* Paris: Vuibert, 2005).

DREXLER, Eric K., *Nanosystems. Molecular Machinery, Manufacturing and Computation*. New York: John Wiley & Sons, 1992.

DUPUY, Jean-Pierre, *Aux Origins des Sciences Cognitives*. Paris: La Découverte, 1999.

DUPUY, Jean-Pierre, *Complexity and Uncertainty*. In *High-Level Expert Group, Foresighting the New Technology.* Bruxelles: Comission européenne, 2004.

DUPUY, Jean-Pierre, *Pour une Évaluation Normative du Programme Nanotechnologique. Annales des Mines. Réalités Industrielles: les Nanotechnologies.* 2004, pp. 27-32.

DUPUY, Jean-Pierre, *Ethics Beyond Prudence, Towards a Normative Assessment of Nanotechnology*. Bruxelles: *Comission européenne*, 2004, pp. 29-31 (Grupo de trabalho europeu para assuntos econômicos e sociais da nanotecnologia e nanociências).

DUPUY, Jean-Pierre, *Some Pitfalls in the Philosophical Foundations of Nanoethics. Journal of Medicine and Philosophy*, 2007, 32(3), pp. 237-261.

DUPUY, Jean-Pierre, *Fabriquer de L'Auto-organisation. Nanorêves et Theories de la Complexité*. Paris. 2008 (Conferência no Instituto de pesquisa e de inovação do Centro Georges Pompidou, em 20 de maio de 2008).

ECHEVERRIA, Javier, *La Revolución Tecnocientífica. Mexico: Fondo de cultura economica*, 2003.

EDGERTON, David, *The "Linear Model" did not Exist: Reflections on the History and Historiography of Science and Research in Industry in the Twentieth Century*. In

GRANDIN, Karl – Nina WORMBSAND – Sven WIDMALM (Eds.), *The Science-Industry Nexus. History, Policy, Implications. Nobel Symposium 123*. Sagamore Beach: *Science history Publications*, 2004, pp. 31-57.

EIDELMAN, Jacqueline, *La Création du Palais de la Découverte: Idéalisme Scientifique et Matérialisme Politique*. In SCHROEDER-GUDEHUS, Brigitte (Ed.), *La Société Industrielle et ses Musées.* Paris: *Éditions archives scientifiques*, 1992, pp. 161-170.

ELLUL, Jacques, *La Technique ou L'Enjeu du Siècle.* Paris: Armand Colin, 1954.

ENDY, Drew, *Foundation for Engineering Biology. Nature Reviews,* 2005, 438, pp. 449-453.

ETZKOWITZ, Henry – Loet LEYDESDOFF, (Eds.), *A Triple Helix of University-Industry-Government Relations. The Future Location of Research?* New York: Science Polity Institute, 1998.

FEENBERG, Andrew, *Questioning Technology.* London: Routledge, 1999 (Tradução francesa: *(Re)penser la Technique, vers une Technologie Démocratique.* Paris: La Découverte, 2004).

FLECK, Ludwik, *Entstehung und Entwicklung Einer Wissenschaftlichen Tatsache.* 1935 (tradução francesa: *Genèse de Développment d'un Fait Scientifique.* Paris: Les Belles Lettres, 2005).

FORAY, Dominique, *L'Économie de la Connaissance.* Paris: La Découverte, 2000.

FORMAN, Paul, *The Primacy of Science in Modernity, of Technology in Postmodernity and of Ideology in the History of Technology. History and Technology*, 2007, 23(1-2), pp. 1-152.

FOUCAULT, Michel, Cours du 17 mar 1976. In FOUCAULT, Michel, *Il faut Défendre la Société. Cours au Collège de France,* 1976. Paris: Gallimard/Seuil, 1997, pp. 213-235.

FOUCAULT, Michel, *Crise de la Médicine ou de L'Antimédicine et la Naissance de Médicine Sociale*. In FOUCAULT, Michel, *Dits et Écrits.* Paris: Gallimard, 2001, tomo 2.

FOX-KELLER, Evelyn, *Refiguring Life. Metaphors of Twentieth Century Biology*. New York: Columbia University Press, 1995 (tradução francesa: *Le Rôle des Métaphores dans les Progrès de la Biologie.* Paris: Les Empêncheurs de penser en rond, 1999).

FOX-KELLER, Evelyn, *The Century of Gene.* Cambridge: Harvard University Press, 2002 (tradução francesa: *Le Siècle du Gene.* Paris: Gallimard, 2003).

FRIEDMAN, Thomas L., *The World is Flat. A Brief History of the Twenty-first Century.* New York: Farrar, Straus & Giroux, 2005 (tradução francesa: *La Terre est Plate.Una Brève Histoire du XXI*[e] *Siècle.* Paris: Saint-Simon, 2006). (*)

FULLER, Steve, *The Governance if Science.* Buckingham: Open University Press - Philadelphie, 2000.

FULLER, Steve, *The Converging Technologies Agenda: The Stakes and the Prospects. Knowing Politics Converging Technologies Newsletter,* 2008, 3, pp. 1-3.

GALISON, Peter, The ontology of the enemy: Norbert Wiener and the cybernetics vision. *Critical Inquiry,* 1994, 21, pp. 228-266.

GAUDELLIÈRE, Jean-Paul, *Globalization and regulation in the biotech world: the transatlantic debates over cancer genes and genetically modified crops.* Osiris, 2006, 21, pp. 251-272.

GIBBONS, Michael, - Camille LIMOGES – Helga NOWOTNY – Simon SCHWARTZMAN – Peter SCOTT – Martin TROW, *The New Production of Knowledge. The Dynamics of Science and Research in Contemporary Societies.* London: Sage, 1994.

GLIMELL, Hans, *Grand Visions and Lilliput Politics: Staging the Exploration of the "Endless Frontier".* In BAIRD, Davis – Alfred NORDMANN – Joachim SCHUMMER (Eds.), *Discovering the Nanoscale.* Amsterdam: IOS, 2004, pp. 231-246.

GODARD, Olivier (Ed.), *Le Principe de Précaution dans la Conduite des Affaires Humaines.* Paris: Éditions de la Maison des sciences de l'homme/Éditions de l'INRA, 1997.

GOFFETTE, Jerome, *Naissance de L'Anthropotechnie.* Paris: Vrin, 2006.

GOFFI, Jean-Yves, *La Philosophie de la Technique.* Paris: PUF, 1998.

GOFFI, Jean-Yves (Ed.), *Regards sur les Technosciences.* Paris: Vrin, 2006.

GORDUN, Bert, *Nanoethics: from utopian dreams and apocalyptic nightmares towards a more balanced view*. Science Engineering Ethics, 2005, 11, pp. 521-533.

GÖRS, Britta – Nikos PSARROS – Paul SICHE (Eds.), *Wilhelm Oswald at the Crossroads Between Chemistry, Philosophy and Media Culture.* Leipzig: Leipziger Universität Verlag, 2005.

GRAS, Alain, *Grandeur et Dépendence. Sociologie des Macrosystèmes Techniques.* Paris: Presses universitaires de France, 1993.

GRAS, Alain – Sophie POIROT-DELPECH, *L'Imaginaire des Techniques de Pointe.* Paris: l'Harmattan, 1989.

GRAY, Chris Hables – Steven MENTOR – Heidi FIGUEROA-SARRIERA (Eds.), *The Cyborg Handbook*. London: Routledge, 1995, pp. 29-34.

GREELY, John – Barbra SAHAKIAN – John HARRIS *et al*, *Towards responsible use of cognitive enhancing drugs by the healthy.* Nature, 2008, 456, pp. 702-705 (11 de dezembro doe 2008).

GRINBAUM, Alexei – Jean-Pierre DUPUY, *Living with uncertainty. Toward and ongoing normative assessment of nanotechnology. TECHNÊ.* Research in Philosophy and Technology, 2005, 8(3).

GRUNWALD, Armin – Yannick JULLIAR, *Steps towards understanding human beings as technology*. NanoEthics, 2007, 1, pp. 77-87.

GUCHET, Xavier, *Les Sens de L'Évolution Technique.* Paris: Léo Scheer, 2005.

GUCHET, Xavier, *Nature et artifice dans les nanotechnologies*. In BENSAUDE-VINCENT, Bernadette – Raphaël LARRÈRE – Vanessa NUROCK (Eds.), *Bionano-éthique. Perspectives Critiques sur les Bionanotechnologies.* Paris: Vuibert, 2008, pp. 19-32.

GUCHET, Xavier – Bernadette BENSAUDE-VINCENT, *Nanomachine, technological concept or metaphor?* In JOTTERAND, Fabrice (Ed.), *Emerginr Conceptual Ethjical and Policy Issues in Bionanotechnology, Philosophy & Medicine.* Springer, 2008, vol. 101, pp. 27-41.

HABERMAS, Jürgen, *La Science et la Technique Comme Idéologie.* Paris: Denoël, 1973.

HACKING, Ian, *Representing and Intervening. Introductory Topics in the Philosophy of Natural Science.* Cambridge: Cambridge University Press, 1983 (tradução francesa: *Concevoir et Expérimenter.* Paris: Chistian Bourgois, 1989).

HACKING, Ian, *The Self-vindication of the laboratory sciences.* In PICKERING, Andrew (Ed.), *Science as Practice and Culture.* Chicago: University of Chicago Press, 1992, pp. 29-64.

HAMOU, Philippe, *La nature est inexorable. Pour une reconsidération de la contribution de Galilée au problème de la connaissance.* Galileaana, Journal of Galilean Studies. 2006, 5, pp. 149-177.

HÅRD, Mikael – Andrew JAMISON, *Hubris and Hybris. A Cultural History of Technology and Science.* London: Routledge, 2005.

HARRÉ, Rom, *The Materiality of Instruments in a Metaphysics for Experiments.* In RADDER, Hans (Ed.), *The Philosophy of Science Experimentation.* Pittsburgh: The University of Pittsburgh Press, 2003, pp. 19-38.

HARAWAY, Donna, *A cyborg Manifesto. Science, Ttechnology and Socialist Feminism in the Late Twentieth Century.* In HARAWAY, Donna, *Simians, Cyborgs and Women. The Reivention of Nature.* London: Routledge, 1991 (tradução francesa: *Manifeste cyborg et Autres Essays. Sciences-Fictions-Féminismes.* In ALLARD, Laurence – Delphine FARDEY – Nathalie MAGNAN. Paris: Exils, 2007, uma antologia).

HARRIS, John, *Enhancing Evolution. The Ethical Case for Making Better People.* Princeton: Princeton University Press, 2007.

HAYLES, Katherine (Ed.), *Nanoculture. Implications of the New Technoscience*. Bristol: Intellect, 2004.

HILGARTNER, Steven, *The Dominant view of popularization: conceptual problems, political issues*. Socials Studies of Science, 1990, 20, pp. 519-539.

HOMBURG, Ernst – Anthony TRAVIS – Harm SCHRÖTER (Eds.), *The Chemical Industry in Europe, 1850-1914. Industrial Growth, Pollution and professionalization.* Dordrecht: Kluwer Academic Publishers, 1998.

HOQUET, Thierry, *Création ensauvagées: les productions humaines dans les dynamiques de l'évolution.* In BENSAUDE-VINCENT, Bernadette – Raphaël LARRÈRE – Vanessa NUROCK (Eds.), *Bionano-éthique. Perspectives critiques sur les Bionanotechnologies.* Paris: Vuibert, 2008, pp. 157-170.

HOTTOIS, Gilbert, *Le Signe et la Technique. La philosophie à L'Épreuve de la Technique.* Paris: Aubier, 1984.

HOTTOIS, Gilbert, *Species Technica*. Paris: Vrin, 2002 (com o *Dialogue Vingt ans Plus Tard*).

HOTTOIS, Gilbert, *La Science Entre Valeurs Modernes et Posmodernité.* Paris: Vrin, 2005.

HOTTOIS, Gilvert, *La technoscience, de l'origine du mot à son usage actuel.* In GOFFI, Jean-Yves (Ed.), *Regards sur les Technociences.* Paris: Vrin, 2006, pp. 21-38.

JASANOFF, Sheila, *Designs in Nature. Science and Democracy in Europe and the United States.* Princeton: Princeton University Press, 2005.

JASANOFF, Sheila, *Biotechnology and empire: the global power of seeds and science.* Osiris, 2006, 21, pp. 273-292.

JASANOFF, Sheila (Ed.), *States of Knowledge. The Co-Production of Science and Social Order.* London: Routledge, 2002.

JOLY, Pierre-Benoît, *Démocratie Locale et Maîtrise Sociale des Nanotechnologies. Les Publics Grenoblois Peuvent-ils Participer aux Choix Scientifiques et Technologiques?* Grenoble, 2005.

JOLY, Pierre-Benoît – Alain KAUFMANN, *Lost in translation? The need for "upstream engagement" with nanotechnology on trial.* Science and Culture. 2008, 17(3), pp. 225-247.

JOACHIM, Chistian, Sous le microscope du philosophie. In BENSAUDE-VINCENT, Bernadette – Raphaël LARRÈRE – Vanessa NUROCK (Eds.), *Bionano-éthique. Perspectives Critiques sur les Bionanotechnologies.* Paris: Vuibert, 2008, pp. 71-76.

JOACHIM, Christian – Laurence PLÉVERT, *Nanoscience. La révolution Invisible.* Paris: Seuil, 2008.

JEORGES, Bernward – Terry SHINN (Eds.), *Instrumentation Between Science, State and Industry.* Dordrecht: Kluwer Academic Publishers, 2001.

JONES, Richard A. L., *Soft Machines. Nanotechnology and Life.* Oxford: Oxford University Press. 2004.

JOY, Bill, *Why the future doesn't need us? Wired 2.0* (Abril de 2000); tradução francesa: *Pourquoi le Futur n'a pas Besoin de Nous* <www.ogmdangers.org>.

KAPP, Ernst, *Grundlinien einer Phisolophie der Technnik,* 1877 (Tradução francesa: *Pricipes d'une Philosophie de la Technique.* Paris Vrin, 2007).

KAY, Lily E., *The Molecular Vision of Life. Caltech, the Rockefeller Foundation and the Rise of the New Biology.* Oxford: Oxford University Press, 1993.

KAY, Lily E., *Who Wrote the Book of Life?* Stanford: Stanford University Press, 2000.

KAERNES, Matthew – Phil MACNAGHTEN – James WILDSON, *Governing at the Nanoscale. People, Policies, and Emerging Technologies.* London: Demos, 2006.

KEARNES, Matthew – Brian WYNNE, *On nanotechnology and ambivalence: the politics of enthusiasm.* NanoEthics, 2007, 10, pp. 1-12.

KAERNES, Matthew – Alfred NORDMANN, *Commentary on the Center for Responsible nanotechnology scenario projet.* Nanotechneology Perception, 2008, 4, pp. 65-71.

KASS, Leo, *Beyond Therapy. Biotechnology and the Persuit of Happiness. A Report from the President's Council of Bioethics.* Washington, 2003.

KELVES, Daniel, *Principles and politics in federal R&D policy, 1945-1990. An appreciation of the Bush report.* In BUSH, Vannevar (Ed.), *Science, the Endless Frontier. A Report to the President on a Program for Postwar Scientific Research.* Washingto: National Science Foundation, 1990, pp. 09-33.

KLEIN, Ursula, *Technoscience avant la letter*. Perspectives on Science, 2005, 13, pp. 226-266.

KLEIN, Ursula – Wolfgang LEBEBVRE, *Materials in Eighteenth-Century Science. A Historical Ontology*. Cambridge: MIT Press, 2007.

KLINE, Ronald, *Constructing "technology" as "applied science". Public rhetoric of scientists and engineers in the United States*, 1880-1945. Isis, 1985, 86, pp. 194-221.

KLINE, Ronald, *Cybernetic, management science and technology policy: the emergence of "information technology" as a keyword, 1948-1985.* Technology and Culture, 2006, 47, pp. 513-535.

KNORR-CETINA, Karin, *The rise of a culture of life. European Molecular Biology Organization* (EMBO) Reports, 2005, 6, S76-S80.

KRIGE, John, *American Hegemony and the Postwar Reconstruction of Science in Europe.* Cambridge: MIT Press, 2006.

KUHN, Thomas, *The Structure of Scientific Revolutions.* Chicago: University of Chicago Press, 1962 (tradução francesa: *La Structure des Revolutions Scientifiques.* Paris: Flammarion, 1972). (*)

LAFONTAINE, Céline, *L'Empire Cybernetique. Des Machines à Penser à la Pensée Machine.* Paris: Seuil, 2004.

LAFONTAINE, Céline, *La Société Postmortelle.* Paris: Seuil, 2008.

LARRÈRE, Catherine, Principe de precaution. In CANTO-SPERBER, Monique (Ed.), *Dictionnaire d'Éthique et de Philosophie Morale.* Paris: PUF, 2001.

LARRÈRE, Catherine, *La question du perfectionnisme.* In BENSAUDE-VINCENT, Bernadette – Raphaël LARRÈRE – Vanessa NUROCK (Eds.), *Bionano-éthique. Perspectives Critiques sur les Bionanotechnologies.* Paris: Vuibert, 2008, pp. 127-141.

LARRÈRE, Catherine – Raphaël LARRÈRE, *Du Bon Usage de la Nature.* Paris: Aubier, 1997.

LARSON, Eric D. – Marc H. ROSS – Robert H. WILLIAMS, *La fin de l'âge des matériaux.* Pour la Science, 1986, 106, pp. 30-37.

LATOUR, Bruno, *Science en Action.* Paris: La Découverte, 1987 (Ciência em ação: como seguir os cientistas e engenheiros sociedade afora. São Paulo: Unesp, 1999).

LATOUR, Bruno, *Aramis ou L'Amour des Techniques.* Paris: La Découverte, 1992.

LATOUR, Bruno, *Politiques de la Nature. Comment Faire Entrer les Sciences en Démocratie.* Paris: La Découverte, 1999.

LATOUR, Bruno, *L'Espoir de Pandore.*Parsi: La Découverte, 2001.

LE CHATELIER, *Science et Industrie.*Paris: Flammarion, 1925.

LÉVY-LEBLOND, *Jean-Marc, La technoscience étouffera-t-elle la science?* 2000 – Conferência em janeiro de 2000, na *Mission Agrobiosciences Conseil Regional Midi-Pyrénées.*

LÉVY-LEBLOND, Jean-Marc, *Technoscience*. In WITKOWSKI (Ed.), *Dictionnaire Culturel des Sciences.* Paris: Seuil, 2001, p. 397.

LÉVY-LEBLOND, Jean-Marc – Alain JAUBERT (Eds.), *Autocritique de la Science.* Paris: Seuil, 1972.

LOEVE, Sacha, *Autour d'une définition des nanos. Comment articuler éthique et épistemologie?* In BENSAUDE-VINCENT, Bernadette – Raphaël LARRÈRE – Vanessa NUROCK (Eds.), *Bionano-éthique. Perspectives Critiques sur les Bionanotechnologies*. Paris: Vuibert, 2008, pp. 3-18.

LOEVE, Sacha, *Le Concept de Technologie à L'Échelle des Molécules-machines. Philosophie des Techniques à L'Usage des Citoyens du Nanomonde.* 2009 (Tese defendida na Universidade Paris-Oeste).

LLOYD, Geoffrey, The Invention of Nature. In LLOYD, Geoffrey (Ed.), *Methods and Problems in Greek Science.* Cambridge: Cambridge University Press, 1991, pp. 417-434.

LYOTARD, Jean-François, *La Condition Postmoderne. Rapport sur le Savoir.* Paris: Minuit, 1979. (*)

MAESTRUTTI, Marina, *Les Imaginaires des Nanotechnologies*, 2007 (Tese defendida na Universidade Paris-X-Nanterre).

MANN, Stephen – John WERBB – Robert J. P. WILLIAMS (Eds.), *Biomineralization, Chemical and Biological Perspectives*. Weinheim: VCH, 1989.

MARX, Leo, *The Idea or Nature in America*. Daedalus, 2008, 137(2), pp. 8-21.

MCKIBBEN, William, *The end of Nature*. New York: Random House, 1989.

MEINEL, Chistoph, *Theory of Practice? The eighteenth-century debate on the scientific status of chiemistry*. AMBIX, 1983, 3, pp. 121-132.

MERCHANT, Carolyn, *The Death of Nature. Women Ecology and the Scientific Revolution*. New York: Harp Collins, 1980.

MEYERSON, Émile, *Identité et Réalité*. Paris: Félix Alcan, 1908.

MEYERSON, Émile, *Essais*. Paris: Félix Alcan, 1936 (Esta obra foi reeditada na coleção "*Corpus des œvres philosophiques en langue française*". Paris: Fayard, 2008).

MILOT, Pierre, *La reconfiguration des universities selon l'OCDE: économie du savoir et politique de l'innovation. Actes de la Recherché en Sciences Sociales*, 2003, 148(3), pp. 68-73.

MODY, Cyrus C., *Small but determined: technological determinism in nanoscience. Hyle, International Journal for Philosophy of Chemistry*. 2004, 10(2), pp. 99-128.

MONOD, Jacques, *Le Hasard et la Nécessité*. Paris: Seuil, 1970. (*)

NORDMANN, Alfred, *Molecular disjunctions: staking claims at the nanoscale*. In BAIRD, Davis – Alfred NORDMANN – Joachim SCHUMMER (Eds.), Discovering the Nanoscale. Amsterdam: IOS, 2004, pp. 51-62.

NORDMANN, Alfred, *Noumenal technology: reflections on the incredible tininess os nano.* In SCHUMMER, Joachim – Davis BAIRD (Eds.), *Nanotechnologies Challenges. Implications for Philosophy, Ethics and Society.* Singapura: World Scientific Publications, 2006, pp. 49-72.

NORDMANN, Alfred, *Noumenal technology: reflections on the incredible tininess os nano.* Technê, 2005, 8(3), pp. 3-23.

NORDMANN, Alfred, *Collapse of distance: epistemic strategies of sciences and technoscience. Danish Yearbook of Philosophy,* 2006, 41, pp. 7-34.

NORDMANN, Alfred, *Technology naturalized: a challenge to design for human scale.* In VERMAAS, Pieter E. – Peter KORES – Andrew LIGHT – Steven A. MOORE (Eds.), *Philosophy and Design. from Engineering to Architecture.* Dordrecht: Springer, 2008, pp. 173-184.

NORDMANN, Alfred, *The European Experiments.* In HARRISON, Carol E. – Ann JOHNSON (Eds.), *National Identity. The Role of Science and Technology.* Osiris, 24. (a ser editado em 2009).

NORDMANN, Alfred – Matthew KAERNES, *Commentary on the scenario strategy of the Centre for Responsible Nanotechnology.* Nanotechnology Perceptions, 2008, 4, pp. 65-71.

NOWOTNY, Helga – Peter SCOTT – Michal GIBBONS, *Re-Thinking Science. Knowledge and the Public in an Age of Uncertainty.* Cambridge: Polity Press, 2001 (Tradução francesa: *Repenser la Science.* Paris: Belin, 2003).

NUROCK, Vanessa, *Avons-nous vraiment besoin d'une nano-éthique:* In BENSAUDE-VINCENT, Bernadette – Raphaël LARRÈRE – Vanessa NUROCK (Eds.), *Bionano-éthique. Perspectives Critiques sur les Bionanotechnologies*. Paris: Vuibert, 2008, pp. 127-141.

PERRIN, Jean, *La Recherché Scientifique*. Paris: Hemann, 1933.

PERRIN, Jean, *La Science et L'Espérance*. Paris: PUF, 1948.

PESTRE, Dominique, *Les physiciens das les societies occidentals de l'après-guerre. Une mutation des pratiques techniques et des comportements sociaux et culturels.* Revue d'histoire modern eet contemporaine, 1992, 39(1), pp. 247-252.

PESTRE, Dominique, *Science, Argent et Politique.* Paris: Éditons INRA, 2003.

PESTRE, Dominique, *The historical heritage of the 19th and 20th centuries: technoscience, markets and regulations in a long-term perspective.* History and Technology, 2007, 23(4), pp. 407-420.

PESTRE, *Dominique, Challenges for the democratic management of technoscience. Governance, participation and the political today.* Science as Culture, 2008, 17(2), pp. 101-119.

PICON, Antoine, *La Ville territoire des cuborgs.* Paris: Éditions de l'imprimeur, 1998.

POIROT-DELPECH, Sophie, *Biographie du CAUTRA. Naissance et Développment d'un Système D'Information Pour Circulation Aérienne.* Paris: L'Harmattan, 2008.

PRIGOGINE, Ilya – Isabelle STENGERS, *La Nouvelle Alliance. Métamorphose de la Science.* Paris: Gallimard, 1979.

RAINEAU, Laurence, *L'Utopie de la Monnaie Immatérielle.* Paris: PUF, 2004.

REINHARDT, Carsten, *Shifting and Reappraising. Physical Methods and the Transformation of Modern Chemistry.* Dagamore Beach: History Publications, 2006.

RIFKIN, Jeremy, *Le Siècle Biotech.* Paris: La Découverte, 1998.

RIP, Arie, *Assessing the impacts of innovation: new developments in technology assessments.* Social Sciences and Innovation – OCDE, Paris: 2000.

ROBIN, Marie-Monique, *Le Monde selon Monsanto. Da la Dioxine aux OGM, une Multinationale que vous Veut du Bien.* Paris: La Découverte/ Arte Éditions, 2008.

ROCO, Mihaïl, *Broader societal issues*. Journal of Nanoparticle Research, 2003, 5, pp. 181-189.

ROSE, Nikolas, *The Politics of Life Itself. Biomedicine, Power and Subjectivity in the Twenty-First Century.* Princeton: Princeton University Press, 2007.

SALOMON, Jean-Jacques, *Science policy studies and the development of science policy*. In SOLLA PRICE, Derek – Ina SPIEGEL-RÖSING (Eds.), *Science, Technology and Society. A Cross-disciplinary Perspective.* London: Sage, 1977.

SANCHEZ, Clément (Ed.), *Biomimétisme.* Paris:Observatoire français des techniques avancées, 2001, n. 25.

SARIKAYA, Mehmet – Ilhan A., AKSAY (Eds.), *Biomimetics.Design and Processing of Materials.* Woodbury: AIP Press, 1995.

SCHAFFER, Simon – Steven SHAPIN, *Léviathan et la Pompe à Air. Hobbes et Boyle Entre Science et Politique.* Paris: La Découverte, 1993.

SCHIEMANN, Gregor, *Dissolution of the nature-technology dichotomy? Perspectives on nanotechnology from an everyday understanding of nature.* In BAIRD, Davis – Alfred NORDMANN – Joachim SCHUMMER (Eds.), *Discovering the Nanoscale.* Amsterdam: IOS, 2004, pp. 209-213.

SCHIEMANN, Gregor, *Nanotechnology and nature: on two criteria for understanding their relationship.* In SCHUMMER, Joachim – Davis BAIRD (Eds.), *Nanotechnologies Challenges. Implications for Philosophy, Ethics and Society.* Singapura: World Scientific Publications, 2006, pp. 73-94.

SCHUMMER, Joachim, *Multidisciplinarity, interdisciplinarity and patterns of research collaboration in nanoscience and nanotechnology.* Scientometrics, 2004, 59, pp. 425-465.

SCHUMMER, *Joachim, Interdisciplinary issues of nanoscale of nanoscale research.* In BAIRD, Davis – Alfred NORDMANN – Joachim SCHUMMER (Eds.), *Discovering the Nanoscale.* Amsterdam: IOS, 2004, pp. 9-20.

SCHUMMER, Joachim, *The rhetoric of converging technologies.* Comunicação no workshop *Knowledge Politics and Converging Technologies* organizado pela ICCR e pela Universidade Zeppelin (Bruxelas, 6 a 7 de maio de 2008).

SCHUMMER, Joachim – Davis BAIRD (Eds.), *Nanotechnologies Challenges. Implications for Philosophy, Ethics and Society.* Singapura: World Scientific Publications, 2006.

SERES, Michel, *Point, plan (réseau, nuage). Hermes IV. La Distribution,* 1977, pp. 17-40.

SERRES, Michel, *Le Parasite*. Paris: Grasset, 1980.

SERRES, Michel, *Le Contrat Natural.* Paris: François Boourin, 1990.

SERRES, Michel, *Les Origines de la Géométrie*. Paris: Flammarion, 1992.

SHINN, Terry, *Nouvelle production du savoir et triple hélice. Tendances du prêt à penser les sciences.* Actes de la Recherche em Sciences Sociales, 2002, 141-142, pp. 21-30.

SHINN, Terry – Pascal RAGOUET, *Controverses sur la Science. Pour une Sociologie Transversaliste de la Connaissance Scientifique.* Paris: Raisons d'agir, 2005.

SHRADER-FRECHETTE, Kristen, *Science Policy, Ethics and Economic Methodology. Some Problems of Technology Assessment and Environmental Analysis.* Dordrecht/Boston: Reidel, 1985.

SIMONDON, Gilbert, *Du Mode D'Existence des Objets Techniques.* Paris: Aubier-Montaigne, 1989.

SMALLEY, Richard, *Of chemistry, love and nanobots. How soon will we see the nanometer-scale robots envisaged by K. Eric Drexler and other molecular nanotechnologists? The simple answer is never.* Scientific American, 2001, setembro, pp. 76-77.

SNOW, Charles P. *The Two Cultures and the Scientific Revolution.* Cambridge: Cambridge University Press, 1959.

SOKAL Alan – Jean BRICMONT, *Impostures Intellectuelles*. Paris: Odile Jacob, 1997.

STENGERS, Isabelle (Ed.), *D'Une Science à L'Autre. Des Concepts Nomades.* Paris: Seuil, 1987.

STENGERS, Isabelle – Bernadette BENSAUDE-VINCENT, *Cent Mots Pour Commencer à Penser les Sciences.* Paris: Les Empêcheurs de penser en rond, 2003.

VINCK, Dominique, *Le passage au nano. Comment un laboratoire s'arrange avec des incertitudes majeures.* In CHALAS, Yves – Claude

GILBERT – Diminique VINCK (Eds.), *Comment les Acteurs S'Arrangent avec L'Incertitude*. Paris: Éditions Archives contemporaines, 2009.

VOGEL, Steven, *Cats's Paws and Catapults. Mechanical Worlds of Nature and People.* London/New York: Norton, 1998.

WEART, Spencer, *La Grande Aventure des Atomistes Français. Les Savants au Pouvoir.* Paris: Fayard, 1980.

WEBER, Max, *Lew Savant et le Politique.* Paris: Plon, 1959.

WEINBERG, Alvin, *Impact of large scale science in the US. Science,* 1961, 134(3473), pp. 161-164.

WEINGART, Peter – Nico STEHR, *Practising Interdisciplinarity.* Toronto: University of Toronto Press, 2000.

WICKSON, Fern, *Narratives of nature and nanotechnology.* Nanture, 2008, 3 de junho, pp. 313-315.

WIENER, Norbert, *Cybernétique et Société. L'Usage Humain des Êtres Humains.* Paris: Plon, 1954.

WINNER, Langdon, *Do artifacts have politics?* Daedalus, 1980, 109, pp. 121-136.

WISE, Norton, Mediations: *Enlightenment balancing acts on the technologies of rationalism.* In HORWICH, Paul (Ed.), *World Changes. Thomas Kuhn and the Nature of Sciences.* Cambridge: MIT Press, 1992, pp. 207-256.

Coleções e Relatórios

ACADÉMIE DES SCIECES ET ACADÉMIE DES TECHNOLOGIES, *Nanosciences, nanotechnologies, Science & Technologie.* Paris: Tec & Doc, 2004, n. 18.

ANTON, Philip S. – Richard SILBERGLITT – James SCHNEIDER, *The Global Technology Revolution. Bio/Nano/Materials Tends and their Synergies with Information Technology*. Santa Monica: National Defense Research Institute, Rand Corporation, 2001.

BUSH, Vannevar, *Science, the Endless Frontier. A Report to the President on a Program for Postwar Scientific Research* [1945]. NFF, 1960.

CARACOSTAS, Parakskevas – Ugur MULDUR – COMMISSION EUROOPÉENNE, DG XII, *Society, the Endless Frontier* (Tradução francesa: *La Société, ultime frontière. Une vision européenne des politiques de recherché et d'innovation pour le XXI*[e] *Siècle.* Luxembourg: OPOCE, 1997).

COUNCIL OF THE EUROPEAN UNION, *Follow-up of Lisbon European Council conclusions.* Bruxelles: 19 de 1bril de 2000.

ERDYN CONSULTANTS, *Converging technologies and Environmental Regularions. Literature Review.* Bruxelles: SKEP ERA-net, Scientific Knowledge for Environmental Protection, 2004.

ETC Group. *Un infiniment petit guide d'introduction aux technologies à l'échelle nanométrique... e à la théorie du petir.* BAMG. *NanoGeopoliticsm* 2005 <www.etcgroup.org>.

ETC Group, *Extreme genetic engineering: an introduction to synthetic biology*, 2005 <www.etcgroup.org>.

EUROPEAN COMMISSION, *Towards a European Research Area Indicators on Science, Technology and Innovation. Key Figures 2003-2004.* Luxembourg: Office for Official Publications of the European Communities, 2003.

EUROPEAN COMISION – Wolfgang BIBEL – Daniel ANDLER – Olivier DA COSTA – Günther KÜPPERS – Ian PEARSON (relatores), *Converging Technologies and the Natural, Social and Cultural World. A Report to the European Commision from an Expert Group on Foresighting the New Technology Wave.* Bruxelles: 2004.

EUROPEAN COMMISSION – EUROPEAN HIGH-LEVEL EXPERT GROUP (Relator: Alfred NORDMANN), *Converging Technologies. Shaping the Future of European Societies*. Bruxelles: 2004.

EUROPEAN COMMISION, *Nanotechnology, Innovation for Tomorrow's World.* Bruxelles: 2004.

EUROPEAN COMMISSION, *The Sixth Framework Program in Brief.* Bruxelles: Directorate General for Research, 2005.

EUROPEAN COMMISION – GROUPE D'EXPERTS SUR SCIENCE ET GOUVERNANCE (Relator: Ulrike FELT), *Taking European Knowledge Seriously.* Bruxelles: Directorate General for Research, 2007.

EUROPEAN COMMISSION (Relatora: Dominique PESTRE), *Historical Perspectives on Science, Society and the Political*. Bruxelles: Directorate Science, Economy and Society, 2007.

DASTUR, Fronçoise – Miguel de BESTEGUI (Eds.), *Heidegger et les sciences. Noesis,* 2006, 9 (número especial da revista sobre este assunto).

JOLY, Pierre-Benoît (Relator), *Démocratie Locale et Maîtrise Sociale des Nanotchnologies. Les Publics Grenoblois Peuvent-ils Participaer aux Choix Scietifiques et Technologiques?* Grenoble: 2005.

KASS, Leo, *Beyond Therapy. Biotechnology and the Pursuit of Happiness.* Report from the President's Council of Bioethics, 2003 <www.bioethics.gov/reports/beyondtherapy> Micro & nano. *Alliage,* 2008, 62.

Moderne et après. *Les immateriaux, cataloque d'exposition au Centre d'art et de culture Georges Pompidou.* Paris: Autrement, 1985.

NATIONAL SCIENCE AND TECHNOLOGY COUNCIL, *Shaping the World Atom by Atom*. 1999 (dezembro) <www.wte.org/loyola/nano/IWgn.Public.Brochure>

OCDE, *L'Économie Fondée sur le Savoir*. Paris: 1996.

OFFICE PARLAMENTAIRE D'ÉVALUATION DES CHOIX SCIENTIFIQUE ET TECHNIQUES (Relator: Claude SAUNIER), *Rapport sur L'Évolution du Secteur de la Micro/Nanoéletronique.* Paris: Assemblée nationale, 2008, n. 997, Sénat 417.

Ravages de la technoscience (Les). *Le Monde Diplomatique*, 1998, 38, Março-Abril.

RENN, Ortwin – Mihaïl ROCO, *White Paper on Nanotechnology Risk Governance*. Genève: International Risk Governance Council, 2006 (junho).

ROCO, Mihaïl – William BAINDBRIDGE – Paul ALIVIASTROS (Eds.), *Nanotechnology Research Directions. Interagency Working Group on Nanoscience Workshop Report.* Dordrecht/Boston: Kluwer Academic Publishers, 2000.

ROCO, Mihaïl – William BAINBRIDGE (Eds.), *Converging Technonogies for Improving Human Performance. Nanotechnology, Biotechnology, Information Technology and Cognitive Science.* Arlington: NSF/DOC sponsored report, 2002.

ROCO, Mihaïl – Carlos MONTEMAGNO (Eds.), *Coevulution of Human Potential and Converging Technologies.* New York: Annals of New York Academy of Sciences, 2004, vol. 1013.

ROYAL SOCIETY – ROYAL ACADEMU OF ENGINEERING, *Nanoscience, Nanotechnology. Opportunities and Uncertainties*, 2004.

Esta obra foi composta em sistema CTcP
Capa: Supremo 250 g – Miolo: Pólen Soft 80 g
Impressão e acabamento
Gráfica e Editora Santuário